Bassermann Handbuch
Chinesische Astrologie

Erika Sauer

Bassermann Handbuch
Chinesische
Astrologie

Von derselben Autorin sind bei Bassermann bereits erschienen:
Das große Buch der magischen Kräfte (3-8094-0151-X)
Das große Buch der Horoskope (3-8094-0106-4)
Das große Buch der Prophezeihungen (3-8094-0180-3)

Die Deutsche Bibliothek – CIP-Einheitsaufnahme

Sauer, Erika:
Bassermann Handbuch Chinesische Astrologie / von Erika Sauer. –
Niedernhausen/Ts. : Bassermann, 1996
  ISBN 3-8094-0280-X
NE: Chinesische Astrologie

ISBN 3 8094 0280 X

© 1996 by Bassermann'sche Verlagsbuchhandlung, 65527 Niedernhausen/Ts.
Die Verwertung der Texte und Bilder, auch auszugsweise, ist ohne Zustimmung des Verlags urheberrechtswidrig und strafbar. Dies gilt auch für Vervielfältigungen, Übersetzun-
gen, Mikroverfilmung und für die Verarbeitung mit elektronischen Systemen.

Umschlaggestaltung: Grafik Design Studio Lothar Mielau, Wiesbaden
Titelbild: Norbert Lösche / Agentur Holl, Aachen
Zeichnungen: Archiv
Redaktion: Sylvia Winnewisser
Herstellung: Albert Brühl

Die Ratschläge in diesem Buch sind von Autorin und Verlag sorgfältig erwogen und geprüft, dennoch kann eine Garantie nicht übernommen werden. Eine Haftung der Autorin
bzw. des Verlags und seiner Beauftragten für Personen-, Sach- und Vermögensschäden ist
ausgeschlossen.

Satz: Grunewald Satz & Repro GmbH, Kassel
Gesamtkonzeption: Bassermann'sche Verlagsbuchhandlung,
D-65527 Niedernhausen/Ts.

817 2635 4453 6271

Inhalt

Welches Tier bin ich?

Chronologische Zusammenstellung der Geburtsjahre zur Auffindung des eigenen chinesischen Tierzeichens

Ratte	18.2.1912– 5.2.1913	Ratte	24.1.1936–10.2.1937
Büffel	6.2.1913–25.1.1914	Büffel	11.2.1937–30.1.1938
Tiger	26.1.1914–13.2.1915	Tiger	31.1.1938–18.2.1939
Hase	14.2.1915– 2.2.1916	Hase	19.2.1939– 7.2.1940
Drache	3.2.1916–22.1.1917	Drache	8.2.1940–26.1.1941
Schlange	23.1.1917–10.2.1918	Schlange	27.1.1941–14.2.1942
Pferd	11.2.1918–30.1.1919	Pferd	15.2.1942– 3.2.1943
Ziege	31.1.1919–18.2.1920	Ziege	4.2.1943–24.1.1944
Affe	19.2.1920– 7.2.1921	Affe	25.1.1944–11.2.1945
Hahn	8.2.1921–26.1.1922	Hahn	12.2.1945– 1.2.1946
Hund	27.1.1922–14.2.1923	Hund	2.2.1946–21.1.1947
Schwein	15.2.1923– 4.2.1924	Schwein	22.1.1947– 9.2.1948
Ratte	5.2.1924–23.1.1925	Ratte	10.2.1948–28.1.1949
Büffel	24.1.1925–11.2.1926	Büffel	29.1.1949–15.2.1950
Tiger	12.2.1926– 1.2.1927	Tiger	16.2.1950– 5.2.1951
Hase	2.2.1927–21.1.1928	Hase	6.2.1951–25.1.1952
Drache	22.1.1928– 8.2.1929	Drache	26.1.1952–13.2.1953
Schlange	9.2.1929–28.1.1930	Schlange	14.2.1953– 2.2.1954
Pferd	29.1.1930–16.2.1931	Pferd	3.2.1954–23.1.1955
Ziege	17.2.1931– 5.2.1932	Ziege	24.1.1955–10.2.1956
Affe	6.2.1932–24.1.1933	Affe	11.2.1956–29.1.1957
Hahn	25.1.1933–13.2.1934	Hahn	30.1.1957–17.2.1958
Hund	14.2.1934– 2.2.1935	Hund	18.2.1958– 6.2.1959
Schwein	3.2.1935–23.1.1936	Schwein	7.2.1959–27.1.1960

Ratte	18.1.1960–14.2.1961	Ratte	1.2.1984–18.2.1985
Büffel	15.2.1961– 4.2.1962	Büffel	19.2.1985– 8.2.1986
Tiger	5.2.1962–24.1.1963	Tiger	9.2.1986–28.1.1987
Hase	25.1.1963–12.2.1964	Hase	29.1.1987–16.2.1988
Drache	13.2.1964– 2.2.1965	Drache	17.2.1988– 5.2.1989
Schlange	3.2.1965–20.1.1966	Schlange	6.2.1989–25.1.1990
Pferd	21.1.1966– 8.2.1967	Pferd	26.1.1990–13.2.1991
Ziege	9.2.1967–28.1.1968	Ziege	14.2.1991– 2.2.1992
Affe	29.1.1968–15.2.1969	Affe	3.2.1992–21.1.1993
Hahn	16.2.1969– 5.2.1970	Hahn	22.1.1993– 9.2.1994
Hund	6.2.1970–25.1.1971	Hund	10.2.1994–29.1.1995
Schwein	26.1.1971–14.2.1972	Schwein	30.1.1995–17.2.1996
Ratte	15.2.1972– 2.2.1973	Ratte	18.2.1996– 6.2.1997
Büffel	3.2.1973–22.1.1974	Büffel	7.2.1997–27.1.1998
Tiger	23.1.1974–10.2.1975	Tiger	28.1.1998–15.2.1999
Hase	11.2.1975–30.1.1976	Hase	16.2.1999– 3.2.2000
Drache	31.1.1976–17.2.1977	Drache	4.2.2000–24.1.2001
Schlange	18.2.1977– 6.2.1978	Schlange	25.1.2001–12.2.2002
Pferd	7.2.1978–27.1.1979	Pferd	13.2.2002– 2.2.2003
Ziege	28.1.1979–15.2.1980	Ziege	3.2.2003–20.1.2004
Affe	16.2.1980– 3.2.1981	Affe	21.1.2004– 8.2.2005
Hahn	4.2.1981–24.1.1982	Hahn	9.2.2005–28.1.2006
Hund	25.1.1982–12.2.1983	Hund	29.1.2006–15.2.2007
Schwein	13.2.1983–31.1.1984	Schwein	16.2.2007– 5.2.2008

Wie die Chinesen Horoskope stellen

In umfangreichen Büchern der Chinesen ist noch heute nach-
zulesen, was ihre Vorfahren schon vor mehr als fünftausend
Jahren erforschten: Den Werdegang des einzelnen im Leben,
seine Stärken und Schwächen, kurz – sein Horoskop. Die
Astrologen und Wahrsager des Reiches der Mitte rechneten in
Mondjahren, und so kommt es auch, daß der chinesische Ka-
lender nicht wie bei uns am 1. Januar beginnt, sondern in der
Zeit zwischen Ende Januar und Mitte Februar und daher ein
Tierkreiszeichen z. B. vom 15. 2. bis zum 2. oder 4. 2. des darauf-
folgenden Jahres herrscht.

*Im Gegensatz
zur abendländi-
schen Astrologie
bestimmen in
China fünf
Wesensmerkmale
ein Horoskop*

   Auch die Deutungselemente sind in China anders. In der
abendländischen Astrologie bemüht der Sterndeuter neben
den zwölf Tierkreiszeichen auch die Planeten, zu denen Sonne
und Mond zählen, um mit deren Konstellationen ein vollstän-
diges Horoskop zu erstellen.

   Bei den Chinesen gibt es gleich fünf Wesensmerkmale, die
für die genaue Deutung eines Horoskops wichtig sind:

> *1. die zwölf Tierzeichen*
> *2. die Doppelstunden des Tages*
> *3. Yin und Yang*
> *4. die fünf Elemente*
> *5. die Jahreszeiten*

Beginnen wir mit den zwölf Tierzeichen, die in der chinesischen Astrologie zwölf Jahren den Namen geben. Nach der
Legende soll Buddha eines schönen Tages alle Tiere zu sich
gerufen haben. Leider seien nur zwölf seinem Ruf gleich ge-
folgt: zuerst die Ratte, dann der Büffel, der Tiger, der Hase, der
Drache, die Schlange, das Pferd, die Ziege, der Affe, der Hahn,
der Hund und zuletzt das Schwein. Um diese folgsamen Tiere

auszuzeichnen, habe er jedem ein Jahr geschenkt, das es mit seinen Charakteristika ausstatten konnte. Und so sei es zu dem zwölfjährigen Rhythmus in der chinesischen Astrologie gekommen.

Die wunderschöne Buddha-Legende ist nicht ganz wahr. Denn in der altchinesischen Astrologie gab es zunächst 27 Bilder des sogenannten Mondkreises, die wiederum aus den 36 Bildern der Sternenheerführer entstanden sind. Diese militärisch angehauchten Astrochefs hatten je ein Tier zur freien Verfügung, aus dessen Verhalten auf den Charakter eines Menschen geschlossen werden konnte.

Erst mit der Anpassung des Mondjahres an das abendländische Sonnenjahr entwickelten sich aus den 27 Mondzeichen und den 36 Tierzeichen der Sternenheerführer die zwölf Tierzeichen, die noch heute gültig sind.

Aus den ursprünglich 27 Mondzeichen und 36 Tierzeichen wurden mit der Anpassung an das abendländische Sonnenjahr die 12 Tierzeichen

Wahrsagekunst auf den Seidenstraßen

Die chinesischen Wissenschaftler kannten schon früh die Astrologie der Chaldäer und Babylonier, auch die Wahrsagekunst der Ägypter. Über die sogenannten Seidenstraßen trieben chinesische Kaufleute einen regen Handel mit den vorderasiatischen und ägyptischen Händlern und lernten nebenbei die astrologischen Erkenntnisse in den von ihnen bereisten westlichen Ländern kennen. Sie gaben sie ihren eigenen Forschern und Wissenschaftlern weiter.

Die Zahl 12 muß ihnen dabei durchaus plausibel erschienen sein, so daß sie die Zahl in ihre eigenen Berechnungen einbrachten – einziger Unterschied: Sie folgten letztendlich der Buddha-Legende und gaben jedem von zwölf aufeinanderfolgenden Mondjahren den Namen eines Tierzeichens, während in der abendländischen Astrologie seit den alten Griechen der Zwölf-Monats-Rhythmus die Sterndeutung beherrscht.

Nach chinesischer Auffassung haben alle Menschen eine charakterliche Bindung an ihren Geburtsjahrgang. Schon die Wahrsager und Sterndeuter im alten Reich der Mitte waren sich sicher, daß alle zwölf Jahre ein ähnlicher Menschentyp geboren wird. Und wie sie ihre Meinung begründeten, erfahren Sie auf den folgenden Seiten.

Die Doppelstunden der Geburt

Natürlich ließen die chinesischen Astrologen die Tierzeichen nicht als einziges Merkmal zu. Sie zogen noch weitere Elemente in ihre Berechnungen ein. Ähnlich dem Aszendenten der abendländischen Astrologie, also jener Planet, der in der Geburtsstunde eines jeden Menschen am östlichen Himmel aufgeht, erforschten die Chinesen, daß die Doppelstunde der Geburt jedes einzelnen Menschen für eine genauere Charakteristik des Individuums wichtig sei.

Jede dieser zwölf Doppelstunden eines Tages ist wieder einem Tierbild zugeordnet, und das sieht dann im einzelnen so aus: Es herrschen

Die Doppelstunden der Geburt sind für eine genauere Charakteristik des einzelnen wichtig

von 23.00 bis 0.59 Uhr die Ratte
von 1.00 bis 2.59 Uhr der Büffel
von 3.00 bis 4.59 Uhr der Tiger
von 5.00 bis 6.59 Uhr der Hase
von 7.00 bis 8.59 Uhr der Drache
von 9.00 bis 10.59 Uhr die Schlange
von 11.00 bis 12.59 Uhr das Pferd
von 13.00 bis 14.59 Uhr die Ziege
von 15.00 bis 16.59 Uhr der Affe
von 17.00 bis 18.59 Uhr der Hahn
von 19.00 bis 20.59 Uhr der Hund
von 21.00 bis 22.59 Uhr das Schwein

Wer also am 24. Dezember 1963, morgens um 10.45 Uhr geboren wurde, hat nach chinesischer Ansicht die Charakteranlagen eines Hasen, jedoch ebenso – wenn auch sehr abgeschwächt – die einer Schlange. Der Leser dieses Buches sollte also, falls diese Daten auf ihn zutreffen, zunächst das über das Tierzeichen Hase Gesagte durchgehen, dann das Kapitel über das Zeichen der Schlange lesen und die beiden Charakteristiken so miteinander vermischen, bis sich nach seiner Meinung das für ihn zutreffende, genaue Bild ergibt.

Chinesische Tierkreiszeichen und westliche Sternzeichen können miteinander kombiniert werden

Man kann dieses Spiel mit den eigenen Charaktermerkmalen noch verfeinern, wenn man die abendländische Astrologie ebenfalls zu Rate zieht. Um beim Beispiel zu bleiben: Wer am 24. Dezember das Licht der Welt erblickte, ist nach dem chinesischen Horoskop ein Hase, im westlichen Tierkreis ein Steinbockgeborener, und hat auch die Charaktermerkmale mitbekommen, die einen Steinbock-Menschen bestimmen. Wir schildern daher jeweils nach der Beschreibung eines chinesischen Tierzeichens und des dafür berechneten Horoskops die Charakteristiken der dazu passenden zwölf Mischzeichen aus chinesischer und abendländischer Sicht.

Das Dunkle und das Helle

In der chinesischen Philosophie, aber vor allem auch in der Astrologie werden seit dem fünften Jahrhundert vor Christi Geburt auch das Yin und das Yang eingebracht. Man schrieb dem Yin (das Dunkle) das Weibliche, die Nachgiebigkeit, die Erde zu, die in China wohl als das Jammertal galt, aus dem man am Lebensende endlich befreit werden konnte.

Dem Yang (das Helle) entsprach das Männliche, die Stärke, der Himmel. Alle Wesenheiten wurden einem von beiden zugeordnet. Seit der Sung-Dynastie (etwa im elften Jahrhundert vor unserer Zeitrechnung), in der die Chinesen weit vor Gutenberg die Buchdruckerkunst erfanden und in Literatur und Kunst eine hohe Blütezeit erlebten, werden Yin und Yang in

einer symbolischen Darstellung gezeigt, die zum Beispiel heute noch in der Fahne von Südkorea zu sehen ist.

Yin und Yang sind die ständig rotierenden Kräfte im Leben eines jeden Menschen. Sie beeinflussen sein Glück, seine Gesundheit und seinen Erfolg. Und wenn die beiden Urkräfte auch in verschiedenen Tierzeichen Kraftpole bilden, so hat doch jeder in solchen Zeichen Geborene immer auch ein bißchen von dem anderen Pol in sich.

Zu Yin tendieren mehr die Menschen aus den Zeichen Ratte, Büffel, Hase, Hund und Schwein, zu Yang die aus den Zeichen Tiger, Drache, Schlange, Pferd, Ziege und Hahn, und der Mensch aus dem Affe-Zeichen tendiert entweder zu Yin oder zu Yang.

Zu Yin tendierende Menschentypen sind im allgemeinen von recht stabiler Gesundheit. Sie sind ruhig und in Maßen selbstbewußt. Oft haben sie Angst, daß sie ihre Lebenskraft vergeuden könnten, weshalb sie stets egoistisch darauf bedacht sind, für sich das Beste herauszuholen.

Yang-Typen sind nicht ganz so stabil, aber geben sich gegen jedermann freundlich und hilfsbereit. Sie wollen unabhängig entscheiden und durchsetzen können, was sie einmal geplant haben.

Die Urkräfte Ying und Yang sind in den einzelnen Tierkreiszeichen unterschiedlich stark ausgeprägt

Die Wirkung der fünf Elemente

Während in der abendländischen Astrologie von den vier Elementen Wasser, Feuer, Erde und Luft gesprochen wird, gibt es im Chinesischen gleich fünf Elemente: Wasser, Feuer, Holz, Metall und Erde. Diese werden im Sechzig-Jahres-Rhythmus gleichen Tierzeichen zugeordnet. Im abendländischen Kalender werden sie am besten in dieser Reihenfolge untergebracht:

Wenn die letzte Ziffer der Jahreszahl eine 1 oder 6 ist, beherrscht das Element Wasser die in diesen Jahren Geborenen.

Die Endziffern 2 und 7 lassen auf das Feuer schließen, die 3 und die 8 auf das Holz, die 4 und die 9 auf das Metall und die 5 und die 0 auf die Erde.

Das Element Wasser läßt uns vom Glück und der Liebe träumen und schenkt uns schöne Stunden. Es steht aber auch für den Hang zu Illusionen und für wenig Realitätssinn.

Das Element Feuer schildert einen feurigen Typ, der mit viel Kraft seine Karriere ansteuert. Er neigt zu Arroganz und dazu, Menschen sogar zu unterdrücken.

In der chinesischen Astrologie müssen nicht vier, sondern fünf Grundelemente berücksichtigt werden

Das Element Holz läßt einen friedliebenden Menschen erkennen, der allen Mitmenschen wohl will, aber manchmal gerade darum scheitert. Denn der gute Wille allein reicht nicht immer aus, um zum Ziel zu gelangen, das man sich gesetzt hat.

Das Element Metall steht für Härte und Risikofreude. Man will das Beste und verteidigt jeden, der in Gefahr kommt, am Leben zu scheitern.

Das Element Erde läßt stets hohe Ideale ansteuern. Die in einem Jahr der Erde Geborenen sind selbstbewußt und redlich. Auf der anderen Seite können sie stur auf ihrem eigenen Standpunkt beharren, ihre Meinung durchsetzen wollen und anderer Meinung unterdrücken.

Wie man sieht, lassen sich auch die fünf Elemente in ein astrologisches Charakterbild einbauen, und damit das eigene Horoskop um Nuancen verfeinern.

Jahreszeitliche Verschiebungen

Auch die Jahreszeiten haben in der chinesischen Astrologie ihre Bedeutung. Wer im Frühling geboren wurde, ist ein anderer Mensch als der, der im Winter das Licht der Welt erblickte. Die Frühlingstypen sind aufgeschlossener und entschieden selbstbewußter als die Wintertypen. Sie sprechen eher auf die schönen Dinge des Lebens an.

Wer im Sommer Geburtstag hat, ist ein sonniger Typ, voller Wärme. Oft handelt es sich um die sogenannten Lichtgestalten, die anderen zum Vorbild werden. Und die im Herbst Geborenen sind reifer als alle anderen, aber auch mehr in sich gekehrt. Sie planen viel, werden jedoch des öfteren ihre Pläne nicht durchführen können, weil mangelnde Willensstärke sie an der praktischen Durchführung der gefaßten Entschlüsse hindert. Auch neigen sie dazu, zu viele Wenn und Aber zu entwickeln.

Wir sehen also, daß auch die Jahreszeiten Einfluß auf das Horoskop nehmen können. Jedoch sollte man nie das Sprichwort der Chinesen unterschätzen, daß jeder einzelne seines Glückes Schmied sei.

Wir folgen in unserem Buch streng den Namen des Tierkreises der Buddha-Legende. In Südostasien können sie durchaus auch andere Namen haben. So wird zum Beispiel aus der Ratte eine Maus, aus dem Hasen eine Katze oder aus dem Schwein ein Wildschwein. An den geschilderten Charaktereigenschaften und Horoskopdeutungen ändern sie jedoch nichts.

Die Jahreszeit, in der ein Mensch geboren wird, nimmt Einfluß auf sein Temperament

Die listenreiche, charmante Ratte

Das erste Zeichen in der chinesischen Astrologie ist die Ratte. Die Menschen, die diesem Zeichen angehören, sind schlaue, aber auch sehr angriffslustige Typen. Die Geburtsjahre für „Ratten" sind folgende:

$$18.2.1912 - 5.2.1913$$
$$5.2.1924 - 23.1.1925$$
$$24.1.1936 - 10.2.1937$$
$$10.2.1948 - 28.1.1949$$
$$28.1.1960 - 14.2.1961$$
$$15.2.1972 - 2.2.1973$$
$$1.2.1984 - 18.2.1985$$
$$18.2.1996 - 6.2.1997$$

Der Ratte-Geborene setzt sich immer durch

Ein Ratte-Mensch setzt sich am Ende immer durch, auch wenn seine Gegner schon glauben, ihn in die Knie gezwungen zu haben. Er ist wie ein Stehaufmännchen, das stets wieder auf die Füße kommt.

Bei Vorgesetzten sind Ratten als zuverlässige und fleißige Mitarbeiter geschätzt. Wer ihrem steten Vorwärtsdrang im Wege steht, bekommt – ohne es vielleicht selber zu merken – ihre Ellenbogen zu spüren. Ihr sanfter Augenaufschlag ist ein Warnsignal: Vorsicht, Attacke folgt sogleich! Ihr charmantes Lächeln bezwingt auch den hartnäckigsten Widersacher. Man kann diesen Typen eigentlich nicht böse sein, auch wenn man von ihnen zuweilen übers Ohr gehauen wird.

Die Jagd nach dem Profit

Der Wahlspruch der Ratten heißt: alles oder nichts. Sie sind stets auf der Jagd nach dem Profit und können dabei mögli-

16

cherweise ihr Geld vorschnell in Geschäfte stecken, die sich aber dann als Flops erweisen. Enttäuschungen lassen die Ratten jedoch nicht verzweifeln: Sie wagen immer wieder von neuem den Kampf, um schließlich doch zu gewinnen, denn sie glauben an ihren Erfolg.

Ratten wollen Karriere machen. Deshalb findet man sie oft in Berufen wie Kaufmann, Banker oder Politiker, aber auch zuweilen als schlitzohrige Vertreter. Sie sind allerdings auch mit weniger zufrieden, vorausgesetzt, das Geld stimmt. Ihre künstlerische Begabung verwirklichen die Ratte-Geborenen in ihren Hobbys, die sie aber nur dann zu ihrer Erwerbsquelle machen, wenn sie ihnen Erfolg und Ansehen verspricht. Zu Geld gekommene Ratten neigen gern zu Verschwendung oder großzügigem Mäzenatentum.

Bei allen Ratte-Geborenen gibt es zwei wesentliche Unterscheidungsmerkmale: Im Sommer geborene Ratten finden alles im Überfluß und können ihre Talente besser zur Geltung bringen als ihre winterlichen Geschwister. Sie können ihren Charme spielen lassen in der wohligen Gewißheit, daß man sie gewähren läßt, wenn es einmal hart auf hart kommt. Nach außen hin erscheinen sie für jedermann liebenswert, obwohl sie mit ihrem Ehrgeiz, alles erreichen zu wollen, oft über die Stränge schlagen.

Im Sommer geborene Ratten können ihre Talente besonders gut zur Geltung bringen

Der im Winter geborene Ratten-Typ hat stete Angst ums tägliche Brot. Er kann nie genug kriegen, was sich bei einigen auch auf die Figur niederschlägt. Trotzdem scheinen die Winterratten widerstandsfähiger zu sein als ihre sommerlichen Geschwister, die des öfteren dem sogenannten süßen Leben Tribut zollen müssen. Doch wenn sie auf ihre Gesundheit achten, werden Ratte-Menschen oft sehr alt. Beide Typen lieben den Luxus und streben ihr Leben lang danach, ihn sich leisten zu können.

Die Ratte-Frau

Keine andere Frau ist so leidenschaftlich wie die im Zeichen der Ratte geborene. Sie macht schon früh Bekanntschaft mit dem anderen Geschlecht und verliebt sich oft auf der Suche nach dem idealen Partner. In der Liebe geht sie gern aufs Ganze, wird aber nur zu oft enttäuscht.

Die Ratte-Frau will den Mann fürs Leben mit Haut und Haaren und ganz für sich allein besitzen. Andere Frauen, die ihm schöne Augen machen, verfolgt sie mit ihrer Eifersucht. Männer, die es auf die hübsche, meist auch elegant gekleidete Eva aus dem Ratte-Zeichen abgesehen haben, sind klug beraten, wenn sie ihr so oft wie möglich Treue schwören und auch halten.

Die Ratte-Frau ist die Leidenschaftlichste von allen

Wer sich von der Ratte-Frau an die Kette legen läßt, hat bei ihr den Himmel auf Erden. Aber er muß Potenz beweisen, schlappe Männlein haben bei ihr schon nach der ersten Liebesnacht verspielt.

Viele Ratte-Frauen heiraten früh. Ihr charmantes Wesen überzeugt jeden Mann. Wer sie einmal für sich gewonnen hat, sollte auf seine Ratte-Frau gut aufpassen, denn viele andere Bewerber stehen bei ihr Schlange. Für den Mann macht sich ein schneller Entschluß zur Heirat einer Ratte-Frau bezahlt: Er hat eine Prachtfrau an seiner Seite, die aber nicht nur das Haus in Ordnung hält. Lieber ist ihr eine gut dotierte Arbeit außerhalb der eigenen vier Wände. Schließlich hat auch sie den Ehrgeiz, Karriere zu machen, Geld zu verdienen, um sich den Luxus leisten zu können, der mit dem Gehalt des Mannes allein vielleicht nicht zu erreichen wäre. Denn auch ein gesunder Egoismus gehört zu ihren starken Seiten.

Der Ratte-Mann

Der Ratte-Mann ist ein Genießer, nicht nur, was ein gutes Essen betrifft, sondern auch als Liebhaber schöner Frauen. Wie seine Tierkreis-Schwester verliebt er sich schnell, läßt aber seine wachen Augen weiter in die Gegend schweifen: Man kann ja nicht wissen, ob an der nächsten Ecke bereits eine andere Hübsche steht, die ihm noch besser gefällt.

Er will Erfahrung sammeln – koste es, was es wolle. Seine Großzügigkeit schindet Eindruck, noch mehr sein angeborener Sex-Appeal. Leider verlöscht die Glut nur zu rasch, wenn er von heute auf morgen aus dem Dunstkreis der Schönen verschwindet. Ratte-Männer sind nicht immer treu, selbst wenn sie die Liebste dies glauben machten.

Trotz zeitweise ausschweifenden Lebens findet jedoch jeder Ratte-Mann eines Tages die Frau, mit der er sein Leben teilen möchte, und die er von sich und seiner Liebe überzeugen kann. Nachdem er sich vor der Ehe „ausgetobt" hat, wird er ein treuer Ehemann, der sich in einem gemütlichen Heim gern von seiner Geliebten verwöhnen läßt.

Die Ehefrau eines Ratte-Mannes wird verwöhnt wie keine andere, aber sie wird sich daran gewöhnen müssen, daß sie zeitweilig allein zu Hause sitzt, wenn ihr Ratte-Gemahl wieder einmal auf der Jagd nach Geld und Ansehen ist oder mit anderen Menschen seine Erfolge feiert. Das tut er ja nur für seine Familie. Ach ja: Seine Kinder liebt er sehr, sieht sie aber wegen allzu großer Arbeitsüberlastung oft nur am Wochenende. Dann ist er jedoch der beste Vater, den es gibt.

Ratte-Mann und Ratte-Frau

Sollte ein Ratte-Mann zufällig an eine Tierkreis-Schwester gelangen, muß er sich in seiner Lebensweise einschränken, denn das Heimchen am Herd wird diese nie spielen. Zwar ist die Ratte-Frau absolut treu, doch sie will wie er hinaus ins Leben, mit anderen Menschen zusammenkommen und von ihnen geschätzt werden.

Ratte-Mann und Ratte-Frau: Gemeinsam zum Erfolg

In diesem Sinne wird eine Ratte-Frau auch ihre Kinder erziehen: zu selbständigen und erfolgreichen Menschen, die sich im Leben durchsetzen können.

Bei allem, was hier vielleicht negativ über Ratte-Menschen gesagt wurde, sollte man aber feststellen, daß dieser sonnige Tierkreis-Typ immer nur das Beste will. Leider kann er nicht alles gleich in die Tat umsetzen, was er sich in seinen Träumen wünscht.

Irgendwann aber wird er sich diese vielleicht erfüllen, wenn ihm das Leben Zeit läßt. Und dann kann er der Mann sein, der hinter dem warmen Ofen sitzt und aus liebgewordenen Büchern seinen Lieben vorliest. Und sie kann die Frau sein, die ihren Liebsten ein gemütliches Zuhause schafft und ihnen allen ihre Lieblingsgerichte kocht. Bis dieser Zustand eintrifft, kann es allerdings sehr lange dauern, wenn überhaupt. Denn sicher ist es nie, ob der Ratte-Mensch nach einem langen Arbeitsleben nicht doch lieber das Leben genießt und „die Sau rausläßt". Für viele Rattegeborene bedeutet der Ruhestand nämlich eher ein „Unruhestand".

Das Horoskop
für die Ratten

Eine lange Sturm- und Drangzeit sorgt für Abwechslung

Welches Schicksal wird ein Mensch, der in einem Ratte-Jahr geboren wurde, nach dem chinesischen Horoskop haben? Im allgemeinen wird er in der Jugendzeit an der Seite einsichtiger Eltern ein beschauliches Leben führen können. Aber schon als Teenager dringen die Unruhe und Angriffslust an die Oberfläche. Die Mädchen werden rasch flügge, und die Jungen büffeln in Schule, Lehre oder Universität, um schnell die Karriereleiter erklimmen zu können. Die Ratte-Frau heiratet oft früh, für den Ratte-Mann werden die zwanziger und dreißiger Jahre seines Lebens in einem beständigen Auf und Ab verlaufen, wobei er es jedoch schafft, immer wieder Tritt zu fassen und zielsicher nach vorne zu schauen. Oft erst im Alter von vierzig Jahren haben die Ratten ihre Sturm- und Drangzeit hinter sich. Und danach könnten sie sich auf ihren Lorbeeren ausruhen. Aber welche Ratte tut das schon?

Im Jahr der Ratte (1996 und 2008)

haben die meisten Ratten das Glück auf ihrer Seite. Sie können im Beruf viel erreichen. Der Erfolg ist ihnen sicher, wenn sie allzugroße Wagnisse vermeiden. Wenn sie sich auf ihren Verstand verlassen, wird er ihnen sagen, wie sie alles zu einem guten Ende bringen können. Ein Superjahr auch in finanzieller Hinsicht!

Im Jahr des Büffels (1997 und 2009)

haben die Ratten meist nicht die rechte Lust, etwas Neues zu beginnen. Eigentlich möchten sie sich auf die faule Haut legen, um den lieben Gott – wie man so sagt – einen guten Mann sein zu lassen. Viele unter ihnen vertrauen auf das, was sie im Jahr zuvor erreicht haben. Aber ob das genügt?

Im Jahr des Tigers (1998 und 2010)

setzt sich für manche Ratten der Trend des Vorjahres fort. Sie wollen zwar das Beste, haben auch den Mut, etwas Neues zu beginnen, aber der Erfolg stellt sich in diesem Jahr nur nach harter Arbeit ein. Viel Arbeit steht bevor. Doch die Arrivierten unter ihnen brauchen keine Angst zu haben. Wenn sie vorsichtig taktieren, gelingt alles.

Im Jahr des Hasen (1999 und 2011)

hellt sich manches auf, was vorher noch im argen lag. Trotzdem sollte in einigen Fällen weise Zurückhaltung oberstes Gebot sein. Allzu kühne Pläne sind nicht gefragt. Um das Jahr erfolgreich zu bestehen, sollten Ratten auf Nummer Sicher gehen. In der Liebe läuft dagegen kaum etwas zuwider. Das Glück winkt.

Im Jahr des Drachen (2000 und 2012)

dreht sich das Glücksrad für die Ratten in beruflicher und finanzieller Hinsicht wieder in vollem Schwunge. Da sie im allgemeinen sehr gescheit sind, werden sie sicherlich – durch die Vorjahre gewarnt – jetzt etwas für magere Zeiten zurücklegen und nicht auf faule Tricks schlechter Freunde hereinfallen.

Im Jahr der Schlange (2001 und 2013)

laufen die Ratten Gefahr, durch allzu viel Übermut Fehler zu machen. Ihr Verstand ist wieder besonders gefragt, wenn es darum geht, Neues in die Reihe zu bringen. Vor allem sollten sie finanziell nichts wagen, was nicht zuvor gut durchgerechnet wurde. Am besten „schlängelt" man sich geschickt durchs Jahr und vermeidet alles, was den Unmut der Umwelt hervorrufen könnte.

Das Jahr der Schlange birgt Gefahren

Im Jahr des Pferdes (2002 und 2014)

sollten Ratten dafür sorgen, die richtigen Bundesgenossen an der Seite zu haben, also Leute, die sich gut mit Pferden (astrologisch) verstehen. Das haben sie auch nötig; denn allzu forsch

21

dürfen sie in diesem Jahr nicht vorgehen, sonst könnte das Folgen haben und auf die nächsten guten Jahre nachteilig wirken.

Im Jahr der Ziege (2003 und 2015)

geht es für mutige Ratten aufwärts. Sie können wieder etwas wagen, und selbst die bisher zögerlichen unter ihnen haben plötzlich nicht nur in der Liebe Oberwasser, sondern auch im Beruf. Ihre Karriere macht einen Sprung nach vorn. Auch Geld geht wieder genügend ein, das in gute Anlagen gesteckt werden kann. Nur leichtsinnig dürfen die Ratten nicht werden.

Im Jahr des Affen (2004 und 2016)

Glück pur im Jahr des Affen

haben die Ratten das Glück der Tüchtigen. Was sie auch beginnen, es wird gelingen. Sie können den Grundstein für weitere erfolgreiche Jahre legen. Es lacht die Sonne der Liebe und des Glücks zu zweit. Die Anstrengungen der Vorjahre sind vergessen. Auch weniger begabte Ratten schaffen jetzt vorzügliche Ergebnisse.

Im Jahr des Hahns (2005 und 2017)

sollten erst einmal die Erfolge des Vorjahres abgesichert werden, damit sie nicht ins Gegenteil verkehrt werden können. Nun heißt es abwarten. Da bleibt Zeit für die schönen Dinge des Lebens. Ratten können häusliches Glück genießen. Wenn sie dennoch fremdgehen, sollten sie aber vorsichtig sein: Man könnte sie bei Seitensprüngen ertappen.

Im Jahr des Hundes (2006 und 2018)

sollten Ratten das Tempo im Beruf steigern, weil sie hervorragende Angebote bekommen, die sie zu ihrem eigenen Vorteil nützen können. Das bedeutet für sie zwar Arbeit und nochmals Arbeit, aber der Erfolg scheint ihnen sicher. Leider müssen sie darum in anderen Bereichen – wie zum Beispiel in der Liebe – etwas kürzer treten.

Im Jahr des Schweines (2007 und 2019)

werden die Ratten endlich genießen können, was sie bisher erreicht und angesammelt haben. Sie können jetzt im Lebenskampf eine Pause einlegen, ohne dabei den Erfolg zu schmälern, den ihnen ein fettes Jahr zuvor bescherte. Jetzt heißt es: Ruhe ist die erste Bürgerpflicht! Und das ist gut; denn viel zu wagen, wäre im Augenblick verkehrt.

Die Ratten vom Widder bis zu den Fischen

Wir haben gerade gelesen, was die im Jahr der Ratte Geborenen auszeichnet. Nun wollen wir das chinesische Tierzeichen der Ratte mit den zwölf abendländischen Tierkreiszeichen vom Widder bis zu den Fischen zusammenbringen, um so das Charakterbild jedes einzelnen zu verfeinern.

Widder-Ratten (21. März bis 20. April)

Um es gleich vorweg zu sagen: Widder-Ratten wollen immer Spitzenreiter sein. Ein tristes Eremitenleben ist absolut nichts für sie. Sie lieben Geselligkeit und Betriebsamkeit in allen Lebensbereichen.

Sie sind sehr zielstrebig und hartnäckig. Was Widder-Ratten einmal entschieden haben, das werden sie durchsetzen. Wenn's mit Gewalt nicht geht, dann eben mit listiger Schläue. Sie taktieren gekonnt, verlieren aber zuweilen das Maß. Kommt man ihnen auf die Schliche, werden sie Mittel und Wege finden, charmant zu vertuschen, was sie ins schiefe Licht brachte. Am Ende ist dann wohl der andere schuld.

Widder-Ratten sind die geborenen Manager, die mit hohem Einsatz spielen, aber schon im vorhinein wissen, daß sie gewinnen werden. Ihre Angriffslust, die keine Ränke scheut, verwirrt jeden Gegner so, daß er den entscheidenden

Gleichzeitig Ratte und Widder – das sorgt für besondere Betriebsamkeit

Fehler begeht, der den Widder-Ratten die Trümpfe in die Hand gibt.

Schönster Zug der Widder-Ratten: Wen sie einmal ins Herz geschlossen haben, der kann auf ihre Hilfe rechnen, wann immer er sie benötigt – außer eine solche Hilfeleistung würde der Widder-Ratte schaden. Ein bißchen Egoismus sollte schon sein!

Widder-Ratten gehen niemals unter. Sie werden nimmer müde, für sich, aber auch für gute Freunde den Platz an der Sonne zu suchen. Nur hat das seine Grenzen: Für andere kennen Widder-Ratten schließlich Maß und Ziel, für sich selbst beanspruchen sie eher ein Übermaß, das sie sich auch meist sichern können. Ihre Energie ist das Kapital, aus dem sie die Tausendmarkscheine zaubern, die sie für ein Dasein in Luxus und Lebensfreude brauchen.

Stier-Ratten (21. April bis 20. Mai)

Das ist schon eine seltsame Mischung: Über des Stieres sturem Beharren und der Ratte Angriffslust hängt die Natur den Deckmantel einer stets zur Schau getragenen Friedfertigkeit, gepaart mit einem liebenswürdigen Wesen, das freilich auch Launen kennt.

Stier-Ratten sind geschäftstüchtig und finden immer einen Ausweg

Stier-Ratten wirft so leicht nichts um. Sie finden selbst in prekären Situationen einen Ausweg. Das schätzen an ihnen vor allem Vorgesetzte oder Geschäftspartner sehr.

Die Familie geht den Stier-Ratten über alles. Sie wird überhäuft mit teuren Geschenken und mit einer Fürsorge, die manches Familienmitglied auf die Dauer als übertrieben, wenn nicht gar als lästig empfinden könnte. Nur zeige man das den Stier-Ratten nie; denn bei ihnen schlägt familiärer Ärger grundsätzlich auf den Magen.

Außerhalb des Familienkreises gelten Stier-Ratten als geschäftstüchtig. Da drehen sie den Pfennig zehnmal um. Aber was ihnen oft als Geiz ausgelegt wird, ist in Wirklichkeit nichts anderes als Teil jenes beharrlichen Strebens nach Geld und festen Werten, die man zum eigenen und zum Nutzen der Familie anlegen kann.

Frauen aus diesem Mischtyp heiraten meist früh und bemuttern ihren Partner auch dann noch, wenn sie längst eingesehen haben, daß er eigentlich doch nicht der Rechte war. Männer angeln sich manchmal die nächstbeste Hübsche und bewachen sie von da an eifersüchtig ein Leben lang.

Nach den Flitterwochen macht sich bei den Stier-Ratten meist eine gewisse Bequemlichkeit breit – man ist versorgt, mehr will man nicht. Ob das aber dem Partner reicht? Die Stier-Ratte fragt nicht danach; sie ist glücklich und setzt Speck an. Kugelrunde Stier-Ratten sind ein Beweis für Zufriedenheit mit sich und den Seinen.

Zwillinge-Ratten (21. Mai bis 21. Juni)

Zwillinge-Ratten sind Individualisten vom Scheitel bis zur Sohle. Sie lassen keinen Widerspruch gelten, sondern zerpflücken ihn meist schon im Ansatz mit sanfter Wortgewalt. Und wenn sie sehen, daß mit Behutsamkeit nichts zu machen ist, kommt ihnen auch schon mal jenes berühmte Götz-Zitat über die Lippen.

Freunde wissen solche Entgleisungen zu entschuldigen; sie kennen die dünnen Nervenstränge der Zwillinge-Ratten und versuchen erst gar nicht, sie zu überspannen.

Zwillinge-Ratten lassen sich von der Vernunft leiten – auch in der Liebe

Auf dem Weg nach oben scheinen sie jedoch Nerven aus Stahl zu haben. Ihre Intelligenz ebnet ihnen die steilsten Pfade. Und schließlich sind sie in der Chef-Etage angelangt und lassen sich nicht mehr verdrängen, sofern sie nicht selbst plötzlich die Wanderlust packt zu einem noch besser dotierten Job.

Das ist das Unstete im Charakter der Zwillinge-Ratten, das sich auch in der Intimsphäre spiegelt: Zur Liebe auf den ersten Blick ist man zu kritisch. Der Intellekt rät eher zu dem berühmten Bratkartoffelverhältnis, durch das man versorgt ist. Von der Liebe allein kann man schließlich nicht leben; der Partner sollte schon etwas mitbringen in die Ehe, mit der man die eigene finanzielle Basis verbreitern kann.

Zwillinge-Ratten halten viel vom Geld. Sie werden es freigebig hinauswerfen, wenn sie sich damit ins rechte Licht setzen können. Bequemlichkeit schätzen sie über alles, und wenn man ihnen viel Spielraum läßt, sind sie treu.

Männer dieses Ratten-Mischtyps erreichen im Durchschnitt meist nicht ganz die hohe Scheidungsquote anderer Zwillinge. Frauen aus dem Zwillinge-Ratten-Bereich werden

sogar an der Seite eines verständnisvollen Ehepartners ausgesprochen häuslich; sie brauchen nur neben dem Wirtschaftssalär genügend Taschengeld.

Krebs-Ratten (22. Juni bis 22. Juli)

Man schätzt sie wegen ihres Sachverstandes; denn Krebs-Ratten wählen grundsätzlich nur den Beruf, den sie auch ausfüllen können. Angeber sind ihnen ein Greuel. Und da es soviel Angabe in dieser falschen Welt gibt, ziehen sie sich meist zurück und beobachten ihre Mitmenschen kritisch. Das macht sie überlegen, aber nicht unbedingt beliebt.

Der Krebs-Aspekt verleiht den Ratten Bescheidenheit

An sich selbst können Krebs-Ratten Kritik wenig vertragen. Sie sind von der Richtigkeit ihrer Pläne und Entschlüsse überzeugt – wer braucht da Kritik? Diese Meinung tragen sie nach außen selbstbewußt zur Schau, aber im stillen Kämmerlein überdenken sie selbstkritisch für sich, ob sie nicht doch etwas falsch gemacht haben könnten. Wer diesen Mischtyp „falsch" behandelt, lernt seine Angriffslust kennen. Dann schlägt er zurück und trifft nicht selten die Schwachstellen des Gegners. Bester Zug der Krebs-Ratten: Sie wollen nicht unbedingt Spitzenreiter sein. Ihnen reicht das, was man zum Leben braucht.

In der Liebe sind Krebs-Ratten wählerisch. Sie prüfen lang, bevor sie sich binden. Zur Not lebt man zusammen ohne standesamtlich verbriefte Rechte, die im Falle einer Scheidung teuer zu stehen kämen. Haben sie sich aber einmal zu einer festen Bindung entschlossen, werden sie häuslich und bleiben treu.

Frauen dieses Typs wollen bemuttern und reiben sich ganz im Dienst für ihre Lieben auf. Schade, wenn Männer nicht merken, wieviel zusätzliche Streicheleinheiten als Lohn für ihre guten Taten gerade eine Krebs-Ratte-Frau braucht.

Männer aus dem Krebs-Ratte-Zeichen sind da anders. Sie gehen ihren eigenen Weg, sind beständig auf der Suche nach der großen Liebe und werden im Ehealltag dann oft desillusioniert. So leben sie neben der, die sie erwählten, manchmal recht gleichgültig, erfüllen ihre ehelichen Pflichten, fühlen sich aber möglicherweise unzufrieden und unglücklich.

Es sind die Träume, die den Krebs-Ratten das Leben vergällen können.

Löwe-Ratten (23. Juli bis 23. August)

Sie tragen den Kopf höher als andere; das könnte sie in den Augen kleinlicher Spießbürger arrogant erscheinen lassen. Löwe-Ratten sind eben Persönlichkeiten von hoher Intelligenz und wahrhaft königlicher Haltung. Verständlich also, wenn sie auf das Fußvolk hinunterblicken, das ihnen – meinen sie – besser huldigen sollte.

Natürlich werden die Löwe-Ratten Karriere machen. Sie müssen allerdings aufpassen, daß sie nicht manchmal übers Ziel hinausschießen. Das kann zu saftigen Einbrüchen in der Karrierekurve führen.

Löwe-Ratten neigen dazu, übers Ziel hinauszuschießen

Lange freilich bleibt keine Löwe-Ratte unten. Sie rappelt sich immer wieder auf, und mit der Summe der Erfahrungen steigt das Einkommen. Wer sie weglobte, möchte sie plötzlich wiederhaben und macht verlockende Angebote, die am Stolz der Löwe-Ratte scheitern.

Das Geld muß dieser Sternenmischling stets unter die Leute bringen. Von Geiz ist da nicht die Spur. Verständlich, daß solch königliche Ratte viele Anbeter hat, die sich um ihre Gunst und um ihr Herz bemühen.

Männer dieses Typs können sich oft nicht für die Eine entscheiden, sie lieben alle Frauen, ob blond oder braun. Hier und da gehen sie aber schlauen Mädchen in die Falle. Und dann sind sie gefangen. So eingesperrt, beginnen sie wie echte Löwen zu brüllen oder suchen wie die Ratten ein Loch in der Wand, durch das sie entschlüpfen können.

Die Löwe-Ratte-Dame bindet sich schon früh, angelt sich meist den, der ihr ein Maximum an Luxus bieten kann. Und wenn der Erwählte auf die Dauer diesen Luxus nicht halten kann, arbeitet sie mit. Und möglicherweise verdient sie dann mehr als er.

Jungfrau-Ratten (24. August bis 23. September)

Schick geht für die Jungfrau-Ratten die Welt zugrunde. Dezente Eleganz ist aber auch so ziemlich das einzige, was sie sich an Luxus leisten. Ansonsten wird der Pfennig umgedreht, das Geld gehortet, aufs Sparkonto gebracht oder in Aktien oder andere Anlagemöglichkeiten gesteckt.

Hier zählt jeder Pfennig: Jung-frau-Ratten sind Finanz-genies

Jungfrau-Ratten sind Finanzgenies. Sie ahnen die gute Gelegenheit und nützen sie. Schon manche Jungfrau-Ratte rettete einen fast bankrotten Betrieb vor dem Ruin. Man sieht, diese Typen haben Erfolg im Beruf. Sie denken und lenken aber meist aus der zweiten Reihe und lassen anderen das Sagen, wenn diese nur tun, was die Jungfrau-Ratten wollen.

Der Umgang mit Jungfrau-Ratten ist oft schwierig. Werden sie angegriffen, schlagen sie sofort zurück. Und dann setzt es Verluste bei den anderen. Eigene Verluste beklagen diese Ratte-Mischlinge kaum; sehen sie sich in einer Sackgasse, kriechen sie zu Kreuze oder spielen die Unschuldigen.

Jungfrau-Ratten beißen sich durch. Im Beruf, aber auch in den Beziehungen zum anderen Geschlecht. Männer dieses Typs schauen sich das Opfer ihrer gezügelten Leidenschaft lange Zeit in Ruhe an, wägen ab, ziehen Bilanz. Die Liebe ist für sie das Geschäft ihres Lebens. Und außerdem will man ja gerade da nicht die Katze im Sack kaufen.

Frauen aus diesem Mischzeichen suchen länger als manche ihrer Geschlechtsgenossinnen nach dem einen, der sie glücklich machen könnte. Sie sind gute Mütter, die ihren Haushalt vorbildlich und sparsam führen.

Jungfrau-Ratten sind sicherlich liebenswerte Sternenmischlinge. Wenn nur nicht ihre geradezu penetrante Ordnungsliebe wäre! Das kleinste Stäubchen kann sie stören, und über die geringste Ausgabe führen sie Buch. Man könnte sie kleinlich nennen. Nur wer sie liebt, weiß, daß das nicht stimmt.

Waage-Ratten (24. September bis 23. Oktober)

Waage-Ratten sind für Harmonie in allen Lebenslagen. Nichts ist ihnen verhaßter als Zank und Streit. Sie wären die geborenen Juristen und Lehrer, wenn es sie nicht mehr zu künstlerischen und handwerklichen Berufen hinzöge. Sie haben Geschmack und lieben den Luxus als Ausdruck einer für sie passenden Lebensart.

Der Waage-Ein-fluß sorgt für Sehnsucht nach Harmonie

Waage-Ratten sind nicht unbedingt die Fleißigsten im Lande. Sie tun lieber nur das Notwendigste. Man hat ja Zeit, und morgen ist schließlich auch noch ein Tag. Chefs mögen über diese nonchalante Art klagen, entlassen werden sie ihre

Waage-Ratte kaum. Sie wissen: Das Betriebsklima würde darunter leiden; denn Waage-Ratten sind allseits beliebt, und man hört gern auf ihren Rat.

Einige von ihnen wurden übrigens selbst vorbildliche Chefs mit dem Wahlspruch: Leben und leben lassen! Sie lieben das Dasein, in dem sie umschwärmter Mittelpunkt sein können. Den meisten von ihnen gelingt das mit Charme und der ihnen eigenen Liebenswürdigkeit.

Die Männer dieses Typs pendeln in den zwischenmenschlichen Beziehungen hin und her, bis sie schließlich doch von der Richtigen heimgeführt werden.

In leuchtenden Farben preisen Männer die Vorzüge der Waage-Ratte-Frau. Sie umschwirren sie wie Motten das Licht.

Skorpion-Ratten (24. Oktober bis 22. November)

Skorpion-Ratten sind Kämpfertypen, die alles beiseite räumen, was sich ihrem Vorwärtsdrang entgegenstellt. Sie beißen sich durch um jeden Preis und setzen dabei auch den Giftstachel ein, der jeden Gegner zwar nicht tötet, doch zumindest lähmt.

Kämpferisch und lebensfroh: Skorpion-Ratten

So gefährlich sind die Skorpion-Ratten auch nicht immer. Sie können sich sehr wohl anpassen und im Strom mitschwimmen. Sie sind gewöhnt, streng nach Vorschrift zu arbeiten. Zu mehr haben sie oft auch keine Lust.

Sie lieben die Wahrheit über alles. Unaufrichtigkeit ärgert sie. Sie nehmen aber auch so leicht nichts krumm. Man sollte nur nicht zu sehr übertreiben und Falsches über sie aussagen. Dann stellen sie sich bockig oder gehen gleich zum Gegenangriff über, der dann so aussehen kann wie oben beschrieben. Leicht hat's keiner mit den Skorpion-Ratten.

Diese Sternenmischlinge lieben deftige Tafelgenüsse über alles. Sie suchen auch die Kumpanei, die Stammtischrunde, in der deftige Witze erzählt werden.

Skorpion-Ratte-Männer suchen sich ihre Freundinnen recht zufällig aus. Es ist dabei kein Wunder, wenn sie die Lämmchen unter ihnen besonders schätzen. Gegensätze ziehen sich ja an. In der Jugend sind diese Männer die reinsten Don Juans. Aber das gibt sich mit zunehmendem Alter. Dann

bauen sich diese Skorpion-Ratten ein Haus und holen sich jene heim, die sie zärtlich umsorgt.

Frauen aus diesem Mischzeichen sind besonders in jungen Jahren Männer betörende Wesen. Doch gezielt suchen sie ihren Favoriten aus der Menge. Und hat er erst ja gesagt, übernimmt sie die Leitung.

Fazit: Eine Skorpion-Ratte kennt keine Mitbestimmung.

Schütze-Ratten (23. November bis 21. Dezember)

Man muß es ihnen lassen: Schütze-Ratten sind Menschen, die sich immer und überall ins rechte Licht setzen. Und wohl darum klettern sie bald ein um die andere Sprosse auf der Erfolgsleiter höher. Und wenn's nicht im Guten geht, dann nehmen sie auch mal die Ellenbogen.

Freunde schätzen die Kameradschaft der Schütze-Ratten und merken dabei nicht, daß sie weidlich ausgenutzt werden. Freundschaft hin, Freundschaft her – man will ja schließlich auch seinen eigenen Vorteil wahren.

Schütze-Ratten wissen ihren Vorteil zu wahren

Ehepartner von Schütze-Ratten haben es nicht leicht. Vor allem die Männer aus diesem Mischzeichen gehen gern einmal alleine aus, suchen sich draußen im geselligen Leben vom Ehealltag zu entspannen. Aber Vorsicht: Sie sind Meister im Vertuschen von Seitensprüngen.

Frauen dieses Typs sind häuslicher, wenn sie einmal im Ehehafen eingelaufen sind. Freilich dauert der Weg dorthin bei ihnen etwas länger. Denn sie wägen genau ab. Der eine wäre es geworden, wenn er zum Geld mehr Herz mitgebracht hätte, der andere wurde es nicht, weil Herz allein die Familie nicht ernähren kann.

Schütze-Ratten – Frau wie Mann – nehmen ihren Beruf sehr ernst. Sie werden schnell die Chefs finden, die sie fördern, und Kollegen, die für sie durchs Feuer gehen. Einziger Nachteil: Die Schütze-Ratte hält es in jüngeren Jahren nie lange an einem Platz. Sie läßt sich wegloben in die nächsthöhere Position oder macht sich mit großem Erfolg selbständig.

Guter Rat zum Schluß: Man lege sich nie mit Schütze-Ratten an. Sie werden gewinnen – nicht mit roher Gewalt, sondern mit der ihnen eigenen Beredtsamkeit, mit Argumenten, die selbst dann noch überzeugend wirken, wenn sie an der Wahrheit ein wenig vorbeigehen.

Steinbock-Ratten (22. Dezember bis 20. Januar)

Die im Zeichen Steinbock geborenen Ratten machen sich das Leben nicht leicht. Stets wollen sie aus allem das beste herausholen und merken dann zum eigenen Verdruß, daß manches im Leben Halbheit ist und bleiben wird. Aber sie geben nie auf. Immer und immer wieder versuchen sie, die Welt in ihrem Sinne zu verbessern.

Perfektionismus ist die Stärke, aber auch die Gefahr der Steinbock-Ratten

Viele Steinbock-Ratten bleiben darum Einzelgänger, die nicht nach rechts und nicht nach links blicken. Sie fressen manches in sich hinein, zahlen es aber irgendwann heim, wenn ihnen Unbill widerfuhr.

Vor allem Frauen dieses Typs klammern sich oft zu sehr am Beruf fest, der ihnen über alles geht. Sie möchten zwar perfekte Hausfrau und Mutter werden, aber nur in einer Art Nebenbeschäftigung.

Männer unter dem Steinbock-Ratte-Zeichen lassen sich nur schwer in die Ehefalle locken. Zunächst haben sie wohl mit sich selbst und ihrem Beruf zu tun: Man will ja schließlich nicht mit leeren Händen in das Ehewagnis schliddern! Haben sie sich dann zur Familiengründung entschlossen, ist es oft schwer, die Richtige zu finden.

Wassermann-Ratten (21. Januar bis 19. Februar)

Stets unzufrieden mit ihrer Umgebung und sich selbst, suchen Wassermann-Ratten das Neue, das noch nie Dagewesene. Finden sie es im eigenen Heimatland nicht, gehen sie in die Fremde, werden Weltenbummler.

Fernweh und Freiheitsliebe prägen die Wassermann-Ratten

Im Charakter der Wassermann-Ratten ist etwas Unstetes. Die innere Unruhe triumphiert wider bessere Vernunft. Als Angestellte oder Arbeiter fühlen sie sich nicht wohl. Ein freier Beruf, in dem sie sich durchboxen müssen, liegt ihnen eher.

Das Abenteuer zählt in der Liebe mehr als eine feste Bindung. Der Wassermann-Ratte-Mann zum Beispiel mag die und

jene, läßt aber einer jeden ihre persönliche Freiheit. Wenn er heiratet, gilt für ihn der Ehevertrag mit der Klausel „Seitensprung erlaubt" für beide Teile.

Ganz anders die Wassermann-Ratte-Frau; sie kennt die Eifersucht, die sich oft grundlos ihr Opfer sucht. Sie will den Mann ihrer Wahl für sich allein. Sie bindet sich meist früh, weil sie fürchtet, daß der nächste schlechter sein könnte als der jetzige. So kann es zu mancher Enttäuschung kommen, aus der Scheidungsanwälte Profit schlagen können.

Mit zunehmendem Alter werden auch Wassermann-Ratten beiderlei Geschlechts vernünftiger. Und dann haben sie es meist zu etwas gebracht. Ihre Lebenserfahrung, in heißen Abenteuern erworben, bringt am Ende immer etwas ein.

Fische-Ratten (20. Februar bis 20. März)

Fische-Ratten haben viele Freunde, die von ihnen manchmal weidlich ausgenutzt werden. Sie vergessen jedoch keinen, der einmal gut zu ihnen war. Sehr zielbewußt sind sie nicht zu nennen, weil sie meist zu viele Ziele im Auge haben. Nur gut, daß Fische-Ratten sich rechtzeitig anpassen können, sonst kämen sie wohl nie auf einen grünen Zweig.

Bei zuviel Zielen verliert man den Überblick

Die Frauen dieses Typs sind sanfte und fröhliche Wesen, denen der Schalk im Nacken sitzt. Bei Männern sind sie deshalb sehr geschätzt. Sie selbst brauchen den Mann, der sie auf Händen trägt, ihnen aber auch tröstend zur Seite steht, wenn sie das große Heulen bekommen. Fische-Ratte-Frauen möchten gerne beschützt werden.

Männer dieses Typs heiraten oft ihre erste Liebe. Sie sind anhänglich und treu, selbst wenn sie später mal bemerken, daß eine andere vielleicht besser gewesen wäre. Und sie träumen weiter vom großen Glück, das ihnen doch noch zufallen könnte.

Was Fische-Ratten brauchen, ist sehr viel Liebe und Aufmunterung im Lebensalltag. Bescheiden, wie sie im Grunde sind, werden sie sich am Ende mit dem kleinen Glück daheim zufrieden geben.

Der bescheidene, arbeitsame Büffel

Das zweite Zeichen in der chinesischen Astrologie ist der Büffel. Die Menschen, die diesem Zeichen angehören, sind bescheidene, arbeitsame Typen. Sie haben in den folgenden Jahren des chinesischen Kalenders Geburtstag:

6. 2. 1913 – 25. 1. 1914
24. 1. 1925 – 11. 2. 1926
11. 2. 1937 – 30. 1. 1938
29. 1. 1949 – 15. 2. 1950
15. 2. 1961 – 4. 2. 1962
3. 2. 1973 – 22. 1. 1974
19. 2. 1985 – 8. 2. 1986
7. 2. 1997 – 27. 1. 1998

Der menschenfreundliche, ruhige Büffel-Typ könnte jedermanns Freund sein, wenn dahinter nicht der Choleriker stecken würde, der jeden auf die Hörner nimmt, der ihn reizt oder ihm Hindernisse in den Weg legt. Doch zählen wir erst einmal seine guten Eigenschaften auf:

Hinter der bescheidenen Fassade lauert ein Choleriker

Von der bescheidenen Art sprachen wir schon, mit der er den Leuten gegenübertritt. Der Büffel ist sanft und in Maßen auch geduldig, kann zuhören und hat immer gute Ratschläge parat. Er ist für den geraden Weg und macht nie mit, wenn jemand auf krummen Touren zum Ziel gelangen möchte. Dieser Typ ist arbeitsam und will unbedingt Karriere machen. Hinter seinem Wesen steckt die geballte Kraft eines starken Willens, selbst wenn er im Tun und Denken etwas behäbiger erscheint als jene forschen Typen, die sich in allen Lebenslagen gern in den Mittelpunkt spielen.

So weit – so gut, wäre da nicht der dunkle Punkt in seiner Nachtseele, der ihn zu gegebener Zeit überkochen läßt: Wer

den Büffel reizt, lernt jene andere Seite seines Ichs kennen. Auf den stürzt er sich wutschnaubend und macht ihn nieder. Er will sich – koste es, was es wolle – Respekt verschaffen. Beweist man diesem Büffel, daß er in einem bestimmten Fall Unrecht hatte, wird er cholerisch auf der eigenen, vorgefaßten Meinung beharren und jeden, der ihn eines Besseren belehren will, anfauchen. Er ist ein Meister im sturen Beharren – im guten, wie auch im weniger guten Sinn.

Sein Lebensziel: Karrieremachen

Der Büffel will nun einmal nach oben. Schon Büffel-Kinder lernen fleißig, weil sie wissen, daß ihnen das Gelernte in ihrem Streben nach einem Leben in Glanz und Gloria später einmal helfen kann. Als Erwachsener heißt sein Lebensziel Karrieremachen. Für dieses Ziel „büffelte" er schon strebsam in der Schule und in den weiterbildenden Institutionen. Das Ziel vor Augen, kennt er nur das Eine: Sich weiterzubilden und vorwärtszukommen. Ein Streber ist er deshalb noch lange nicht.

Der Büffel vertraut stets auf seinen Willen und seine Arbeitskraft. Seine Kollegen mögen seine fröhliche Art, mit der er jeden gewinnen kann, auch die Leute, die – noch! – über ihm stehen. Er nimmt alle für sich ein und wird sogar von denen hochgelobt, die vermeinen, sie seien genau so tüchtig wie er. Sie neiden ihm möglicherweise nicht einmal, daß er auf dem Weg nach oben Tricks anwendet, die jeden Chef verzaubern.

Mit sanfter Gewalt setzt sich der Büffel überall durch

Büffel wollen mitentscheiden können in ihrem Job, mit sanfter Gewalt die Leute zum Gehorchen bringen. Sie haben das Zeug dazu, Überragendes zu leisten – auf beinahe jedem Gebiet. Frauen und Männer aus dem zweiten Zeichen der chinesischen Astrologie sind die geborenen Mediziner, Juristen und Architekten, aber auch als Handwerker und Kunstgewerbler können sie ihre Talente voll ausschöpfen. Sie lieben aber auch das Bodenständige, die Arbeit an der frischen Luft, auf dem Bauernhof oder als Heger und Jäger im Wald und auf der Heide.

Ruhig und beharrlich gehen sie ihren Weg, sie setzen sich ein, wollen dafür aber auch übertariflich bezahlt sein. Sie wissen um den Wert und die Macht des Geldes, sind sparsam und

greifen das Ersparte nur dann an, wenn es sich für sie lohnt. Das hat nichts mit Geiz zu tun, eher mit jener Vorsicht, die den Weg nach oben weist.

Großzügigkeit glauben sich Büffel nur dann leisten zu können, wenn sie es zu einem stattlichen Bankkonto gebracht haben oder durch besondere Glücksumstände zu Geld und Wohlstand gekommen sind. Freilich werden sie sich dann erst einmal selber versorgen – ein wenig Egoismus schadet dem Ansehen nicht.

Büffel wollen Verantwortung tragen für sich selbst, aber auch für andere, die freilich vorsichtig sein sollten: Der Büffel mag keinen Widerspruch!

Wenn der Büffel sein Herz verliert

Früher oder später lernen die Büffel die Liebe kennen. Und da sie nichts Halbes machen, sind sie auch auf dem zwischenmenschlichen Gebiet mit ganzem Herzen dabei. Wen sie lieben, den fangen sie mit ihrem fröhlichen Wesen ein, bis er sich nichts anderes wünscht, als an des Büffels Seite glücklich zu werden.

Verliebte Büffel gehen aufs Ganze und wollen festhalten, was sie einmal erobert haben

Und dann erst merken die Umworbenen, daß ihre Büffel-Liebhaber auch andere Eigenschaften haben, die sie vorher noch nicht kannten: Büffel schätzen den, den sie heiraten, als ihren ureigensten Besitz. Nicht, daß sie eifersüchtig wären: Das haben sie gar nicht nötig! Aber wer da glaubt, in ihren Lebensbereich eindringen zu wollen, dem werden sie ihre spitzen Büffelhörner zeigen – das mag fürs erste genügen. Der Widersacher wird sich von dannen trollen und der Kraft des Stärkeren weichen. Denn die Mischlinge aus dem Büffelzeichen können sehr jähzornig werden, was ihnen keine Freunde schafft.

In einem festen Verhältnis ist der Büffel die Sanftheit in Person. Frauen aus diesem Zeichen können die besten Hausfrauen und Mütter sein, wenn der Ehemann und die lieben Kleinen nur das tun, was die Büffelin für richtig hält. Wer ihr die Freiheit läßt, zu Hause zu schalten und zu walten, wie es ihr beliebt, hat den Himmel auf Erden.

Er sichert den Wohlstand der Familie

Es gibt kaum einen gütigeren Familienvater als den Büffel-Mann. Er sorgt für den Wohlstand der Familie und überhäuft alle mit viel Liebe und ab und zu auch mal mit kleinen Aufmerksamkeiten. Nur in einem versteht er keinen Spaß: Er will stets die letzte Entscheidung haben. Das könnte ihn in den Augen kritischer Zeitgenossen als Tyrannen erscheinen lassen, der er aber nicht ist. Wie kann auch ein so sanfter Typ in den Verdacht kommen, alle und jeden unterdrücken zu wollen?

Zu Hause spielt der Büffel-Mann den Patriarchen, weil dieser Titel – meint er – ihm zusteht. Dabei gehen ihm Gemütlichkeit und eine häusliche Atmosphäre über alles, so daß man ihn auch stolz mit Pantoffeln durch die Wohnung laufen sieht. Er weiß ja: ein Pantoffelheld wird er deshalb noch lange nicht.

Fazit: Büffel-Geborene können Spaß vertragen und lachen gern. Sie sind treu und verlangen darum von ihren Partnern ebenso Treue. Sie sorgen dafür, daß für alle Eventualitäten und Notfälle immer ein Notgroschen in der Haushaltskasse bleibt und sich nach Möglichkeit in ein stattliches Guthaben bei der Bank umwandeln läßt.

Büffel gehen gern zur Sache

Büffel-Menschen haben viel für den Sex übrig. Ihre sanfte und behutsame Art geht jedem Partner unter die Haut. Bei langen Vorspielen halten sie sich aber nie auf – sie wollen schnell zur Sache kommen.

Die Frauen aus diesem Zeichen sind sinnlicher als die Männer. Doch wer ihnen mit seltsamen Praktiken kommt, hat keine Chance. Sie sind nicht prüde, halten aber nichts von Akrobatik im Bett.

Auch die Büffel-Männer schätzen mehr das Traditionelle, das ihrer Bequemlichkeit entgegenkommt. Sie sind zwar gefühlvoll, aber oft so ungeschickt dabei, daß ihre Partnerin das nicht gleich merkt und eher andere Vorstellungen von Sex und Liebe hat als der Büffel-Mann. Sie mag sich trösten: Mit der Zeit wird auch er geschickter und zärtlicher beim Liebesspiel.

Ein Büffel-Mensch lernt gern das, was ihm im Leben nützt. Mit der Zeit wird er auch gern einmal in einer Sache nachgeben, auf die er sonst sein Leben lang gebaut hat.

Guter Rat an alle Partner der Büffel-Menschen: Man sollte sie gewähren lassen; denn im Grunde genommen meinen es die im zweiten Zeichen der chinesischen Astrologie Geborenen mit allen ihren Mitmenschen gut. Wer mit ihnen lacht, hat schon gewonnen und kann sich manches erlauben, was die Büffel sonst vielleicht nicht gutheißen würden.

Mit Humor kann man manch einen Büffel um den Finger wickeln

Den Büffel-Damen oder -Herren aber sei der Rat gegeben, sich etwas mehr zurückzuhalten, auch wenn es nicht nach ihrem Willen geht. Sie sollten ihr fröhliches Gemüt den Zorn überspielen lassen, den sie oft aus recht fadenscheinigem Grund gerade an denen auslassen, die sie lieben.

Sie sollten öfter mal abschalten, ihre Freizeit und ihre Ferien an der Seite ihres Partners oder der ganzen Familie genießen. Sie sollten ihren sportlichen und/oder künstlerischen Hobbys nachgehen und darüber einmal mehr vergessen, daß Karrieremachen nicht der Weisheit letzter Schluß ist.

Das Horoskop für die Büffel

Früh übt sich, was ein Büffel werden will. Die im zweiten Abschnitt der chinesischen Astrologie Geborenen wissen schon sehr früh, daß man strebsam sein muß, um später etwas werden zu können. Sie wollen sich ihr Leben nach eigenem Willen einrichten und in späteren Jahren ein geruhsames Dasein führen. Rückschläge sind nur möglich, wenn die Büffel-Menschen die eigene Bequemlichkeit vergessen. Sie sollten stets an sich arbeiten und Streß in ihrem Leben bei allem verständlichen Eifer und Karriere-Bewußtsein nie aufkommen lassen. Nur so kommen sie gesund und ohne Schwierigkeiten über die Runden und können am Ende zu den Methusalems des chinesischen Mondtierkreises werden.

Lesen Sie jetzt aber, was das chinesische Horoskop für die Büffel-Frauen und -Männer in den nächsten Jahren vorsieht.

Im Jahr der Ratte (1996, 2008)

können elanvolle Büffel viel erreichen. Ihre Finanzen werden sie mit einigem Gespür vermehren und viel Neues zuwegebringen. Ein paar unter ihnen haben sogar Glück im Spiel, sollten aber allzu hohe Einsätze vermeiden. In der Liebe werden sie zum Zuge kommen. Wer dann noch keinen Partner hat, macht des öfteren erfreuliche Bekanntschaften. Auch da ist Glück im Spiel.

Im Jahr des Büffels (1997, 2009)

Ihr eigenes Jahr ist den Büffeln hold und belohnt ihre Strebsamkeit

hält die Glückssträhne an. Sie werden viel Erfolg haben, sich manches anschaffen, was ihnen bisher gefehlt hatte. Wenn sie jetzt bauen wollen, ist die Zeit dafür günstig. Bei allem, was das Jahr an Gutem verspricht, sollten Büffel-Menschen auch an eine Vorsorge für schlechtere Zeiten denken. Aber das fällt den ja sonst sparsamen sicherlich nicht allzu schwer.

Im Jahr des Tigers (1998, 2010)

hat der Büffel nicht unbedingt Hoffnung auf das große Los. Er kann dann nur auf das Glück des Tüchtigen hoffen, der sich in die Arbeit hineinhängt und noch eine Menge zuwegebringt. Leider macht er sich oft selbst das Leben schwer, weil er aus geringsten Anlässen zornig auf seine Umwelt reagiert. Und wenn er darüber nachdenkt, kann er sich vielleicht selbst nicht mehr leiden.

Im Jahr des Hasen (1999, 2011)

legt sich die im Jahr zuvor oft gezeigte nervöse Anspannung, weil der Büffel an sich selbst gearbeitet hat, um es nicht mit jedem zu verderben. Er schwenkt wieder auf Erfolgskurs um und hat auch im Privatleben schöne Stunden.

Im Jahr des Drachen (2000, 2012)

macht das Familienleben weiter Spaß. Und die Arbeit auch. Nur sollten die Büffel aus bestimmten Vorfällen die Lehre ziehen, daß Schweigen oft besser ist als unnützes Reden. Wer von

ihnen gute Freunde hat, sollte sich nicht unbedingt nur auf diese verlassen: Es kann zu gewissen Stimmungsumschwüngen kommen.

Im Jahr der Schlange (2001, 2013)

kann es einige Turbulenzen im privaten Bereich geben. Da Büffel im allgemeinen recht klug taktieren, sollten sie öfter mal einlenken und sich eher auf die Partnerschaft konzentrieren. Mit der ihnen eigenen Fröhlichkeit in allen Lebenslagen kommen sie auf jeden Fall weiter.

Im Jahr des Pferdes (2002, 2014)

kommt im Familienkreis alles wieder in Ordnung, weil sich die Büffel auf sich selbst und ihre Stärken besinnen. Außerdem können sie mit einer Förderung im Berufsleben rechnen. Einige Wünsche gehen in Erfüllung, und in der Kasse kann es klingeln. Und das bereitet den sparsamen Büffeln ja immer Freude.

Im Jahr der Ziege (2003, 2015)

kommt ein kleiner Knacks in die zwischenmenschlichen Beziehungen. Die Büffel sind manchmal zu aufbrausend und selbst ihren Lieben gegenüber reagieren sie oft unwirsch. Da sie klug und auch durchaus einsichtig sind, werden sie alles wieder ins Lot bringen. Sie haben wirklich keinen Grund, Launen zu zeigen.

Im Jahr des Affen (2004, 2016)

kostet die Büffel ruheloses Taktieren Nerven. Warum jagen sie dem großen, unerreichbaren Glück hinterher, statt das kleine, erreichbare beim Schopfe zu fassen? Die Lage ist nicht so schlecht, wie sie sich diese ausmalen. Jetzt sollten die Büffel endlich einmal ausgiebig Urlaub machen und mit ihren Lieben die schönen Tage genießen.

„Reif für die Insel" im Jahr des Affen

Im Jahr des Hahns (2005, 2017)

können Büffel endlich bisherige Schwierigkeiten abbauen und sich auf eine schönere Zeit freuen. Da sie sehr strebsam sind, werden sie sich nicht ärgern, daß es für sie ein sehr arbeitsreiches Jahr werden wird. Sie langen zu und stehen auf einmal wieder auf dem Höhepunkt ihres Könnens. Auch in der Liebe wird's gut!

Im Jahr des Hundes (2006, 2018)

kann es zu Depressionen kommen, die aber völlig grundlos sind. Außerdem sollte sich jeder Büffel schämen, plötzlich unter die Schwarzmaler gegangen zu sein. So schlimm kann es gar nicht werden, weil sie schon längst vorgesorgt haben durch ihre Arbeit im vergangenen Jahr.

Im Jahr des Schweines (2007, 2019)

Unaufhaltsamer Aufwärtstrend im Jahr des Schweines

müßte der Büffel fünf Hände haben, um alles bewerkstelligen zu können, was sich in diesem Jahr anbietet. Froh und heiter geht es auch im Familienkreis zu. Büffel können sich glücklich schätzen, wenn sie jemanden an ihrer Seite haben, der sie versteht und ihnen über alles hinweghilft, was sie bedrückt. Auf jeden Fall wird es in diesem Jahr mächtig aufwärts gehen.

Die Büffel vom Widder bis zu den Fischen

Auch unter den Büffel-Geborenen gibt es unterschiedlich ausgeprägte Typen. Und spannend wird das Tierkreiszeichen, wenn wir es mit dem westlichen Tierkreis vereinen. Mit Hilfe der abendländischen Tierkreiszeichen vom Widder bis zu den Fischen sollen nachfolgend die Charaktermerkmale des Büffel-Typs noch verfeinert werden.

Widder-Büffel (21. März bis 20. April)

Mischt man die Anlagen des chinesischen Büffels mit denen des abendländischen Widders, kann man in etwa dieses feststellen:

So ganz leicht ist mit den Widder-Büffeln nicht auszukommen, es sei denn, man ordnet sich ihnen bedingungslos unter. Hinter jedem, der ihnen zu widersprechen wagt, wittern sie einen potentiellen Gegner, den es auszuschalten gilt.

Widder-Büffel sind Menschen mit Willenskraft, die ihnen manchmal freilich auch Unannehmlichkeiten verschafft. Oft triumphiert da der Wille über die bessere Einsicht, und die Kontrolle geht flöten, was ihnen im Berufsleben so manchen Minuspunkt einbringen kann. Das ist nicht immer so. Wenn Widder-Büffel zum Beispiel der Ehrgeiz packt, werden sie den Willen in jenen richtigen Kanal leiten, der sie intuitiv zum Erfolg führt.

Widder-Büffel müssen gestreichelt werden. Das haben die Gefährten von Frauen dieses Typs längst erkannt. Dann räkeln sie sich wohlig und erfüllen alle Wünsche, und wenn sie der eigenen Natur zuwiderliefen.

Männer und Frauen unter dem Widder-Büffel-Zeichen sind nicht unbedingt häuslich zu nennen. Doch für ihre Kinder gehen sie durchs Feuer.

Widder-Büffel dulden keinen Widerspruch

Stier-Büffel (21. April bis 20. Mai)

Unter den Büffeln ist jener im Stier-Zeichen geborene der sanfteste. Keiner Fliege kann er etwas zuleide tun, es sei denn, sie tanzt ihm auf der Nase herum.

Stier-Büffel haben viel Familiensinn. Sie sind zärtlich zu ihren Lieben und schaffen eigentlich nur, um deren Wohlstand zu sichern. Über Ehrgeiz und Durchsetzungskraft kommen sie im Beruf weiter, aber es macht ihnen nichts aus, wenn sie ein Leben lang im letzten Glied stehen müssen – Hauptsache die Stellung ist sicher!

Männer unter dem Mischzeichen sind zärtliche Partner, die ihre Freundin oder Frau aber leider zu oft als eigenen, unveräußerlichen Besitz betrachten. Wehe, da käme ein Rivale in die Quere! Der bekäme das andere Gesicht des Stier-Büffels zu sehen, und es flögen die Fetzen.

Der Einfluß des Stier-Sternzeichens verleiht dem Büffel Sanftheit

Frauen aus diesem Zeichen sind gute Hausfrauen und Mütter. Möglich, daß bei der Fürsorge für die ganze Familie der Mann manchmal zu kurz kommt. Sie lieben ihn deshalb nicht weniger. Außerdem brauchen sie zum Liebesspiel mehr Zeit als andere, weshalb verständlich ist, daß ihnen die plumpe Art eiliger Verehrer ein Greuel ist.

Man sieht schon: Stier-Büffel beiderlei Geschlechts sind in den zwischenmenschlichen Beziehungen recht angenehm und verträglich. Sie brauchen viel Spielraum, dann fressen sie dem, den sie lieben, aus der Hand. Nur reizen sollte man sie nicht. In solchem Fall lernt man ihre andere, weniger liebenswerte Seite kennen.

Fazit: Stier-Büffel sind selbstlos, höflich und zuvorkommend. Man kann mit ihnen in Frieden leben, wenn man tut, was sie wollen. Zum Geld haben sie eine gesunde Einstellung. Nur in der Liebe bräuchten sie hier und da eine Prise Pfeffer.

Zwillinge-Büffel (21. Mai bis 21. Juni)

Unter Büffeln stellt man sich gemeinhin etwas Schwerfälliges vor. Gepaart mit dem Zwillinge-Typ dreht sich das Bild beinahe ins Gegenteil. Dieser Typ ist ein fröhlicher Mensch, mit dem man gut auskommen kann.

Durch den Zwilling-Aspekt wird selbst ein Büffel wendig und geschickt

Zwillinge-Büffel werden auch mal auf Ernst umschalten und ihre Denkerstirn in Falten legen, hinter der brauchbare Gedanken und Pläne geboren werden. Das nützt dem beruflichen Fortkommen, zumal es nicht beim jeweiligen Denkvorgang bleibt, sondern das Erdachte mit einer guten Portion Durchsetzungskraft in die Tat umgesetzt wird.

Sie rücken stets die eigene Meinung ins rechte Licht und lancieren das, was andere meinen und denken, geschickt ins Abseits. Ist es da nicht verständlich, wenn Zwillinge-Büffel eines Tages den Rahm des Erfolges abschöpfen können, während sich ihre nicht so wendigen Kollegen mit Magermilch begnügen müssen?

Diese freundlichen Zeitgenossen wissen ebenso im Privatleben zu überzeugen. Sind sie männlichen Geschlechts, werden sie lange suchen nach dem Schatz mit reicher Mitgift, den man auch lieben kann. Das Warten macht sich meist bezahlt, und die Ehe hält für ein langes Leben zu zweit vor.

Frauen aus diesem Mischzeichen flirten für ihr Leben gern, so daß sich alle Männer um die reizenden Persönchen reißen. Zwillinge-Büffel-Mädchen vergeben sich dabei nichts und suchen sich aus der reichen Auswahl der Verehrer zielsicher den mit den besten Referenzen heraus.

Diesen Mischtypen beiderlei Geschlechts fliegt aber auch leider so manches zu, was sich am Ende als lockerer Vogel erweist. Nur gut, daß sie Schicksalsschläge mit viel Humor verdauen und darüber kaum ihre Standfestigkeit einbüßen.

Krebs-Büffel (22. Juni bis 22. Juli)

Das Lieblingsplätzchen eines Krebs-Büffels ist die lauschige Kaminecke bei schummriger Beleuchtung und dezenter Musik. Da kann er träumen und über alles Mögliche und manches Unmögliche nachsinnen. Auf einen grünen Zweig kommt er bei solcher Geisteshaltung allerdings kaum. Gut, daß die Kaminecken in modernen Wohnungen nicht allzu häufig anzutreffen sind, sonst würde der Krebs-Büffel darüber vergessen, daß Romantik hierzulande manchmal teuer bezahlt werden muß.

Langsam und gründlich: der Krebs-Büffel

Im Berufsleben schätzt man ihn sehr! Zwar denkt er oft langsamer als andere, dafür aber um so gründlicher. Kein Chef, der solchen Sicherheitsdenker nicht langfristig binden wollte!

Krebs-Büffel müßten jedoch jemanden haben, der sie managt, der ihnen Mut macht zum Opponieren gegen schandbare Ausnutzung menschlicher, das heißt ihrer Arbeitskraft. Leider aber wittern vor allem die Männer dieses Zeichens hinter guten Ratschlägen Bevormundung, und die können sie nicht ausstehen.

Von daher kommt es auch, daß sie sehr lange wägen, ehe sie sich auf das Abenteuer Ehe einlassen. Dressierte Männer mögen sie nicht. Erfahrene Evas-Töchter stimmen darum in eine Ehe auf Probe ein. Die gibt dem Krebs-Büffel den Schein von Freiheit. Am Ende ist dieser nette Partner doch gefangen.

Weibliche Krebs-Büffel sind sehr liebenswerte Geschöpfe, sensibel und einfühlsam. Ein schiefes Wort genügt, um sie zu kränken. Daher brauchen sie verständnisvolle Partner an ihrer Seite. Der Erfolg ist eine Lebensgefährtin, die solche Rücksichtnahme doppelt und dreifach mit Liebe lohnt.

Vom Löwen die Majestät und vom Büffel die Sturheit – gegen die kommt niemand an

Löwe-Büffel (23. Juli bis 23. August)

Machen wir uns nichts vor: Löwe-Büffel sind uns in allerlei Dingen überlegen. Sie schaffen viel und erreichen noch mehr. Man lasse sie wühlen. Das Geschäft wird den Nutzen davon haben. Am besten werden sie Manager. Ihre unkonventionelle Art, mit der sie schier Unmögliches möglich machen, ist bekannt. Leistung im Beruf wird bei ihnen großgeschrieben. Am liebsten lassen sie jedoch andere für sich arbeiten.

Großzügigkeit in Liebesdingen ist Sache der Löwe-Büffel. Vor allem die Männer dieses Mischtyps wissen immer wieder neue Geschenküberraschungen für ihre Liebsten daheim. Einziges Gegengeschenk ist die Erwartung, daß die ihm Angetraute ein ganzes Leben lang vor dem Büffel aus königlichem Geblüt kuscht und ihm huldigt. Ist das nicht ihre Sache, dann kann sie es mit dem Zusammenraufen versuchen. Männliche Büffel-Löwen lieben diese nichtolympische Sportart über die Maßen.

Frauen aus diesem Zeichen sind richtige Damen. Man erweise ihnen Reverenz und schmücke sie mit glitzernden Brillanten! Solche Goldstücke wollen edel gefaßt sein. Ein Mann, dem das zu teuer kommt, sollte sich besser von dannen schleichen. Ein Trost für ihn: Wen die Löwe-Büffel-Frau innig liebt, den wird sie zu halten versuchen, auch wenn er ihr keine Pretiosen verehren kann. Sie ist der Typ, der mitarbeitet, um Wohlstand zu erreichen. Möglich, daß dabei die Kinder zu kurz kommen.

Löwe-Büffel – Mann wie Frau – sind fröhliche Leute, solange sich niemand über sie lustig macht. Sie treiben mit anderen gern ihr Spiel, doch wehe, andere würden sie necken! So etwas verletzt ihren Stolz und macht sie rasend. Zum Glück nur ist ihr Zorn schnell verraucht, wenn man ihnen das Köpfchen krault und ihnen zu Willen ist.

Jungfrau-Büffel (24. August bis 23. September)

Jungfrau-Büffel machen sich das Leben oft unnötig schwer. Etwas einmal als richtig Erkanntes wollen sie um jeden Preis durchfechten, selbst wenn sie dabei Schiffbruch erleiden. Das Mißtrauen gegenüber sich selbst und ihren Mitmenschen beherrscht den Charakter, macht Jungfrau-Büffel zurückhaltend und in sich gekehrt.

Doch muß auch betont werden: Mindestens zu achtzig Prozent macht sich das sture Beharren der Jungfrau-Büffel bezahlt. So ganz falsch liegen diese oft verkannten Genies nie, auch wenn der Zweifel an der eigenen Person noch so bohrend ist. Sie sind die geborenen Buchhalter, weil sie selbst dem elektronisch gesteuerten Computer mißtrauen. Ihr Beharrungsvermögen macht sie zum exzellenten Politiker, der sein Schweigen nur bricht, wenn er etwas Vernünftiges zu sagen hat.

Allzuviel Mißtrauen lähmt den Jungfrau-Büffel

Man bringt es weit in diesem Zeichen, sei es als Mann oder als Frau. Nur im intimen Bereich hapert es des öfteren an der Kontaktfreudigkeit. Und nur darum finden Jungfrau-Büffel oft erst spät, wonach ihnen ein Leben lang gelüstet: ein gemütliches Zuhause.

Dabei könnte sich jede Frau glücklich schätzen, einen Jungfrau-Büffel-Mann zu kennen. Er ist nicht kleinlich, auch wenn er das Geld gern zusammenhält. Bei diesem Mann kann man noch nach der Silbernen Hochzeit auf den wöchentlichen Blumenstrauß hoffen. Nur stört ihn manchmal ein Stäubchen auf dem Schrank. Und solch kleiner Anlaß kann dann oft der Grund für einen handfesten Krach sein.

Die Frau dieses Zeichens ist eigentlich anschmiegsam, doch wird sie sich anfangs eher zurückhaltend zeigen. Man sollte ihr Vertrauen zu gewinnen suchen, dann taut sie auf.

Niemand ist schlecht beraten, wenn er seinem Büffel-Jungfrau-Schatz die Finanzen anvertraut. Er wird das Geld verdoppeln. Wie Jungfrau-Büffel das machen, bleibt ihr Geheimnis.

Waage-Büffel (24. September bis 23. Oktober)

Wo Waage-Büffel auftreten, hinterlassen sie einen nachhaltigen Eindruck. Sie haben Verständnis für ihre Mitmenschen, ekken aber ausgerechnet damit manchmal an, daß sie sich ungefragt in viele Dinge einmischen und Ratschläge geben, nach denen nicht verlangt wurde. Soviel Unverständnis über den wahren Grund ihrer Einmischung müßte die Waage-Büffel eigentlich in die Einsiedelei treiben. Ihr geselliger Sinn bewahrt sie jedoch vor solch trister Behausung.

Sie beraten für ihr Leben gern – aber manchmal leider auch ungefragt

Als Beruf sollten sich Waage-Büffel am besten jenen aussuchen, der ihr Beratergeschick zum Tragen bringt. Im Grunde genommen ist jedoch auch jeder andere Beruf für sie geeignet, der Zusammenarbeit garantiert. Ein bißchen mehr Durchsetzungsvermögen könnte dabei nichts schaden. Schon mancher Waage-Büffel wurde ausgenutzt, ohne daß er es selbst merkte.

Im intimen Bereich suchen sich diese Sternenmischlinge ein warmes Plätzchen, an dem es sich gut schmusen läßt. Finden sie derer zwei, ist das angenehm, aber Geheimhaltung wird oberstes Gebot.

Trotzdem: Waage-Büffel-Männer sind verläßliche Partner, wenn sie das bekommen, was sie eigentlich von zweien verlangen könnten. Gescheite Frauen bringen das fertig.

Die Waage-Büffel-Frau ist eine Eva mit allen Attributen holder Weiblichkeit. Auch kleidet sie sich mit Raffinesse. Sie ist eine bravouröse Köchin, und im Haushalt hält sie es mit der Gleichberechtigung, was das Putzen und Aufräumen angeht.

Skorpion-Büffel (24. Oktober bis 22. November)

Wehrt sich seiner Haut: der Skorpion-Büffel

Die Hörner zum Kampf gesenkt, den Giftstachel zum Einstich bereit – so stellen sich manche Skorpion-Büffel dar. Aber keine Angst! Zunächst wollen sie nur ihre Umwelt erschrecken. Die so zur Schau gestellte Angriffsbereitschaft ist in Wirklichkeit ein Friedensangebot: Tust du mir nichts, tu ich dir auch nichts! Skorpion-Büffel werden sogar als hilfsbereite Kollegen und als sozial eingestellte Chefs geschätzt. Ihr Eigensinn hat schon manchem Betrieb aus der Patsche geholfen, ihre überzeugte Standhaftigkeit gab anderen den Halt, eine Notlage glücklich zu überstehen.

Privat finden sie oft nicht den rechten Anschluß. Nicht, daß sie kontaktarm wären! Nein, bei aller Freundlichkeit, mit der Skorpion-Büffel ihren Mitmenschen begegnen, spüren diese wohl, daß in der Nachtseele des Sternenmischlings manches kocht und brodelt.

Menschen, die einen Skorpion-Büffel zum Freund haben, wissen freilich, daß er auch dann noch zu ihnen steht, wenn sie von anderen verfemt werden. Das ist wohl die schönste Seite des Eigensinns eines Skorpion-Büffel-Typs.

Der Mann aus diesem Mischzeichen lernt früh die Liebe kennen und kommt auf den Geschmack. So macht er einschlägige Erfahrungen. Am Ende nimmt er sich jedoch die Frau, von der er glaubt, daß sie seinen Kindern eine gute Mutter ist. Die Liebe, meint er, komme dann schon von selbst. Aber ob das für jede Frau erstrebenswert ist?

Weibliche Skorpion-Büffel reagieren anders. Für sie ist die Liebe Selbstzweck. Sie können Männer verhexen, aber kurz vor der Bettkante so tun, als sei nichts gewesen. Haben sie den Richtigen gefunden, sind sie treu, bis sie ein neues Opfer gefunden haben.

Schütze-Büffel (23. November bis 21. Dezember)

Hier sind alle Büffel-Tugenden, gemixt mit dem umgänglichen Wesen des Schützen, vereinigt. Schütze-Büffel arbeiten gern und viel, wenn sie ein Ziel vor Augen haben. Sie wollen mit Liebe und Elan bei der Sache sein. Daß sie dabei ein um das andere Mal ihren Einsatz übertreiben, erklärt sich aus ihrem Eifer, voranzukommen.

Schütze-Büffel zeigen Einsatz

Künstlerische Berufe werden von ihnen bevorzugt, aber sie packen auch dort an, wo Kraft und Mut verlangt werden. Als Unternehmer werden sie einen hohen Einsatz wagen und – wenn's nottut – selbst zugreifen. Mitbestimmung ist für sie kein leeres Schlagwort, sie wird von ihnen praktiziert.

Daß solch umgänglicher Typ viele Freunde hat, ist verständlich. Er schart sie um sich und ist stets der Mittelpunkt. Bloß schade, daß die Freunde so oft wechseln, weil es den Schütze-Büffel immer wieder in neue Kreise zieht, wo er dazu neigt, alte Freunde leider glatt zu vergessen.

In der Liebe ist der Mann aus diesem Zeichen ein Alleskönner. Und wenn er liebt, ist es immer gleich die große Liebe. Das läppert sich mit der Zeit zusammen. Die Frauen, die er verlassen hat, trauern ihm nach und wären bereit, jederzeit wieder mit ihm anzubandeln. Am Ende wird er regelrecht eingefangen und muß sein Jawort geben. Liebende Frauen glauben an seine Treue, aber besser tun sie daran, ihren Schütze-Büffel mit verläßlicheren Mitteln zu fesseln, sonst kommt er ihnen doch abhanden.

Die Schütze-Büffel-Frauen sind liebenswerte Personen. Sie bereiten dem Mann ihrer Wahl den Himmel auf Erden. Nur langweilig darf es für sie nicht werden, sonst gehen sie eigene Wege und werden nicht mehr gesehen.

Steinbock-Büffel (22. Dezember bis 20. Januar)

Der Steinbock-Einfluß macht allzu ernsthaft

Wenn man wissen will, wie ernst das Leben eigentlich ist, sollte man den Steinbock-Büffel fragen. Der nimmt's allzu tragisch, kennt keinen Müßiggang und macht auf ungemütlich. Arbeitgeber schätzen sich glücklich, solch ernsthaftes Arbeitstier zu haben. Nichtsnutzige Hobbys sind ihm verhaßt, überschäumende Vergnügungen ein Greuel.

Frauen dieses Typs sind besser dran als die Männer aus solchem Zeichen. Sie können, je nachdem, ob sie sich für Beruf oder Familie entscheiden, exzellente Hausfrauen und Mütter sein, die sich für Mann und Familie aufopfern. Für die Steinbock-Büffelin ist dann die Ehe nur ein Arbeitsplatzwechsel.

Leider kommt bei verheirateten Steinbock-Büffeln das Eheleben oft zu kurz. In der Liebe sind sie auch eher zurückhaltend. Weil sie meist Vernunftehen schließen, kommt es aber unter diesem Mischzeichen kaum zu Scheidungen. Am besten, man heiratet jemanden, der ebenso ernsthaft über das Leben nachdenkt wie der Steinbock-Büffel. Aber wo findet man solchen Gleichgesinnten schon?

Steinbock-Büffel-Männer haben es schwerer. Die meisten retten sich in ein Patriarchentum, das Emanzipation nicht zuläßt. Frauen müssen den unbequemen Ehemann schon sehr lieben, wenn sie sich in ein solch veraltetes System pressen lassen.

Schönster Zug am Steinbock-Büffel: Er ist trotz aller Sparsamkeit sehr freigebig, unterstützt wohltätige Organisationen, ebenso wie in Not geratene Freunde. Und seine Kinder liebt er am allermeisten.

Wassermann-Büffel (21. Januar bis 19. Februar)

Kaum einer unter dem Sternenhimmel ist so tolerant wie der Wassermann-Büffel. Er scheint zum Beichtvater geboren zu sein. Seine Verständigungsbereitschaft kommt von innen; Äußerlichkeiten liegen ihm nicht.

Beichtvater und Liebeskünstler: der Wassermann-Büffel

Als Partner ist er liebenswert. Wassermann-Büffel-Männer verstehen etwas von der Liebe. Wer ihnen in die Hände fällt, läßt sich gern mit Haut und Haaren nehmen.

In einer Ehe kommt es zu einer Aufgabenteilung: Der Wassermann-Büffel schafft an, die Ehefrau gibt ihr Bestes, um ihn zufriedenzustellen. Die Freiheit, die er braucht, nimmt er sich. Seine Frau sollte mehr die innere Freiheit üben. In den häuslichen Debatten zeigt er sich als Meister – keiner kann da behaupten, seine Frau habe nichts zu sagen!

Recht lebenslustig ist die Wassermann-Büffel-Frau. Wen sie liebt, den bewacht sie eifersüchtig. Trotzdem läßt sie dem Mann in der Ehe viel Spielraum. Sie gönnt ihm den Stammtisch und auch den Kleingärtnerverein. Nur: Gegessen wird zu Hause!

Wassermann-Büffel, gleich welchen Geschlechts sind reizende Wesen, die mit Elan auf ein einmal gestecktes Ziel zugehen. Sie überspielen mit Leichtigkeit und Charme etwaige Konkurrenten und erreichen im Leben eigentlich alles, was sie sich wünschen, sehr schnell. Trotz Häuslichkeit und Anhänglichkeit an die eigene Familie neigen sie aber manchmal dazu, aus einer festen Gemeinschaft auszubrechen. Dann packt sie bei aller büffelhafter Gelassenheit die Abenteuerlust des Wassermanns. Wie gut, daß sie die eigene Vernunft meist im entscheidenden Augenblick zurückhält.

Fische-Büffel (20. Februar bis 20. März)

Den Fische-Büffeln sitzt der Schalk im Nacken, aber es ist durchaus möglich, daß andere ihre Späße nicht so recht verstehen. Aber das begreifen Fische-Büffel nicht. Man reize diese Sternenmischlinge nie, ihr Fell ist dünnhäutiger als das ihrer Artgenossen. Sie schnappen leicht ein, und dann hängt der Haussegen schief, und es ist dicke Luft, unter Umständen tagelang. Sie schmollen, weil sie eigentlich nur das Beste woll-

ten. Wenn die Mitmenschen das nicht begreifen, sollen sie sich zum Teufel scheren – basta!

Im Beruf sind die Fische-Büffel gute Arbeiter, sie nehmen ihre Aufgabe ernst. Sie würden auf Anweisung alles tun, aber sie hassen den, der willenlos anschafft. Um ein Höchstmaß an Leistung aus ihnen herauszuholen, muß man sie schon bitten. Auf dieser Ebene sind sie ansprechbar.

Frauen aus dem Fische-Büffel-Zeichen sind besonders empfindsam. Man respektiere ihre zarten Gefühle ebenso wie ihre sporadischen Zornesausbrüche, die meist in tränenreichen Anklagen gegen die böse Umwelt enden. Man muß diese Frauen inklusive ihrer Tränenflut einfach lieben, zeige aber ihnen gegenüber niemals Mitleid.

Männer dieses Mischtyps weinen nicht. Sie spielen eher den Überlegenen, nur wenn der heilige Zorn durchbricht, ist die Überlegenheit beim Teufel. Trotzdem können sie fürsorgliche Familienväter und rührende Ehemänner sein.

Männer wie Frauen aus dem Fische-Büffel-Zeichen haben zum Geld die durchaus realistische Einstellung, daß der Rubel rollen muß. Gegenüber denen, die sie lieben, sind sie großzügig. Für sich selbst brauchen sie nicht allzu viel, höchstens mal ein Fläschchen Wein, in dem sie dann auch mal ihren Kummer ertränken.

*Im Umgang mit
Fische-Büffeln
braucht man
Fingerspitzen-
gefühl*

Der wagemutige, tüchtige Tiger

Das dritte Zeichen im chinesischen Mondtierkreis und in der chinesischen Astrologie ist der Tiger. Die Menschen, die diesem Zeichen angehören sind recht tüchtige und wagemutige Typen. Sie haben in den folgenden Jahren des chinesischen Kalenders Geburtstag:

26. 1. 1914 – 13. 2. 1915
12. 2. 1926 – 1. 2. 1927
31. 1. 1938 – 18. 2. 1939
16. 2. 1950 – 5. 2. 1951
 5. 2. 1962 – 24. 2. 1963
23. 1. 1974 – 10. 2. 1975
 9. 2. 1986 – 28. 1. 1987
28. 1. 1998 – 15. 2. 1999

Wie sein Namensvetter aus dem Tierreich zieht sich der Tiger-Mensch oft zurück vom lauten Getöse dieser Welt und besinnt sich auf sich selbst. Aber dann stürzt er sich mit wilder Kraft ins volle Leben und beweist seine Jagdlust auf lockende Ziele.

Tiger-Geborene erkämpfen sich ihr Glück

Tiger-Menschen sind kämpferische Typen, die vor nichts zurückschrecken. Man achtet sie und hütet sich, sie zu necken. Ein chinesisches Sprichwort besagt: „Tiger streichelt man nicht!" Das trifft allerdings nur auf den vierbeinigen Dschungelfürsten zu. Die menschlichen Tiger lassen sich durchaus mal streicheln. Und dann schnurren sie wie ein braves Kätzchen und räkeln sich wohlig in ihren Sesseln.

Im harten Arbeitskampf reagieren Tiger-Menschen ganz anders. Sie gehen stur auf das von ihnen angepeilte Ziel zu und werden es erreichen – zur Not mit brachialer Gewalt. Kampf ist ihr Lebenselixier, aber es ist möglich, daß sie gar nicht erst zu

kämpfen brauchen, weil man ihnen das Feld freiwillig überläßt, auf dem sie sich dann nach Herzenslust austoben können.

Wenn Tiger freilich allzu verwegen vorgehen und weder nach links noch nach rechts schauen, werden sie leicht angreifbar: Wie die Dschungeltiere sind sie im ungestümen Vorwärtsdrang durch Flankenangriffe am ehesten zu verwunden. Erst nachdem sie sich im Leben einige Blessuren geholt haben, taktieren sie klüger und tappen nicht so leicht in eine Falle, die ihnen mißgünstige Menschen vielleicht stellen wollen.

Natürlich werden die Tiger von vielen bewundert, weil sie sich immer tüchtig ins Zeug legen und meistens auch ihren Konkurrenten geistig überlegen sind. Sie sind Persönlichkeiten, die an die Spitze drängen. Sie treten herrisch auf, aber arrogant sind sie deswegen noch lange nicht.

Tiger, auf zum Streite!

Sie streiten für ihr Leben gern. Revolutionäre Ideen akzeptieren sie, wenn sie Hand und Fuß haben. Für eine gute Sache gehen sie durchs Feuer. Das war schon in der Schule so; wenn Lehrer allzu diktatorisch den Lehrstoff durchpauken wollten, opponierten die Tiger. Sie waren nicht unbedingt die besten Schüler, eher Saisonarbeiter, die sich erst im letzten Drittel des Schuljahres anstrengen, wenn es um die Versetzung geht.

Nach der Schulzeit stürzen sich viele Tiger richtig ins Leben. Ihr Sinn für praxisnahe Beschäftigung überwiegt dann die bisherige legere Einstellung. Plötzlich werden die jungen Mädchen und Buben eifrig und drängen in die Berufe, in denen es etwas zu erleben gilt. Die meisten von ihnen wollen forschen, kämpfen und entwickeln.

Diese Einstellung läßt Tiger-Geborene beiderlei Geschlechts in technischen und wissenschaftlichen Berufen Überragendes leisten, als Rennfahrer und Artisten begeistern sie ihre Fans. Viele angriffsfreudige Politiker und streitbare Verfechterinnen der Emanzipation wurden in einem Tiger-Jahr geboren. Da sie davon überzeugt sind, daß sie, wenn sie nur wollten, alles erreichen können, findet man einige unter ihnen auch als Manager großer Industrie-Unternehmen.

Nahezu überall schlägt den Tigern Beifall entgegen. Das macht sie eitel. Viele unter ihnen werden sich gern nach der

Tiger muß man motivieren. Für eine Sache, von der sie überzeugt sind, gehen sie durchs Feuer

neuesten Mode kleiden, andere kaufen sich, wenn sie das erste Geld verdienen, auf dem Gebrauchtwagenmarkt einen schicken Wagen. Der Tiger will bewundert werden!

Doch solche Äußerlichkeiten nutzen sich mit der Zeit ab und werden gerade für Tiger langweilig. Plötzlich ist Kampf angesagt gegen alles, was es zu bekämpfen gilt. Ein Tiger ist in seinem Innersten Revolutionär, der die Welt verbessern will. Er streitet für ein besseres Dasein gegen alles, was der Ungerechtigkeit Tür und Tor öffnet. Viele jubeln ihm zu.

Man mag diesen Menschen aus dem Tiger-Zeichen verzeihen, wenn sie ihre revolutionären Ideen mit den Jahren aufgeben und im Strom der Zeit mitschwimmen. Deshalb werden sie charakterlich nicht schwächer. Als Vorgesetzte sind sie durchaus für soziale Gerechtigkeit. Sie sind vorbildliche Vorgesetzte, die alles für ihre Mitarbeiter tun.

Die Treue der Tiger

Ob Tiger-Menschen treu sein können, kann man mit einem J-ein beantworten. Im Beruf – ja, da bleibt er wohl seinen Grundsätzen in den meisten Fällen treu, aber in den zwischenmenschlichen Beziehungen schwankt er hin und her. Da ist bei den Männern und Frauen dieses Zeichens nur zu oft der Wechsel angesagt.

In der Liebe neigen Tiger zu Wankelmut

Eine alte chinesische Weisheit besagt, daß es bei Tigern vor allem darauf ankommt, zu welcher Tageszeit sie geboren wurden. Kinder der Nacht, heißt es, seien ausgeglichener und fröhlicher als ihre Brüder und Schwestern, die um Mittag herum das Licht der Welt erblickten. Diese seien unruhiger und wankelmütiger. Kinder der Nacht wissen um ihre Macht, sie haben mehr Erfolg, weil sie sich nahezu unbemerkt an die Objekte heranschleichen, auf die sie es abgesehen haben.

Männer unterm Tiger-Zeichen, ob sie nun um Mittag oder in der Nacht geboren wurden, gehen gern auf die Jagd nach dem anderen Geschlecht. Und sie geben nicht auf, bis sie von einer Angebeteten erhört werden.

So ganz einfach machen es sich die Tiger-Männer natürlich dabei nicht. Sie wissen schon in jungen Jahren, wie man den Frauen imponieren kann. Sie können recht charmant und geistreich debattieren und sich so ins rechte Licht setzen. Das

macht die Frauen neugierig. Man kommt sich näher und hält wochenlang Händchen, bis dem Tiger das Händchenhalten auf die Dauer zu langweilig wird.

Der Tiger-Mann

Tiger-Ehepart-ner brauchen viel persönliche Freiheit, sonst brechen sie aus jeder Bindung aus

Ein Tiger-Mann hat immer zwei Eisen im Feuer. Und doch wird es ihn nach ein paar Liebeleien erwischen, und er wird mit seiner Liebsten vor den Traualtar treten. Dann ist es mit seiner Umtriebigkeit vorbei. Das denkt wenigstens seine Frau, nicht wissend um das geheime Leben des Tigers in den Dschungeln des Lebens.

So ganz sicher sollte sich keine Frau sein, wenn sie ihren Tiger an die Leine genommen hat. Er ist nun einmal schneller als sie und wird zu gegebener Zeit entweichen. Da ist es verständlich, daß einige Tiger-Ehen vor dem Scheidungsrichter landen.

Das braucht nicht zu sein. Tiger-Männer sind gar nicht so schlechte Ehemänner, wenn man sie zu Hause schalten und walten läßt, wie es ihnen beliebt. Der Tiger-Mann mag die Frau, die eine eigene Meinung hat, mit der sich der alte Revolutionär zu einer Interessengemeinschaft verbünden kann. Am finanziellen Wohlstand wird es da nicht fehlen: Tiger heiraten meistens erst, wenn sie im Beruf genügend Geld verdienen.

Die Tiger-Frau

Schon in der Kindheit stolperte das Tiger-Mädchen über alles, was ihr in den Weg kam. Mit dem Erwachsenwerden zog es sich die Stöckelschuhe an, die ein paar Zentimeter größer machen. Man sollte zu ihr aufblicken. Leider sind hochhackige Schuhe am Anfang noch eine recht wackelige Angelegenheit. Nur zu leicht fallen sie ausgerechnet dem ersten besten Verehrer in die Arme und haben ihn von da an lebenslang am Hals.

Oft aber „stolpern" die Tiger-Frauen auch regelrecht von einem Liebesabenteuer in das nächste. Manche heiraten früher als ihre Tierzeichenbrüder und wissen dann leider bald, daß Liebe auch unglücklich machen kann. Einige Tigerinnen werden erst in der Mitte ihres Lebens glücklich, andere finden sich mit dem ab, den sie haben, und die, welche ganz gescheit sein wollen, bleiben ledig.

Tiger-Frauen können jeden Mann glücklich machen, wenn sie wollen. Einzige Voraussetzung: Der Mann muß ihnen genügend Freiheit lassen und mit ihnen an einem Strang ziehen.

Was Ehemänner von Tigerinnen an diesen besonders schätzen, ist deren Temperament und ihre Fröhlichkeit. Müde Männer mag keine Tiger-Frau! Das sollten sich ihre Liebhaber merken, wenn sie einer Tigerin einen Antrag machen.

Denken sollte ihre Stärke sein

Tiger-Menschen sind, wie gesagt, nicht nur tüchtige, sondern auch recht wagemutige Leute. Oft rennen sie allerdings blindlings in ihr Unheil. Sie leben zu risikoreich und könnten doch von ihrer Intelligenz her alle Gefahren umgehen. Wenn sie nur das ein oder andere Mal ausgiebiger nachdenken würden.

Sein Leichtsinn und sein Temperament bringen den Tiger nicht selten in Gefahr

Die meisten dieser so heißspornigen Menschen aus dem Tiger-Zeichen werden trotz hoher Intelligenz erst mit zunehmendem Alter „klug". Dann aber haben die meisten die schönste Zeit ihres Lebens vor sich. So ganz zur Ruhe setzen werden sie sich nie.

Das Horoskop für die Tiger

Die meisten unterm Tiger-Zeichen Geborenen kommen nach ihrer Jugendzeit erstmal ein wenig ins Schleudern, weil sie das Leben zu temperamentvoll angehen wollen. Kampf heißt dann ihre Devise, obwohl kluges Taktieren nützlicher für sie wäre. Manches Abenteuer führt nicht auf den Weg, den sie eigentlich gehen möchten.

Doch der Jugend Torheit verschwindet schnell, wenn Tiger merken, daß sie damit nicht weiterkommen. Schließlich findet jeder von diesen forschen Leuten, daß man sich auch anpassen muß. Ihre sprichwörtliche Klugheit sagt ihnen ja, wie sie es im Leben zu etwas bringen können. Und darauf sollten sie ein Leben lang vertrauen.

Lesen Sie jetzt aber, was das chinesische Horoskop den Tiger-Frauen und Tiger-Männern in den nächsten Jahren zugedacht hat.

Im Jahr der Ratte (1996, 2008)

stehen die Finanzen für die Tiger nicht allzu gut. Vielleicht müssen sie auf Erspartes zurückgreifen, um über die Runden zu kommen. Was jedoch Tigern in diesem Jahr besonders an die Nerven geht, ist die Tatsache, daß kaum etwas „los" ist, wo doch diese temperamentvollen Menschen etwas erleben möchten. Wer also auf Abenteuer aus ist, sollte sich in diesem Jahr ein wenig zurückhalten.

Im Jahr des Büffels (1997, 2009)

wird vorsichtiges Taktieren besser sein als heftiges Reagieren. Tiger möchten sich in solchem Jahr lieber zeitweilig verstekken. Da das unvernünftig wäre, sollten sie sich mit Leuten zusammentun, die ihr Handwerk verstehen. Wer da zu stolz ist, sich unter die Arme greifen zu lassen, würde sich selber am meisten schaden. Bald kommen wieder bessere Zeiten.

Im Jahr des Tigers (1998, 2010)

Ihr eigenes Jahr verspricht den Tigern all die Abenteuer, die sie sich immer schon gewünscht haben

sind die besseren Zeiten schon angebrochen. Wer unter den Tigern Abenteuer erleben will, sollte jetzt den Termin dafür aussuchen. Das Glück ist auf der Seite dieses Tierzeichens, wenn die Tiger bereit sind die Dinge nicht kopflos anzugehen. Das gilt im privaten wie im beruflichen Bereich.

Im Jahr des Hasen (1999, 2011)

hat der Tiger eine gute Zeit. Er lernt viele neue Leute kennen, darunter so manchen, der ihm auf seinem weiteren Lebensweg nützlich sein könnte. Darunter kann sich durchaus auch das sogenannte große Glück in der Liebe befinden. Die Finanzen werden in diesem Jahr aufgefrischt werden. Dies kann sowohl einen Gewinn im Spiel bedeuten, als auch eine großzügige Gehaltserhöhung.

Im Jahr des Drachen (2000, 2012)

können sich die meisten Tiger nicht über Langweiligkeit im Alltag beklagen. Es geht turbulent zu. Trotzdem kann der Tiger sein Schäfchen ins trockene bringen, denn die gute Zeit hält noch eine ganze Weile an. Nur vor allzu rasanten Abenteuern wird gewarnt und an die Vernunft der Tiger appelliert.

Im Jahr der Schlange (2001, 2013)

macht der Leichtsinn des Tigers möglicherweise Überstunden. Er neigt dazu, sich an Dinge heranzumachen, denen er nicht immer gewachsen ist. Dann macht der Tiger den Kampf zum Gebot der Stunde. Nicht selten sind das einfach Streitereien um des Kaisers Bart. Vorsicht ist auch im zwischenmenschlichen Bereich geboten.

Vorsicht im Jahr der Schlange! Der Übermut des Tigers könnte bestraft werden

Im Jahr des Pferdes (2002, 2014)

legt sich das Tohuwabohu des vergangenen Jahres und macht einer Phase ruhigen Einsteigens in neue Lebensbereiche Platz. Es ist ein Jahr der Wende, in dem sich Tiger-Typen besonders gut zurechtfinden werden. Trotzdem werden sie nur mit eisernem Willen vorankommen, aber an diesem mangelt's ihnen ja niemals.

Im Jahr der Ziege (2003, 2015)

kann es zu einem Wirrwarr der Gefühle kommen, wenn der Tiger im zwischenmenschlichen Bereich zuviel wagt. Im Beruf scheint ein Wechsel angesagt zu sein, von dem Tiger zwar sehr angetan sind, der aber mit gebotener Vorsicht angegangen werden sollte. In finanzieller Hinsicht sollte man nicht zuviel wagen.

Im Jahr des Affen (2004, 2016)

kann der Tiger große Sprünge machen, die ihn von Erfolg zu Erfolg führen werden. Trotzdem sollte er sich vor den Fallgruben hüten, die sich dabei vor ihm auftun könnten. Lustig geht's im Familien- und Freundeskreis zu. Eine neue Bekanntschaft

hinterläßt einen tiefen Eindruck. Für den ungebundenen Tiger kann es die große Liebe, für den gebundenen die große Versuchung sein.

Im Jahr des Hahns (2005, 2017)

sind Hemmnisse im Getriebe. Mancher Tiger scheuert sich wund. Die Umwelt macht zu schaffen, und Eifersucht kann eine bisher gute Beziehung trüben. Den Kampfgeist sollten Tiger auf Sparflamme schalten, weil sie sich damit von allen Seiten Feindseligkeiten einheimsen werden. Am besten übersteht man alles mit Humor.

Im Jahr des Hundes (2006, 2018)

Das Jahr des Hundes lockt mit Liebesglück

kann sich der Tiger aus der Umklammerung befreien. Selbst im finanziellen Bereich sind Erfolge angesagt. Die Sonne der Liebe lacht vom Himmel und läßt schöne Stunden der Zweisamkeit erhoffen. Was sich jetzt anbahnt, könnte zu einem fröhlichen Dasein führen. Im Beruf geht's bald nach oben.

Im Jahr des Schweines (2007, 2019)

ist vor allem im Privatleben eine Hoch-Zeit (oder Hochzeit?) angesagt. In der Liebe ist jedenfalls alles im Lot. Auch die Finanzen stabilisieren sich, so daß Anschaffungen getätigt werden können, nach denen das Tiger-Herz schon lange begehrt. Er könnte das Jahr sogar umtaufen in „Jahr des Glücksschweines".

Der Tiger vom Widder bis zu den Fischen

Wenn wir nun in den westlichen Tierkreis wechseln und beide Deutungsweisen in Bezug auf den Tiger zusammenführen, stellen wir fest, daß sich die charakterlichen Anlagen des Tigers gegenüber denen der abendländischen Tierkreiszeichen verschieben bzw. das ein oder andere typische Tiger-Merkmal gehemmt oder verstärkt wird.

Widder-Tiger (21. März bis 20. April)

Widder-Tiger sind rasant, elegant und schier unaufhaltsam. Sie sind aber auch, weil zu laut, für viele ein Ärgernis. Widder-Tiger stürmen und drängen. Sie kennen nur das Vorwärts und schauen nie zurück. Das macht sie für Flankenangriffe noch verwundbarer als andere Tiger-Geborene.

Widder-Tiger scheinen unaufhaltsam, sind aber verwundbarer, als man denkt

Im Berufsleben haben sie es verständlicherweise mit so manchem Gegner zu tun, den sie mit der ihnen eigenen forschen Art niederkämpfen werden. Nur an wenigen beißen sie sich die Zähne aus, den meisten sind sie überlegen. Widder-Tiger sind alles andere als Mimosen. Selbst Rückschläge können sie verkraften. Das härtet sie ab und bringt sie mit der Zeit Stufe um Stufe auf der Erfolgsleiter höher. Man sollte versuchen, ihr Freund zu werden, als Gegner hat man nämlich nichts zu lachen.

Für die weiblichen Widder-Tiger gilt: Sie arbeiten mit und helfen, wo es geht. In der Ehe bestehen sie auf ihrem Mitspracherecht. Wenn sie endlich den gefunden haben, der ihnen imponiert, bleiben sie ihm treu. Aber er muß schon überzeugende Argumente haben und ein zärtlicher Liebhaber sein, damit sie es auch bleiben.

Die Männer dieses Mischtyps sind, so kämpferisch sie sich sonst geben, daheim die zärtlichsten Partner. Um des lieben Friedens willen geben diese forschen Burschen zu Hause auch mal klein bei, was sonst gegen ihre Ehre wäre. In dieser Hinsicht kann sich keine Frau einen besseren Ehemann wünschen als einen Widder-Tiger.

*Gute Kamera-
den mit einem
Händchen fürs
Geld: Stier-
Tiger*

Stier-Tiger (21. April bis 21. Mai)

Die Stier-Tiger sind gute Kameraden, die mit einfühlsamem Mitgefühl jedem aus der Patsche helfen. Sie verlangen keinen Dank. Hilfsbereitschaft ist für sie die größte Selbstverständlichkeit der Welt.

Am meisten leisten Stier-Tiger in Berufen, die mit Finanzen zu tun haben. Hier entwickeln sie das Gespür, wie man Geld gut anlegen und vermehren kann. Ihr Rat allein ist schon so gut wie eine Kapitalanlage. Dafür sind ihnen Dank und Freundschaft aller sicher.

Nun denke man aber nur ja nicht, dieser Sternenmischling sei ein Geizkragen! Nein, er läßt andere an seinem Reichtum teilhaben. Am liebsten macht er teure Geschenke. Das sieht so aus, als wolle er protzen; wer ihn aber richtig kennt, weiß, daß seine Freigebigkeit aus übervollem Herzen kommt.

Männer dieses Zeichens haben viel für gescheite Frauen übrig, von denen sie noch lernen können. Sie sind gewillt, die Frau auf Händen zu tragen und sie in Samt und Seide zu kleiden. Nur ausführen werden sie sie nicht allzu oft wegen der gierigen Blicke der anderen Männer.

Stier-Tiger-Frauen besitzen ebenfalls eine Portion Eifersucht, aber sie vertuschen sie geschickter. Überdies glauben sie zu wissen, daß ihr Mann keine andere mehr möchte. Stier-Tiger-Frauen sind halt von sich und ihren Werten überzeugt. Einziges Manko: Sie sind sehr leicht eingeschnappt. Man gehe also behutsam mit ihnen um.

Zwillinge-Tiger (21. Mai – 21. Juni)

Mit Vehemenz stürzen sich Zwillinge-Tiger ins volle Menschenleben und erreichen mit Wagemut, der an Waghalsigkeit grenzt, oft Spitzenkarrieren. Ihre Intelligenz ist besonders hoch entwickelt, weshalb man ihnen nicht so leicht beikommen kann, zumal noch eine gute Portion Rücksichtslosigkeit hinzukommt. Sie leisten in jedem Beruf Überdurchschnittliches. Obwohl sie arbeiten können wie kein Zweiter, lassen sie es gern andere für sich tun.

In Gesellschaften wirft man bewundernde Blicke auf die Zwillinge-Tiger, die auch in der Liebe buchstäbliches Glück haben. Männer dieses Zeichens sind die reinsten Casanovas und Herzensbrecher. Bei soviel überschäumendem Temperament und Liebesbereitschaft nimmt es nicht wunder, daß bei diesen Stern-Typen die Scheidungsquote die höchste von allen Sternmixturen ist. Wer den Zwillinge-Tiger halten könnte, wäre eine Frau seines Intelligenzgrades oder eine mit sehr viel Geld. Am besten, sie bringt beides mit.

Auch die Zwillinge-Tiger-Frau wird umschwärmt von Playboys jedweder Schattierung. Sie spielt mit ihnen, nimmt sich schließlich doch einen Herrn Marke Gentleman, den sie herzeigen kann. Er sollte ihr die Langeweile vertreiben. Kann er das nicht, sucht sie sich außerhalb Ersatz; denn auch bei diesen Frauen wird schnell geschieden.

Zwillinge-Tiger muß man bewundern. Ihr bester Zug ist vor allem ihre Toleranz, die eben auch von den Mitmenschen gefordert ist.

Krebs-Tiger (22. Juni bis 22. Juli)

Die unter dem Krebs-Zeichen geborenen Tiger sind so, wie sie ein chinesisches Sprichwort sieht: Sie schleichen sich ein und wollen nicht gesehen werden. Krebs-Tiger haben viele Geheimnisse. Selbst der Partner, den sie lieben, weiß oft nicht, woran er mit ihnen ist. Und dann kann der Krebs-Tiger plötzlich mit der Klage herausplatzen, wie wenig er doch eigentlich verstanden wird. Verstehe einer Leute, die stets und ständig mit ihrer Meinung hinter dem Berge halten! Krebs-Tiger sind deshalb die geborenen Geheimnisträger.

Der Krebs-Tiger macht aus allem ein Geheimnis – sogar aus seiner Liebe

Das kommt ihnen in jedem Beruf zunutze, zumal sie nebenbei ebenfalls Überdurchschnittliches leisten. Übrigens haben sie als Chefs stets eine gute Hand bei der Auswahl ihrer Mitarbeiter. Letztgültige Entscheidungen behalten sie sich in jedem Fall vor. Krebs-Tiger haben ein gesundes Mißtrauen gegenüber jedermann.

Wir deuteten es schon an, daß ihre Partner es manchmal schwer haben. Dabei sind die Krebs-Tiger von allen ihren Artgenossen die häuslichsten. Man kann sie am leichtesten zähmen, wobei man sich nur vor ihren scharfen Krallen und spitzen Zähnen hüten sollte.

Der männliche Krebs-Tiger liebt das gepflegte Heim, wie er es vielleicht schon von seiner Mutter kennt. Die Ehefrau, die

Unannehmlichkeiten ersparen will, schaut sich bei der Schwiegermutter ein paar Kniffe ab und bringt ihrem Krebs-Tiger am Abend die vorgewärmten Pantoffeln. Dann schnurrt er wohlig und fühlt sich wie bei Muttern daheim.

Die Krebs-Tiger-Frau hat mehr Temperament als ihr männlicher Artgenosse. Sie ist lustig und gescheit, was sie aber nicht daran hindert, schon bei der ersten intimen Bindung an die große Liebe zu glauben. So schliddert sie im Nu in den Bund fürs Leben und macht vielleicht ihre erste traurige Erfahrung.

Löwe-Tiger (23. Juli bis 23. August)

Der Löwe-Einfluß kann den Tiger zur Überheblichkeit verleiten

Sie tragen ihren Kopf höher als andere, die Königstiger aus dem Löwe-Zeichen. Sie wissen um ihre Würde, die sie sogar Selbstkritik wider besseres Wissen verabscheuen läßt. Ihre letzte Habe können sie als milde Gabe unters Volk streuen, wenn es ihnen nur huldigt.

Wer sie treffen will, verletze ihren königlichen Stolz. Sie werden aufbrüllen, daß die Wände wackeln, was ihnen jedoch die Blöße gibt: Wer schreit, hat Unrecht! Erkennen Löwe-Tiger, daß sie jemandem unterlegen sind, haben diejenigen in ihm einen Todfeind mehr, der sie nun mit allen ihm zur Verfügung stehenden Mitteln verfolgen wird. Katzenhaft werden sie sich anschleichen und – irgendwann – zuschlagen.

Man fasse diese Sternenmischlinge auch im Berufsleben mit den berühmten Glacéhandschuhen an. Als Kollegen sind sie freundlich, wenn man ihnen die Achtung entgegenbringt, die ihnen gebührt. Leistungen anderer spornen sie zu noch besseren Leistungen an. Da sie sich und ihr Können vorzüglich verkaufen können, werden sie bald alle anderen Leistungsträger überflügelt haben.

Der männliche Löwe-Tiger sucht sich für die blauen Stunden am Kamin eine zarte Gespielin, die ihm lächelnd zu Willen ist. Er staffiert sie – so er kann – mit Gold und Geschmeide aus und führt sie in die Gesellschaft als seine Königin ein, die man bewundern muß, weil sie ihn, den Einzigartigen, bekam.

Löwe-Tiger-Frauen angeln sich meistens den Mann, der ihre königliche Haltung durch teure Kleider und wertvollen Schmuck ergänzt. Wie es das Schicksal aber will, fallen sie auch mal auf einen armen Schlucker herein, der ihnen außer viel

Liebe sonst fast nichts bieten kann. Den staffieren sie aus eigenen Mitteln aus, und bald wird er ihrer würdig. An der Seite einer solch herrlichen Löwe-Tiger-Frau muß man ja zu etwas kommen!

Jungfrau-Tiger (24. August bis 23. September)

Rohe Gewalt ist nicht das Geschäft der Jungfrau-Tiger. Sie arbeiten lieber mit Köpfchen. Und darum bringen sie es auch von allen Tigern am weitesten. Viele von ihnen finden sich in Chefetagen wieder. Damit ist der Berufsweg des Jungfrau-Tigers vorgezeichnet: Er wird nicht unten bleiben!

Die wenigen unter diesem Mischzeichen, die der Karriere hinterherhinken, sind meist jene, die von übelwollenden Menschen lahmgeschossen wurden oder über irgendeinen wunden Punkt stolperten.

Die Mehrzahl der Jungfrau-Tiger erlangt durch überragendes Können erste Positionen. Diese Typen haben es nicht nötig, die Ellenbogen einzusetzen. Gegner spielen sie leicht an die Wand, weil sie gescheit und besonnen sind. Ihre Tüchtigkeit rücken sie selbst ins rechte Licht. Referenzen brauchen sie nicht. Nur in der Liebe ist ihr Vorwärtsdrang gehemmt. Das Jungfräuliche überdeckt da oft das tigerhaft Zupackende.

Der kluge Jungfrau-Tiger bringt es weit, ist aber nicht leicht zu erobern

Davon abgesehen sind Jungfrau-Tiger reizende Partner, die ihrer Liebsten jeden Wunsch von den Augen ablesen. Langt das Geld dazu nicht, pumpt man sich's trotz jungfräulichem Sinn für Sparsamkeit. Großzügig geht die Welt zugrunde! Gewiß ist nur: Der Jungfrau-Tiger bringt am Ende alles wieder doppelt und dreifach herein. Im übrigen kommen Scheidungen unter diesem Zeichen sehr selten vor, nicht zuletzt, weil sie zu teuer sind.

Jungfrau-Tiger-Frauen sind nicht leicht zu erobern. Glaubt man, sie gefangen zu haben, entwischen sie bei Nacht und Nebel und werden nicht mehr gesehen. Sie sind scheuen Rehen vergleichbar, die vor jedem Fremden flüchten, wo sie nur können.

Einmal unter die Haube gekommen, tut die Jungfrau-Tiger-Frau für den Mann und die Kinder alles; für die Kinder sogar noch ein bißchen mehr. Wenn das dem Mann genügt ...

Waage-Tiger (24. September bis 23. Oktober)

Man sieht den Waage-Tiger gern auf Partys und feuchtfröhlichen Gesellschaften. Er ist charmant und freundlich, ein umgänglicher Mensch, der – wie es scheint – keinem etwas zuleide tun kann.

Und andererseits kann plötzlich des Tigers Streitlust durchbrechen. Der Waage-Tiger fällt von einem Extrem ins andere. Und das wird ihm dann möglicherweise übel genommen. Oft kommt sich so der Waage-Tiger ungerecht behandelt vor.

Im Waage-Tiger stoßen Extreme aufeinander. Die Mischung ist nicht selten explosiv

Das drückt im Beruf seine Leistung, macht ihn vielleicht tatsächlich etwas unsicher und erschüttert insgeheim den Glauben an die eigene Tüchtigkeit. Manchmal gibt er sich einen Ruck und zeigt plötzlich Rückgrat. Richtig, denn nur so kann er zu etwas kommen!

Waage-Tiger haben eine Menge Hobbys. Sie sind künstlerisch begabt und staffieren die eigene Wohnung mit selbstgemalten Bildern aus. Kritik wollen sie dazu aber nicht hören. Besonders Kritik vom eigenen Partner treibt die Waage-Tiger auf die Palme, von der sie nur schwer herunterzulocken sind.

Waage-Tiger-Frauen sind meist auffallende Geschöpfe, nach denen Männer die Köpfe drehen. Sie beißen aber wohl nur da an, wo neben Liebe auch ein wenig Geld oder zumindestens ein akademischer Titel vorhanden ist. In der Ehe sind sie Schmusekätzchen, die die Liebeskunst als Hobby betreiben, wobei heißblütige Ehemänner voll auf ihre Kosten kommen. Als Gegengabe ist die Waage-Tiger-Frau einem schicken Kleid oder teurem Schmuck nicht abgeneigt.

Skorpion-Tiger (24. Oktober bis 22. November)

Wenn es nicht nach dem Willen der Skorpion-Tiger geht, stellen sie sich quer und erreichen auf Nebenwegen meist doch das Ziel, das sie sich gesteckt haben. Sie wildern gern in fremden Revieren. Wer sie aber einmal als Freund gewonnen hat, der kann auf ihre Unterstützung zählen.

Skorpion-Tiger sind oft etwas schwerfällig. Sie verbergen Nicht-Wollen oder Nicht-Können hinter lustigen Sprüchen, die vom eigentlichen Geschehen ablenken sollen. Im Beruf

suchen sie die Umwege. Sie lassen gern andere für sich schaffen, schmücken sich jedoch zur Not mit deren Federn. Wenn sie sehen, daß sie nicht weiterkommen können, arbeiten sie streng nach Vorschrift oder wechseln die Stellung.

Im zwischenmenschlichen Bereich sind Skorpion-Tiger nicht leicht zu nehmen. Ihre Liebe ist fordernd und so manche Geliebte mußte sich mit einer Liebesnacht begnügen. Er sucht stets neuen Anschluß, bis er endlich die Frau gefunden zu haben glaubt, mit der er sein Nest bauen kann. Diskussionen sind für ihn überflüssig: Er ist der Herr im Hause, dem man sich zu fügen hat. Das Wort Emanzipation ist diesem selbsternannten Patriarchen unbekannt.

Die Skorpion-Tiger-Frau reizt die Männer so und so. Zunächst mit ihren augenscheinlichen Reizen, dann mit jener liebenswürdigen Dickköpfigkeit, die Männer auf hundertachtzig treibt. Wen sie liebt, den versorgt sie gut mit allem, was sein Herz und Magen begehren, weil sie um die Liebe weiß, die durch den Magen geht. Sie will den ganzen Kerl, der sie ständig aufs Neue zu zähmen versucht. So ganz wird das freilich keinem gelingen.

Schütze-Tiger (23. November bis 21. Dezember)

Glaube nur ja niemand, er könne einen Schütze-Tiger einfangen und in einen Käfig sperren. Diese Sternenmischlinge lieben ihre Freiheit und hassen jedweden Zwang. Wo sie beengt werden, brechen sie aus und suchen das Weite.

Keiner hält den Schütze-Tiger! Die Abenteuerlust ist beiden Zeichen gemein

Schütze-Tiger bringen es im Beruf sehr weit. Sie setzen sich mit ruhiger, aber eindringlicher Stimme durch. Ihre Redekunst überzeugt. Sie arbeiten konzentriert und rund um die Uhr, wenn für sie etwas auf dem Spiel steht.

Männliche Schütze-Tiger sind nicht leicht in staatlich beglaubigte Verhältnisse zu bringen. Die Ehe ist für sie eine Institution, der man nur gezwungenermaßen beitritt. Am liebsten würden sie ein Leben lang in freier Liebe leben, mit einer Geliebten zur Rechten, mit einer anderen zur Linken und mit ein paar Gespielinnen da und dort.

Schütze-Tiger-Frauen kennen keine Langweiler. Sie wissen ihre Männer so zu nehmen, daß an ihrer Seite aus dem müde-

sten mit der Zeit ein zu allem bereiter Casanova wird. Sie sind forsch und fröhlich, und ihre Fröhlichkeit steckt an. Da Schütze-Tiger-Frauen überdies meist gut gebaut sind, fehlt es ihnen nicht an Verehrern. Auf den ersten fallen sie herein, den zweiten behandeln sie mit Vorsicht, der dritte erst führt sie zum Altar.

Steinbock-Tiger (22. Dezember bis 20. Januar)

Zum Kampfgeist des Tigers gesellen sich Zähigkeit und Ausdauer: Die Steinbock-Tiger wissen was sie wollen

Zähe und ausdauernde Kämpfertypen wie die Steinbock-Tiger geben so leicht nicht auf. Wenn sie sich in eine Sache verbissen haben, wird sie so oder so erledigt. Da sie außerdem lange überlegen bevor sie handeln, kann man ihnen so leicht nicht beikommen. Ihre Argumente sind durchdacht. Nur Vernunftgründe können sie einmal umstimmen. Schnelle Arbeiter sind die Steinbock-Tiger nicht. Ihre Gründlichkeit macht jedoch alles wieder wett.

Diese Sternenmischlinge sind wahrhaftig keine Wechselbälge. Sie haben ihr eigenes Köpfchen: Wer sie nicht haben will, der soll's eben mit anderen versuchen! So kommen die Steinbock-Tiger wider Willen zu einschlägigen Erfahrungen. Und die zahlen sich später auch auf dem Gehaltskonto aus. Mit dem Geld haben's die Steinbock-Tiger. Oft scheint es sogar, als ob sich alles, was sie in die Hand nehmen, mit der Zeit in klingende Münze umsetzen ließe. Sie vertrauen jedoch kaum auf trügerisches Glück.

Wen die Steinbock-Tiger einmal in ihr Herz geschlossen haben, zu dem halten sie auch in schweren Zeiten. Der Mann aus diesem Mischzeichen findet nicht unbedingt seine große Liebe; ihm ist die Frau, die zum Wohlstand der Familie beitragen kann, lieber als die süße Maid für Bettgeschichten. So erscheint er als nüchterner Ehemann, der Nützliches über Ideelles stellt. Wer ihn richtig kennt, weiß um seine behutsame Zärtlichkeit, um seine Treue.

Auch die Steinbock-Tiger-Frau ist kein Männer verschlingernder Vamp. Sie möchte von dem Mann, den sie liebt, respektiert und geachtet werden. Ihre Kinder haben es gut bei ihr, auch wenn sie zeitweilig wegen harter Berufspflichten fern von zu Hause ist.

Wassermann-Tiger (21. Januar bis 19. Februar)

Weltverbesserer wurden unter dem Wassermann-Tiger-Zeichen geboren. Es sind hilfsbereite Menschen, die das letzte Hemd weggeben können. Sie träumen von Gesellschaften, in denen alle Menschen gleich sind. – Es müßte nur ein Wassermann-Tiger an der Spitze stehen.

Und damit haben wir den Ehrgeiz dieser Typen angesprochen, der sie immer vorne mitmischen läßt. Tatsächlich bringen sie es im allgemeinen sehr weit. Tausend Pläne schwirren durch ihre hellen Köpfe. Sie schreien nach Verwirklichung. Verständlich, daß sich bald schon jemand findet, der diese Fundgrube ausschöpft. Um seinen beruflichen Werdegang braucht sich niemand in diesem Mischzeichen Kummer zu machen.

Wo es manchmal hapert, das sind ausgerechnet die zwischenmenschlichen Beziehungen. Der männliche Wassermann-Tiger zum Beispiel hat seine Sturm- und Drangjahre oft bis ins fünfte Lebensjahrzehnt hinein. Doch glaubt er erst, die richtige gefunden zu haben, wird er alle anderen Liebschaften vergessen. Es muß eine sein, die ihm in jeder Weise ebenbürtig ist und ihm auch mal „Kontra" gibt. Der Wassermann-Tiger kann es vertragen.

Der Wassermann-Tiger tut sich etwas schwer, die Richtige zu finden

Wassermann-Tiger-Frauen lieben heiß und innig. Sie suchen das Abenteuer. Langweilige Männer sind ihnen verhaßt, aber es ist möglich, daß sie sich aus lauter Widerspruchsgeist eines Tages einen solchen Langweiler angeln und mit ihm aufs Standesamt gehen. Die Umerziehung beginnt gleich nach der Trauung. Ein zünftiger Ehekrach reinigt die Atmosphäre. Er wird bei Wassermann-Tiger-Frauen bühnenreif abrollen. In Wirklichkeit jedoch brauchen sie nur die anschließenden Versöhnungsszenen. Sie happy-enden doch so gern...

Fische-Tiger (20. Februar bis 20. März)

Fische-Tiger wollen immer Spaß am Leben haben; triste Weltanschauungen gehen ihnen an die Nieren. Ehrgeiz kennen sie nur den einen, spielend die Welt zu erobern. Während andere schuften und sich abrackern, betrachten diese Typen die Arbeitsstätte als einen Spielsalon mit feststehenden Regeln. Mit

Erobern sich ihr Glück spielerisch: Fische-Tiger

ihrem sprichwörtlichen Glück überflügeln sie dabei die Konkurrenten. Ihr sonniges Wesen macht ihnen Freunde gerade auch bei denen, die das Sagen haben.

Fische-Tiger lachen gern. Sie sind in jeder Gesellschaft beliebt, halten in jeder Stammtischrunde mit, trinken alle unter den Tisch und singen, wenn es sein muß, zum Abschluß noch ein zünftiges Liedchen.

Mit viel Gefühl sind sie in der Liebe bei der Sache. Sie binden sich schnell. Es kann gutgehen: Fische-Tiger haben Glück in der Liebe. Es kann aber auch schiefgehen. Und dann ertränken sie ihren Schmerz in Alkohol.

Fische-Tiger-Frauen sind in der Ehe die besten Kameradinnen, die Freud und Leid mittragen. Wenn ihrem Liebsten übel mitgespielt wird, sind auch sie tagelang niedergeschlagen. Bei soviel Mitgefühl müßte er eigentlich seine Fische-Tiger-Frau auf Händen tragen. Wenn sie sich nur nicht wie eine Klette an ihn hängen würde, so daß ihm nur wenig Freiraum bleibt.

Männliche Fische-Tiger sind nicht ganz so besitzergreifend. Sie haben in der Ehe jedoch Ideale, die von weniger einfühlsamen Frauen oft mit Füßen getreten werden. Das läßt sie schier verzweifeln. Und nur darum suchen sie manchmal außer Haus nach dem weiblichen Wesen, das sie versteht. Fische-Tiger-Männer werden nur dann zu Seitenspringern, wenn sie wirklich unzufrieden sind.

Der geduldige, hilfsbereite Hase

Das vierte Zeichen in der chinesischen Astrologie ist der Hase. Die Menschen, die diesem Tierzeichen angehören, sind geduldige und stets hilfsbereite Typen. Sie haben in den folgenden Jahren des chinesischen Kalenders Geburtstag:

14. 2. 1915 – 2. 2. 1916
 2. 2. 1927 – 21. 1. 1928
19. 2. 1939 – 7. 2. 1940
 6. 2. 1951 – 25. 1. 1952
25. 1. 1963 – 12. 2. 1964
11. 2. 1975 – 30. 1. 1976
29. 1. 1987 – 16. 2. 1988
16. 2. 1999 – 3. 2. 2000

Kaum ist der im Tierzeichen Hase geborene Mensch auf der Welt, hat er so seine Probleme. Zwar läßt sich das Hase-Kind geduldig stillen, aber allzu viel nimmt es von dem lebenswichtigen Saft aus der Mutterbrust nicht auf. Das bringt seine Mutter oft zur Verzweiflung.

Später verweigert das Hase-Kind auch das Fläschchen. Den süßen Brei, den man ihm reicht, spuckt es aus, lutscht aber gern an einer sauren Gurke, die es vom Elterntisch grapschte. Glaube nun ja keiner, dieses Kind sei widerborstig. Im Gegenteil: Es ist sanftmütig und lieb, hat jedoch – wie es scheint – Charakter! Was es nicht mag, das mag es eben nicht.

Das Hase-Kind hat trotz aller Sanftmut seinen eigenen Kopf

Wenn noch ein paar Jahre vorübergehen, entpuppt sich das Hase-Kind – als folgsames, liebes Kind, das der Mutter gern zur Hand geht. In der Schule ist es still, aber hellwach, wenn es darauf ankommt, den Mitschülern und Mitschülerinnen zu beweisen, daß ihm das Lernen Spaß macht. Und so bringt es gute Zeugnisse mit, vor allem eine Eins im Betragen und in Fleiß.

Ob auch die anderen Noten gut sind, hängt davon ab, ob die Lehrer in den Schulstunden verständlich den Lehrstoff erklären können. Dann begreift der Hase sehr schnell. Im Sportunterricht scheint er nicht der Allerschnellste zu sein.

Kaum erwachsen, haben die Hasen ihre Probleme. Sie können zwar anderen guten Rat geben, wie deren Schwierigkeiten zu lösen wären, aber gegenüber ihren eigenen sind sie oft ratlos. Und dann gehen sie in sich und heulen möglicherweise drauflos.

Waghalsige Unternehmungen sind nicht ihre Sache

Sie haben auch ein Hasenherz oder – wie man so sagt – Angst vor der eigenen Courage. Obwohl sie meistens überdurchschnittlich begabt sind, trauen sie sich vielfach das nicht zu, zu dem sie eigentlich fähig sind.

Hase-Geborene sind die gutmütigsten Leute, wenn es darauf ankommt, anderer Leid zu lindern. Sie pflegen gern die Kranken und trösten die Verzweifelten. Das macht sie fähig für soziale Berufe. Wenn sie selbst einmal krank sind, hilft kaum einer, weil dann die oft an sich selbst zweifelnden Hasen recht schwierige Kranke sind, die sich einfach nicht helfen lassen wollen. Sie haben eben immer mal hier ein Problemchen und da ein Problemchen, die so undurchsichtig sind, daß manch einer nicht daran glauben will, was ihm da der Hasenfuß unter Tränen berichtet.

Wortgewandt in allen Lebenslagen

Im Familienkreis oder unter Freunden ist der Hase-Mensch als rechter Unterhaltungskünstler bekannt. Er erzählt gern von diesem und jenem. Ein echter Dialog will da nicht aufkommen, weil des Hasen Redseligkeit einfach nicht aufhören will. Und man läßt den so liebenswerten reden. Schließlich hat Hand und Fuß, was er zu berichten weiß.

Ihre Beredsamkeit macht sie im Berufsleben zu vorzüglichen Leuten in allen Sparten der Rechtswissenschaft, im Bankfach und sogar im diplomatischen Dienst. Hasen sind nicht die schnellsten bei der Arbeit, aber sie wissen sich einzusetzen, wenn es um etwas geht. Man findet sie auch als feinnervige Künstler auf der Theaterbühne, weil sie sich leicht in die Rollen anderer versetzen können, und als Journalisten, die nicht eher ruhen, bis in kniffligen Fällen ihre Recherchen zum Ziele führten. Und auch als Unternehmer haben sie Aussicht auf Erfolg, wenn sie nur nicht ihr zages Hasenherz hätten, das immer wieder gegen eigene Entscheidungen aufbegehren würde.

Die Hase-Frau

Die weiblichen Hase-Typen dieses Tierzeichens haben noch einen weiteren Beruf: Sie sind die geborenen Hausfrauen. Hase-Frauen werden ihre besondere Eignung bestreiten, weil sie diese meist unbezahlte Tätigkeit hassen, obwohl sie Meisterinnen der Kochkunst, der Kinderbetreuung und der Heimgestaltung sind. Im geheimen werden sie zugeben müssen, daß sie ihre Familie gern perfekt betreuen und sich in einem Full-time-Job für jeden einzelnen aufopfern.

Die Hase-Frau ist bereit, sich für ihre Familie aufzuopfern – aber dazu drängen darf man sie nicht

Bei solch guter Anlage gerät die Hase-Frau leicht an einen Mann, der sich als Patriarch gebärdet und in der Ehe gern den Pascha spielen möchte. Gegen die Rolle als Heimchen am Herd begehrt die Hase-Frau jedoch ganz energisch auf. Sie will auch in einem festen Verhältnis ihren Freiraum haben für Weiterbildung, Theater- und Konzertbesuche oder um daheim in ihrer karg bemessenen Freizeit mal ein gutes Buch zu lesen.

Wer das nicht versteht, dem wird sie beweisen, wozu die Hase-Frau fähig ist! Denn diese so zurückhaltene Frau kann sehr wohl auf eigenen Füßen stehen und auch in einem sogenannten Männer-Beruf Erfolge erzielen. Hausarbeit will sie nicht als ihre Hauptbeschäftigung ansehen. Sie kann auch sehr gut ohne Mann und Familie auskommen, bürgerlichen Vorurteilen zum Trotz.

Was diese doch so geduldige Häsin eigentlich braucht? Einen Mann, der mit ihr die Probleme bespricht, die sich in ihrem Leben anhäufen, ein Heim, in dem sie sich wohlfühlen kann und ein kleiner Garten hinterm Haus, in dem sie es blühen und wachsen lassen kann; denn sie liebt Blumen über alles.

Der Hase-Mann

Zwar schätzen auch Hase-Männer ein gemütliches Heim, aber sie werden trotz aller Vorzüge, die solch Heim bietet, nicht immer darin seßhaft. Das hat nichts mit dem unruhigen Hasenblut zu tun. Nein, diese im allgemeinen so ruhigen und

hilfsbereiten Typen können in einem festen Verhältnis Kleinig-keiten so aufbauschen und auf ihrer eigenen Meinung beharren, daß manche Partnerin es nicht mit ihnen aushält.

Und so kommt es im sonst so friedlichen Hasen-Haus zum ersten großen Krach. Folgt bald darauf der zweite, sucht der Hase das Weite, enttäuscht von der Partnerin, die es immer wieder krachen läßt, nicht bedenkend, daß er den Grund des Streits geliefert hatte.

Das Seltsame in solchem Falle: Trotz großer Meinungsun-terschiede bleibt der entfleuchte Hase weiterhin gut Freund mit der Alleingelassenen und sucht sich erst nach einiger Zeit wieder eine andere, die Verständnis für seine Marotten hat.

Was wir gerade schilderten, ist nicht unbedingt symptoma-tisch für ein Hase-Verhältnis. Denn der Hase-Mann ist eigent-lich ein verständiger Zeitgenosse, der nur hier und da mal wi-der die Vernunft handelt. Eine kluge Ehefrau sollte lernen, ihn zu nehmen wie er ist.

Er will in einer intakten Familie gehegt und gepflegt wer-den. Gefühl ist bei diesem eigentlich so herzigen Typ alles. Das werden auch seine Kinder spüren, die er heiß und innig liebt und mit denen er spielt und herumtollt, als sei er selber noch ein Kind.

Wenn das Familienleben oder auch die lockeren Verhält-nisse im Freundeskreis nicht stimmen, ergreifen diese Leute das Hasenpanier und sie flüchten sich in eine Scheinwelt, in der oft der Alkohol ihr Tröster ist.

Tränen brechen den Widerstand

Hasen kennen kein Karrierestreben. Sie tun ihre Pflicht und über diesen Weg kommen sie nach oben, ohne die Ellenbogen eingesetzt zu haben. Mancher hält sie für Pedanten oder gar für erzkonservative Leute ohne revolutionäre Ideen. Was weiß denn schon ein Außenstehender, wie es bei diesen Hasen im Inneren aussieht?

Ihre Durchsetzungskraft ist nicht allzu groß. Sie wird zu ge-wissen Zeiten nur mit Hilfe eindeutiger Tricks und manchmal auch mit einem unschuldigen Augenaufschlag gefördert. Und im übrigen: Selbst bedrängte Hasen finden stets noch den Aus-weg aus einer scheinbar ausweglosen Situation.

Sie sind sehr gutmütig. Auf der anderen Seite können sie auch ganz schön stur sein. Was sie wollen, das setzen sie durch. Frauen aus diesem Tierzeichen helfen gern etwas mit ein paar Tränen nach und brechen damit den Widerstand Andersdenkender im Nu.

Man sollte diese so liebenswerten Menschen nie enttäuschen, sondern ihnen helfen, wo immer es geht. Weil sie ein weiches Herz haben, geben sie sich manchmal härter, als sie in Wirklichkeit sind. Wer das versteht, kann sie für sich gewinnen und auf ewig gut Freund mit ihnen sein.

Das Horoskop für die Hasen

Die Sentimentalität vieler Hasen läßt sie in den Augen anderer Menschen als verweichlichte Naturen erscheinen. Schon als Kinder wurden sie von stärkeren Altersgenossen nicht für voll genommen. Das setzt sich im Erwachsenendasein dann manchmal fort. So ein Hase hat's in seinem ganzen Leben nicht leicht.

Im Endeffekt setzen sich jedoch diese so sentimentalen Typen immer wieder durch und übertrumpfen selbst die vermeintlich Stärkeren. Auch für die Finanzen haben sie ein Gespür, das ihnen oft einen Vorteil verschafft.

Sie setzen ganz auf Gefühl – und haben damit Erfolg

Lesen Sie aber jetzt, was das chinesische Horoskop den Hase-Frauen und Hase-Männern in den nächsten Jahren zugedacht hat.

Im Jahr der Ratte (1996, 2008)
müssen sich die Hasen auf neue Wege besinnen, vielleicht auch finanzielle Rücklagen angreifen, um sicher über die Runden zu gelangen. Gegner werden nicht mit launischen Allüren besiegt, sondern nur mit Hilfe großen Einsatzes, zu dem die Hasen in diesem sonst nicht allzu guten Jahr fähig sind. Wem da das Hasenherz in die Hose rutscht, hat es schwer.

Im Jahr des Büffels (1997, 2009)

können die Hasen vom Regen in die Traufe kommen, wenn sie in manchen Dingen wankelmütig reagieren. Ihr Verstand ist in diesem Jahr besonders gefragt. Vor allem sollten sie nicht blindlings gegen vermeintliche Widerstände anrennen. Mit Besonnenheit und Fleiß kommen sie auf jeden Fall weiter als im Kampf gegen Windmühlenflügel.

Im Jahr des Tigers (1998, 2010)

wollen manche Hasen sich verändern. Ob das im Beruf, in den zwischenmenschlichen Beziehungen oder auf dem Wohnungssektor ist, bleibt dahingestellt. Es wird also auf jedem Gebiet ein unruhiges Jahr für die Hasen werden. Nur in gewissen finanziellen Dingen werden sie spürbare Erleichterungen erleben.

Im Jahr des Hasen (1999, 2011)

kann der Hase-Mensch es sich gut gehen lassen, weil jetzt sein Leben in eine ruhigere Phase eintritt. Turbulenzen, die noch in den Vorjahren für Kopfschmerzen sorgten, haben sich gelegt, und es herrschen laue Lüftchen vor. Im zwischenmenschlichen Bereich bahnt sich Erfreuliches an, und die Finanzen stabilisieren sich zusehends. Die Hasen kommen auf ihre Kosten und können Vorräte anlegen.

Im Jahr des Drachen (2000, 2012)

Im Jahr des Drachen drohen dem sanften Hasen Unruhe und allerlei Turbulenzen

will der Hase weiter genießen, was ihm im Vorjahr an Gutem beschert wurde. Doch ruhigen Alltag, nach dem er sich zeit seines Lebens sehnt, findet er nicht. Immer und immer wieder wird der Hase von einem Trubel um ihn herum gestört, so daß er von Mal zu Mal aus der Haut fahren möchte. Bald sieht er ein, daß das nichts nützt.

Im Jahr der Schlange (2001, 2013)

klingt die Hektik ab, in die man zuvor den Hase-Menschen stürzen wollte. Er läßt es wieder ruhiger angehen und wird sich an den schönen Dingen des Lebens erfreuen. Und er findet nur Erholung in den eigenen vier Wänden, die ihm im Jahr zuvor auf den Kopf zu fallen drohten. Auch in der Arbeit findet der Hase in diesem Jahr Befriedigung.

Im Jahr des Pferdes (2002, 2014)

sind Prüfungen angesagt, die aber ohne große Anstrengung bestanden werden. Das Jahr wird ganz nach seinen Wünschen verlaufen, wenn sich der Hase-Mensch mit Elan an die Arbeit macht und auch auf anderen Gebieten auftrumpfen kann. So verschafft er sich nicht nur Vorteile auf dem finanziellen Sektor. Privat lacht die Liebe.

Das Pferdejahr bringt Erfolg und Liebesglück

Im Jahr der Ziege (2003, 2015)

geht es weiter aufwärts für den Hasen. Er kann sich einiges leisten und im zwischenmenschlichen Bereich noch bestehende Irritationen aus der Welt schaffen. So kann es trotz mancher Unruhen doch zu einem glücklichen Jahr in allen Bereichen werden, wenn der Hase bei der Stange bleibt und in der eigenen Familie das Glück sucht.

Im Jahr des Affen (2004, 2016)

wird der Hase-Mensch zufrieden auf die eigene Leistung zurückblicken und das Leben genießen können. Seine Launen scheinen verflogen und einer inneren Fröhlichkeit gewichen zu sein, die ansteckend auf seine Umwelt wirkt. Er braucht sich nicht mehr über Vergangenes zu erregen, sondern kann ganz getrost der Zukunft entgegensehen.

Im Jahr des Hahns (2005, 2017)

müssen sich die Hasen im Kampf bewähren, um die angestrebten Ziele ansteuern zu können. Da sie Streit und Zank scheuen, kommen sie ein um das andere Mal in Verlegenheit, die ihnen das Leben zur Qual macht. Wie gut, wenn sie dann Partner an ihrer Seite haben, die fest zu ihnen halten und sich schützend vor sie stellen. Trotzdem: Kein gutes Jahr für die Hasen.

Im Jahr des Hundes (2006, 2018)

weicht die Kampfzeit einer ruhigeren Lebensphase. Die Hase-Menschen atmen erleichtert auf und gehen mehr aus sich heraus. Im Finanziellen können sie mehr wagen, sollten aber klug taktieren, um nicht ins Fettnäpfchen zu treten. Ganz privat scheint alles im Lot zu sein.

Im Jahr des Schweines (2007, 2019)

kann mancher Gewinn eingestrichen werden. Das bisherige Auf und Ab ist vergessen. Die Verhältnisse stabilisieren sich zusehends. Auch im privaten Bereich macht sich Entspannung breit. Hasen dürfen die Liebe genießen und ihr Geld für Nützliches ausgeben, einiges sollten sie jedoch auch für später zurücklegen.

Die Hasen vom Widder bis zu den Fischen

Schon in den Doppelstunden ihres Geburtstags gibt es zwölf verschiedene Mischtypen der Hase-Geborenen. Nehmen wir jetzt noch die abendländischen Tierkreiszeichen hinzu, so ergeben sich schon 144 verschiedene Hasentypen. Diese Zeichen vom Widder bis zu den Fischen wollen wir nachstehend einmal mit dem chinesischen Hase-Zeichen mischen und die so erhaltenen zwölf Mischtypen vorstellen.

Widder-Hasen (21. März bis 21. April)

Der Widder-Einfluß verleiht dem Hasen-herzen Mut

Obwohl Widder-Hasen sich nach außen hin sehr sittsam geben, sind sie nicht so ganz ohne. Sie kennen keine Angst, weisen keinen ab, der mit ihnen streiten will. Am Ende ziehen selbst die scheinbar Kräftigeren den kürzeren, und die Widder-Hasen triumphieren.

Diese Hasen haben sich meist in der Gewalt. Sie können mit sanften Worten überzeugen, wobei sie bei Gelegenheit Wahrheit mit Dichtung vermischen – Hauptsache, es wird ihnen geglaubt. Bei solcher Wortgewandtheit wundert es nicht, daß sich die Widder-Hasen auch im Beruf schnell nach oben arbeiten. Und das ist das Seltene an dem Widder mit dem Hasenherz: Er setzt sich durch mit allen Kniffen und Mitteln, niemand jedoch nimmt's ihm eigentlich übel.

Um Unannehmlichkeiten aus dem Wege zu gehen, schlagen sie lieber mal einen Haken und ändern scheinbar die Gesinnung. Bei Gelegenheit zahlen sie aber erlittene Unbill zurück; sie vergessen nichts.

Partnerinnen schwärmen von den männlichen Widder-Hasen, die so zärtlich und anpassungsfähig sind. Sie wissen aber auch um deren Zorn, der so schnell nicht verraucht, was sich bei den sonst Redseligen in tagelangem düsterem Schweigen ausdrücken kann. In der Ehe reinigen solche Kräche bekanntlich die Luft.

Weibliche Widder-Hasen sind charmant. An ihrer Seite kann sich der Ehemann wie im Paradies fühlen, in dem sie freilich zeitweise durch Abwesenheit glänzt. Widder-Hase-Frauen genügt die triste Hausarbeit nicht, sie wollen auch „draußen im feindlichen Leben" mitmischen. Ihre Kinder kommen dabei nie zu kurz – im Wechsel mit dem Ehemann wird die Aufsichtszeit geteilt.

Stier-Hasen (21. April bis 20. Mai)

Ihr herzliches Wesen macht die Stier-Hasen zu jedermanns Freund. Sie sind gute Gastgeber und verläßliche Partner. Ihre Hilfsbereitschaft kennt keine Grenzen; besonders den sozialen Randgruppen sind sie zugetan und stellen sich schützend vor sie. Ungerechtigkeiten können sie nicht vertragen.

Stier-Hasen dulden kein Unrecht

Stier-Hasen wären am besten in Berufen untergebracht, in denen ihre soziale Einstellung und ihre erzieherischen Fähigkeiten eingesetzt werden können. Daß sie dann doch einen anderen Beruf wählen, beruht auf ihrem Dickschädel und auf ihrem Widerspruchsgeist. Trotzdem: Auch wenn Stier-Hasen dazu neigen, stur auf ihrem Standpunkt zu beharren, fehlt es ihnen nicht an Einsichtsfähigkeit.

Keine Chance für Paschas! In der Ehe zählen Kameradschaft und Gleichberechtigung

Männer aus diesem Mischzeichen suchen nicht allzu lange nach der großen Liebe. Hauptsache, sie finden eine gute Kameradin, mit der es sich in Frieden leben läßt, und die vor allem anderen gut zuhören kann. In der Ehe ist dem Stier-Hasen nichts zuviel, der gemeinsame Abwasch nicht und nicht das Kinderwagenschieben.

Stier-Hase-Frauen suchen länger nach dem Mustergatten. Nicht immer finden sie dann den Einzigartigen, der sie auf Händen trägt. Wie er ausschaut, ist der Stier-Hase-Frau so ziemlich egal – Hauptsache, er hat Herz und kann gut schmusen. Und wenn er nicht gar so intelligent ist – kein Problem –, dann ergänzt man sich halt um so besser, frei nach dem Motto: Gegensätze ziehen sich an.

Ein bißchen Eigenleben brauchen die Stier-Hasen allesamt. Trotz ihrer Beredtsamkeit können sie Geheimnisse ganz gut für sich behalten, was sie manchmal in den falschen Verdacht bringt, sie seien nicht ganz ehrlich.

Zwillinge-Hasen (21. Mai bis 21. Juni)

Auf Anhieb sollte man Zwillinge-Hasen nicht alles glauben. Ihre Fabulierkunst schlägt sämtliche Rekorde. Man muß ihnen freilich zugute halten, daß sie selbst wider besseres Wissen meist glauben, was sie erzählen. Münchhausen hätte ihr Lehrer sein können.

Nichts gegen die Zwillinge-Hasen! Sie sind zuverlässige Arbeiter und bringen Schwung in jeden Betrieb. Auf geistigem Gebiet sind sie den Kollegen vielfach überlegen.

Chefs unter diesem Mischzeichen sind berückende Vorgesetzte, die einem das Blaue vom Himmel versprechen können. Man sollte ihnen stets nur die Hälfte glauben. In ihrer überschwenglichen Art schießen die Zwillinge-Hasen eben gern übers Ziel hinaus.

Sprühend vor Phantasie, aber leider nicht ganz leicht zu halten: Zwillinge-Hasen

Wenn diese Mischtypen lieben, bringen sie Unruhe ins Haus. Sie sind exzellente Liebhaber, aber sie suchen nebenbei gern auch andere Futterstellen auf. Ihr ausgeprägter Sinn fürs Materielle läßt sie in der Liebe sogar über einiges hinwegsehen. Ein gemachtes Bett ist schließlich nicht zu verachten.

Die männlichen Zwillinge-Hasen gehören zu jenen wetterwendischen Sternenmischlingen, die sich mit den Jahren

mehrmals binden können. Eine Ehe mit ihnen steht jedenfalls immer etwas auf der Kippe. Am liebsten hätten sie eine Frau, die gern selbsterfundene Märchen hört und bedingungslos glaubt.

Weibliche Zwillinge-Hasen flirten gern, drücken sich aber ebenso gern vor der Verantwortung. Ein Mann, der solche Häsin einfing, hat eine Perle im Haus. Aber Vorsicht: Zwillinge-Hase-Frauen machen sich nicht gern die Pfoten schmutzig.

Krebs-Hasen (22. Juni bis 22. Juli)

Die Arbeit haben die Krebs-Hasen nicht unbedingt erfunden. Am liebsten wären sie als Pensionär geboren und kassierten jeden Monat das, was man zum Leben braucht. Da das nicht geht, schlängeln sie sich so durch und freuen sich kurz nach dem Urlaub schon wieder auf den nächsten. Der Mittagsschlaf ist ihre Lieblingsbeschäftigung. Man kann ja auch so schön dabei träumen.

Der Krebs-Hase hat die Ruhe weg. Nur nicht hetzen

Im Beruf zählt nicht unbedingt ihr Einsatzwille, mehr die elegante Art, mit der sie Kunden begegnen und für die Firma einnehmen können. Darum schätzt man sie, selbst wenn sie von Überstunden ganz und gar nichts halten. Und so kommen sie trotzdem in jene Stellungen, in denen sie andere für sich schaffen lassen können.

Krebs-Hase-Frauen sind liebevolle Geschöpfe mit einem großen, weichen Herzen. Sie setzen gerne Tränen als Mittel zur Durchsetzung ihres Willens ein. Und welcher liebende Mann wäre nicht gern ihnen zu Willen, die so anschmiegsam und zärtlich sein können? Fühlen sich weibliche Krebs-Hasen in einer Ehe unverstanden, suchen sie manchmal das Weite.

Die männlichen Krebs-Hasen suchen verhältnismäßig lange nach der Traumfrau und versuchen's auch schon mal mit einer Ehe auf Probe. Sie schwärmen eben von der Frau ihrer Träume und finden sich doch immer nur in der Realität wieder. Manches Verhältnis geht darum kaputt. Der Krebs-Hase wird sich nie eingestehen, daß er an der jeweiligen Trennung zu einem guten Teil mit schuld war. Ist er fest gebunden, geht ihm übrigens die Ruhe über alles. Und dann ist er auch treu.

Man muß die Krebs-Hasen insgesamt mit all ihren guten und den wenigen schlechten Seiten lieben. Bei ihnen ist alles

vom Gefühl geleitet. Man achte darauf, diese sensiblen Charakterpflänzchen nicht zu zerstören.

Löwe-Hasen (23. Juli bis 23. August)

Es nagt der Zweifel an den Löwe-Hasen, ob sie forsch durchs Leben schreiten sollen wie jener edle König der Tiere oder sittsam und bescheiden wie ein hoppelnder Hase. In diesem Zwiespalt stehen sie ihr ganzes Leben lang.

Löwe-Hasen sind beliebt. Man sucht ihren Rat, den sie freimütig jedem geben. Nur für ihre eigenen Probleme haben sie oft keine Lösung.

Im Berufsleben drängen diese königlichen Hasen nach oben, da sie jedoch niemandem etwas zuleide tun wollen, setzen sie sich nicht ganz so hemdsärmelig durch wie ihre Löwe-Geschwister anderer Sternenkonstellationen. Sie gönnen auch anderen den Platz an der Sonne.

Zwischen Löwenmut und Hasenfurcht: In dieser Brust schlagen zwei Herzen

Löwe-Hasen haben ein gutes Gespür für Geld und finanzielle Anlagen. Wenn sie die Großzügigkeit packt, können sie auch alles Hab und Gut zum Fenster hinauswerfen. Wer meint, da wolle ein Löwe Eindruck schinden, der hat sich an dem Hasen vertan. Löwe-Hasen haben ein mildtätiges Herz, sie schenken gern und nicht, um sich ins rechte Licht zu setzen.

Diese Sternenmischlinge lieben heiß und innig. Wer es richtig anstellt, dem verfallen sie mit Haut und Haaren. Das kann bei pathologischen Fällen bis zur Hörigkeit führen. Vor allem die weiblichen Löwe-Hasen nehmen die Liebe sehr ernst. Sie kritisieren den Mann ihres Herzens nie, finden alles gut und schön, was er auch unternimmt. Selbst emanzipierte Löwe-Hase-Frauen kriechen da zuweilen zu Kreuze und schwören ihrem Stolz ab.

Die Männer aus diesem Mischzeichen sind in der Ehe häuslich. Sie kehren nie den Pascha heraus, sondern den hilfsbereiten Partner, der seiner Frau alles von den Augen abliest. Von raffiniert schmeichelnden Partnerinnen werden solch liebenswerte Ehemänner bis aufs Blut ausgesaugt. Und wenn die Liebe im Spiel ist, merken diese es gar nicht.

Jungfrau-Hasen (24. August bis 23. September)

Da jagen rechte Angsthasen durchs Leben. Ständig suchen sie Schutz und merken nicht, daß sie damit den Mitmenschen lästig fallen. Jungfrau-Hasen denken viel und lange, bevor sie sich entscheiden oder gar handeln. Sie taktieren übervorsichtig und entschließen sich nur mit vielen Wenn und Aber. Trotzdem zwingen sie einiges unter ihren Willen. Ihr wacher Geist läßt die Gegner reihenweise abblitzen. Ihr Finanzgenie macht aus einem Fünfmarkstück schnell einen Tausender.

Im Beruf bleiben sie oft nur zweite Wahl, weil sie den Posten an der Spitze einem anderen überlassen, der dann die Verantwortung auch für das trägt, was die Jungfrau-Hasen in seinem Namen entscheiden. Haben sie sich einmal zur Führerschaft durchgerungen, dulden sie keinen Widerspruch. Wer wollte wohl jemandem widersprechen, der seine geistige Überlegenheit so deutlich spüren läßt wie der Jungfrau-Hase?

Die Liebe findet bei diesem Mischzeichen etwas unterkühlt statt. Auch in den zwischenmenschlichen Beziehungen denkt der Jungfrau-Hase zuviel, wo schneller Entschluß und schnelles Handeln das Lebensglück sichern könnten. Männliche Jungfrau-Hasen stehen darum wohl erst spät vor dem Traualtar. Was sie bis dahin gefunden haben, könnte eine reiche Witwe sein oder eine jugendliche Schönheit. Diese Sternenmischlinge schätzen nämlich beides: finanzielle Sicherheit und künstlerische Schönheit.

Wenn sie doch nur nicht soviel nachdenken würden! Jungfrau-Hasen wirken in der Liebe manchmal etwas unterkühlt

Weibliche Jungfrau-Hasen sind recht attraktiv anzuschauen. Nur anfassen darf man sie nicht. Sie sind die Kräutchen „Rührmichnichtan" unter dem Sternenhimmel. Obwohl sie Streicheleinheiten wie jeder andere Mensch benötigen, schämen sie sich, das dem Partner einzugestehen. Bei ihnen finden Männer das große Glück, die nicht nur Süßholz raspeln können, sondern wissen, was sie wollen.

Waage-Hasen (24. September bis 23. Oktober)

Wenn man dem Waage-Hasen auf die Schliche kommt, ist er der Erfinder wunderschöner Ausreden. Überall sieht man diese sonnigen Typen gern. Sie sind sanftmütig und höflich

*Ihr unge-
bremster Rede-
schwall und ihr
sonniges Gemüt
öffnet ihnen alle
Türen*

und wahre Lebenskünstler. In Gesellschaften treten sie als witzige Alleinunterhalter auf. Sie müßten sich nur rarer machen, um auf die Dauer nicht zu langweilen.

Im Beruf sind diese Typen diplomatisch und geschickt, wenn es darauf ankommt, die eigene Leistung ins rechte Licht zu rücken. Auch hier tun sie manchmal zuviel, und dann stößt's den anderen auf. Mit ihrem Redeschwall könnten sie Super-Vertreter sein. Wer hört jedoch schon lange hin, wenn immer nur einer spricht?

Auf dem Sektor zwischenmenschlicher Beziehungen fällt ihnen mit ihrem Elan und ihrer vorpreschenden Art alles leicht. Bereits in jungen Jahren glauben sie den Partner fürs Leben gefunden zu haben, bis sich ein besserer einstellt, der einem vermeintlich noch besseren weicht.

Männliche Waage-Hasen heiraten aus Liebe. Sie sind die Kuschelbären, die jede Frau vor dem Einschlafen kräftig ans Herz drücken möchte. Doch die Liebe allein macht nicht glücklich – der Waage-Hase sorgt auch fürs leibliche Wohl (er ist oft ein exzellenter Koch!) und für die Groschen in der Not. Er ist ein engagierter Familienvater.

Die Frauen aus diesem Mischzeichen halten ebenfalls ihr Geld zusammen (selbst wenn vieles für den Friseur, Kleider und Kosmetik draufgeht) und erziehen die Kinder zu braven Erdenbürgern. Sie lieben heiß, geraten aber rein zufällig an Männer, die zu wenig Zeit für sie haben. Und da ist die Bruchstelle in der Ehe einer Waage-Hase-Frau gelegt.

Skorpion-Hasen (24. Oktober bis 22. November)

Man sieht dem Skorpion-Hasen das Energiebündel nicht an. Äußerlich gibt er sich ruhig und gelassen, und das ist es gerade, was seinen Erfolg ausmacht. Skorpion-Hasen dulden keinen Widerspruch. Wo er sich wider Erwarten regt, schlagen sie zu. Sie können herrisch sein, ohne aus der Haut zu fahren. Sie sind schwierige Kollegen, wenn es jedoch darauf ankommt, sind sie hilfsbereiter als alle die anderen, die freundlich tun, es aber anders meinen.

In den Chefetagen sind diese Sternenmischlinge gefürchtet, weil sie dort frischen Wind hineinbringen, wenn sie erstmal

dort angelangt sind. Sie mögen keine Speichellecker. Ehrliche und offene Typen bringen es bei ihnen weiter, weil sie die Wahrheit lieben und nichts als die Wahrheit.

Die männlichen Skorpion-Hasen wollen auch im intimen Bereich das Sagen haben. In der Familie geben sie sich streng, aber gerecht. Die Liebe ist für sie mehr nehmen, denn geben, womit einiger Konfliktstoff vorgegeben ist.

Der weibliche Skorpion-Hase zieht die Männerwelt in seinen Bann. Er verhext sie und kassiert dann ab. Dem Zauber dieser Frau erliegt jeder. Stolz kann nur der sein, den sie sich ganz privat angelt und nicht mehr vom Haken läßt.

Wer eine Dame dieses Zeichens ehelicht, muß mit dem Jawort jeglichen anderen Freundinnen abschwören. Er wird vereinnahmt als lebendes Gut. Wehe, er schliche mal auf Abwegen!

Skorpion-Hasen, Frau wie Mann, haben das gewisse Etwas, das jeden anzieht. Für manche ist es der Speck in der Mausefalle, die kurz vor dem Genuß zuschnappt.

Schütze-Hasen (23. November bis 21. Dezember)

Den Schütze-Hasen fällt das Glück von ganz allein in den Schoß. Was sie anfassen, bringt etwas ein. Ihre lässig-charmante Art, angereichert mit einer Prise Sarkasmus, kommt an. Erfolge werden mit der Zeit nicht ausbleiben, selbst wenn sie sich nicht wie Berserker in die Arbeit stürzen. Ihre Mittel sind sicheres Auftreten und eine nonchalante Eleganz, die sie in die höchsten Stellen hievt. Bleibt mal ein Schütze-Hase auf der Karriereleiter unten, muß er schon etwas besonders Schlimmes angestellt haben.

Schütze-Hasen treffen immer ins Schwarze: Im Beruf sind sie Aufsteiger, in der Liebe Herzensbrecher

Diese Sternenmischlinge legen ihr Wissen richtig an und ebenso ihr Geld, da sie für finanzielle Dinge eine Begabung haben. Klappt's mal nicht so mit den Finanzen oder im Beruf, machen sie sich nichts draus. Das Leben geht weiter, und sie sind um eine Erfahrung reicher.

Männer aus diesem Mischzeichen spielen bei den Frauen gerne den Don Juan und Herzensbrecher. Ein festes Verhältnis gehen sie oft erst in späten Jahren ein. Sie sind nur schwer von ihren Junggesellenallüren abzubringen. Die Frau, die mit

einem Schütze-Hasen den Bund fürs Leben schließt, hat es nicht leicht.

Weibliche Schütze-Hasen stehen ihren männlichen Artgenossen in punkto Freiheitsdrang wenig nach. Wo sie sind, kann keine Langeweile aufkommen.

Fassen wir zusammen: Schütze-Hasen sind glückliche Menschen, die sich ungern in Schablonen pressen lassen. Sie haben Humor und Verstand, der nur leider in der Liebe zeitweilig aussetzt.

Steinbock-Hasen (22. Dezember bis 20. Januar)

Der arbeitssame Steinbock-Hase nimmt alles ganz genau unter die Lupe

Mit den Steinbock-Hasen lernen wir arbeitsame und gründliche Menschen kennen, die sich so leicht kein X für ein U vormachen lassen. Sie haben nur wenige auserwählte Freunde. Ihr Charme ist etwas zurückhaltend.

Steinbock-Hasen können sich in eine Angelegenheit, die ihnen wichtig erscheint, verbeißen. Und für sie ist stets das wichtig, was sie gerade anpacken. Über der Arbeit können sie alles vergessen, sogar das erste Rendezvous. Geselligkeit lieben die Steinbock-Hasen weniger, am liebsten werkeln sie allein zu Hause. Nur wenigen Menschen gestatten sie Einblick in ihr Innerstes.

Man sollte ihnen viel Lob spenden, um sie bei guter Laune zu halten. Gar zu leicht sind sie gekränkt. Dann fressen sie den Kummer in sich hinein, und wenn sie ihn herauslassen, dann auf recht unfeine Art.

Sie stellen hohe Ansprüche an sich und andere. Und manchmal verfallen sie in tiefe Melancholie, dann nämlich, wenn ihnen plötzlich bewußt wird, daß Arbeit nicht das ganze Leben ist.

Für die Steinbock-Hasen ist die Liebe die ernsteste Sache der Welt, für einige Partner zu ernst: Sie steigen aus. Andere jedoch versuchen es mit dem Steinbock-Hasen, und bereuen es nicht.

Männliche Steinbock-Hasen sind in der Ehe die zuverlässigsten Partner. Nur hier offenbaren sie sich ganz. Und das will etwas heißen. Sie denken schon früh an die Zukunft ihrer Kinder und sorgen vor, damit ihnen der Start ins Leben leicht fällt.

Sie sorgen verantwortungsvoll für ihre Familie. Für viele ihrer Partnerinnen bleibt dabei nur noch wenig zu tun übrig, was einigen nicht gefällt. Frauen aus diesem Mischzeichen schmeißen in der Ehe den Laden. Viele sogar neben der Berufstätigkeit. Sie lassen es an nichts fehlen.

Wassermann-Hasen (21. Januar bis 19. Februar)

Wassermann-Hasen sind sehr egozentrisch, obwohl sie anderen gegenüber stets ein offenes Herz und eine offene Hand haben. Doch man sollte diese Großzügigkeit gebührend würdigen, wie schnell fühlt sich sonst der Wassermann-Hase unverstanden. Wassermann-Hasen hassen nichts mehr als Zank und Streit, wobei sie allerdings leider oft vergessen, daß sie vielfach selbst den Anlaß dazu gegeben haben.

Diese Sternenmischlinge lieben den Wechsel, eine gute Voraussetzung für Erfolg im Berufsleben. Da sie tüchtige Arbeiter sind, läßt kein Arbeitgeber sie gern ziehen. Mehrfach hochgelobt kehren sie möglicherweise in den Betrieb zurück, in dem sie sich die ersten Sporen verdienten, um dort dann eine der Chefetagen zu besetzen.

Kein Hase ist so lebenslustig wie der unterm Wassermann Geborene. Es zieht ihn förmlich hinaus in die weite Welt, wo er wißbegierig alles in sich aufnimmt, was für mehrere Bände Memoiren reichen könnte. Des Herumreisens müde, kehrt er heim und baut sich ein Haus oder mietet sich eine große Wohnung mit Platz für eine ganze Familie.

Frauen aus diesem Mischtyp gelten in jungen Jahren als sprunghaft. Das macht ihr unruhiges Blut. Sie können sich schwer entscheiden, am ehesten noch im Beruf. Privat schleichen sie gern um den heißen Brei herum, verlieben sich mal hier und mal dort. Und dann stehen sie plötzlich in hellen Flammen: Es ist meist die große Liebe, wenn Wassermann-Hase-Frauen heiraten. Sie stürzen sich förmlich in das Abenteuer Ehe und sind von nun an nur noch für „ihn" da, als Ehefrau und Geliebte.

Auch die Männer aus diesem Mischzeichen heiraten nur aus Liebe. Sie versuchen, brave Hausväter zu werden. Nur manchmal macht der feurige Wassermann dem braven Hasen

Diese Mischung bringt Unruhe in den Hasencharakter: Es dauert lange, bis der richtige Platz im Leben gefunden ist

einen Strich durch die Rechnung. Verstehen Sie nun, warum man manchem Wassermann-Hasen nicht über den Weg trauen darf?

Fische-Hasen (20. Februar bis 20. März)

Sie lieben die Geselligkeit unter Freunden mehr als das Allein-sein zu Hause. Bei Fische-Hasen spielt immer etwas Angst mit, sie könnten den Anschluß verpassen. Man mag sie überall gut leiden und empfiehlt sie gern weiter. Fische-Hasen brauchen Protektion. Das ist auch im Beruf so. Gar zu leicht könnte bei ihnen der Eindruck entstehen, sie seien lasch. Tatsächlich fehlt es ihnen an Durchsetzungsvermögen. Man muß sie anfeuern, antreiben, hofieren, dann riskieren sie sogar mal etwas und – haben Erfolg.

Will immer hofiert werden: der Fische-Hase

Im privaten Bereich stehen Fische-Hasen gern im Mittelpunkt. Man liebt sich, aber man neckt sich auch. Doch das mögen sie nicht leiden. Gar so schwierig sind sie trotzdem nicht. Wer sie einfing, wird das bestätigen. Sie sind so reizend und so einfühlsam, so lieb und nett, daß es keine Klagen zu geben bräuchte. Wen sie verlassen, der ist selber schuld – sagt der Fische-Hase.

Was die Partnerinnen der männlichen Fische-Hasen anzieht, ist deren ruhiges Wesen, ihr geduldiges Abwarten, ihre freundliche Hilfsbereitschaft. In der Ehe entpuppen sich einige von ihnen dann anders: Sie sind unentschlossen und halten mit ihrer wahren Meinung hinterm Berge. Gott sei Dank handelt es sich hier nur um einzelne Vertreter dieses Typs.

Weibliche Fische-Hasen sind leichter zu halten als ihre männlichen Genossen, wenn sie nur genügend umworben werden. Sie sind ja so sensibel, was sie in einer Ehe nicht daran hindert, mit der Zeit die Oberhand zu gewinnen. Und siehe da: Männer lassen sich die sanfte Diktatur ihrer Fische-Hase-Frau gern gefallen.

Der hochbegabte, liebenswerte Drache

In der Mythologie ist der Drache ein echsenartiges, vielfach geflügeltes Fabeltier, das feuerspeiend gegen alles vorgeht, was sich ihm in der Weg stellt, und sich mit sagenhaften Helden wilde Kämpfe liefert. Seine Darstellung geht wohl auf die Riesensaurier zurück, wie sie in der Urzeit gelebt haben.

In unseren Breiten gelten Drachen noch heute als furchterregende Tiere. Ganz anders in China: Dort ist der Drache ein wohltätiger Glücksbringer. Für die Menschen, die in den folgenden Jahren des Drache geboren werden oder wurden, trifft dies sicherlich auch zu.

Drachen sind Glücksbringer; das färbt auch auf die Menschen dieses Tierkreiszeichens ab

3. 2. 1916 – 22. 1. 1917
22. 1. 1928 – 8. 2. 1929
8. 2. 1940 – 26. 1. 1941
26. 1. 1952 – 13. 2. 1953
13. 2. 1964 – 2. 2. 1965
31. 1. 1976 – 17. 2. 1977
17. 2. 1988 – 5. 2. 1989
4. 2. 2000 – 24. 1. 2001

Drache-Typen sind in des Wortes wahrster Bedeutung fabelhafte Wesen. Jedermann ist ihnen zugetan, aber so recht verstehen kann sie keiner. Sie haben das Glück des Tüchtigen.

Kinder, die in einem Jahr des Drachen geboren werden, sind oft Frühentwickler. In der Schule kommen sie gut zurecht. Aber sie brauchen ein intaktes Elternhaus, um wirklich glücklich zu sein. Später dann braucht der Drache Lehrer, die ihm zugetan sind, oder Meister, die ihn fördern.

Was Drache-Menschen besonders schaden kann, sind die eigenen Unachtsamkeiten, die ihren Weg zum Erfolg verlangsamen. Im allgemeinen sind sie geistig hochbegabt und lie-

benswert – rechte Siegertypen mit nur kleinen Fehlern, die jedoch, wenn sie sich summieren, zu einem Fiasko führen können. Zwar wird es ihnen meist nie ganz schlecht gehen, aber nach einigen Rückschlägen sollten sie doch recht vorsichtig taktieren.

Harte Arbeit führt sie ans Ziel

Das macht sie schließlich zu harten Arbeitern, die sich nicht unbedingt auf das sprichwörtliche Glück des Drachen verlassen. Und diese Einstellung führt ans erstrebenswerte Ziel. Meist sind sie sehr intelligent und haben auf technischem Gebiet patentwürdige Einfälle. Man kann sie aber in jedem Beruf als tüchtige Leute gebrauchen.

Intelligenz und Einsatzbereitschaft bringen sie voran – manchmal leider auf Kosten der Kollegen

Nimmermüde ist der Einsatzwille dieser Drachen. Sie können einen Betrieb modernisieren. Leider sind sie nicht unbedingt die besten Freunde der Kollegen. Weil sie rational denken, rationalisieren sie auch gern. Und das kostet möglicherweise Arbeitsplätze. So haben die Vorzüge der Drachen ihre Vor- und Nachteile.

Zu diesen gehört auch ein ganz bestimmter Charakterzug: Sie wollen sich einfach nicht unterordnen! Drache-Menschen sind der Auffassung, daß alles, was sie tun, richtig ist. Wer sie belehren möchte, bräuchte schon gute Argumente, sie zu überzeugen, daß auch die Meinung anderer richtig sein kann.

Genug der etwas negativen Züge, die in dem bisher Gesagten anklingen! Natürlich ist der Drache-Typ bewundernswert. Er hat unter seinen Mitmenschen viele Fans, denen es nichts ausmacht, daß er ihnen geistig turmhoch überlegen ist. Und die Fans werden es bestätigen: Dieser Mensch aus dem fünften chinesischen Tierzeichen gehört nicht in ein Großraumbüro oder ans Fließband, sondern möglichst bald in den Chefsessel!

Glücklich in freien Berufen

Und wenn auch ein ganzer Jahrgang nicht schafft, was Fans sich wünschen, so sieht man viele Drachen in den Parlamenten in vorderster Reihe. Sie wollen stets mitbestimmen, als Hinterbänkler würden sie versauern.

Diese witzigen und geistvollen Geschöpfe sind künstlerisch begabt, aber ebenso in der Welt der Geschäftsleute zu finden. Glücklich werden sie am ehesten in freien Berufen, zumal sie am liebsten für sich allein schaffen. Das trifft auch auf die Frauen aus dem Drache-Zeichen zu, die, wie man so sagt, ihren „Mann" stehen. Viele dieser Drache-Frauen dringen in höchste Gesellschaftskreise vor und sind oft in gehobenen beruflichen Positionen zu finden oder als Inhaberin einer eigenen Firma.

Mit eisernem Willen schafft sich der Drache-Mensch sein Reich, in dem er allein regieren kann. Leider ist er nicht unbedingt der Typ, der sein sauer verdientes Geld dann auch zusammenhält. Als Kaufmann läßt er es arbeiten, steckt es möglicherweise in wenig überschaubare Geschäfte, die am Ende nicht halten, was sie versprachen. Oder er kauft teure Geschenke für seine Lieben, aber ebenso für Leute, die ihm aus eigennützigen Gründen huldigen.

Doch trotz seiner Arbeitswut wird dieser Mensch kaum alles schaffen können, was er sich in seinen kühnen Träumen vorgenommen hat. Er braucht Mitarbeiter und Berater, die ihm helfen und seinen Tatendrang in die richtigen Kanäle lenken. Diese Berater sollte er sich allerdings ganz genau ansehen. Schließlich gibt es viele unter ihnen, die aus Unwissenheit oder Unkenntnis heraus falsche Ratschläge geben, die ins Negative verkehren können, was so positiv begann.

Die Leiden eines Ungestümen

Enttäuschungen schlagen dem an sich mit einer guten Gesundheit ausgestatteten Drachen auf den Magen, auch sein ungestümes Wesen kann ihm so manche Krankheit oder Verletzung einbringen. Zwar kämpft er tapfer gegen jedes Leiden an, ob er damit Erfolg hat, mag jedoch sein Hausarzt entscheiden.

Seine ungestüme Art hat auch noch anderes zur Folge: Er eckt manchmal mit Äußerungen an, die gar nicht so ernst gemeint waren. Das heißt, nur zu oft will man ihn falsch verstehen. Dabei möchte er ja stets nur das Beste. Wenn er sieht, wie seine Mitmenschen darauf reagieren, schüttelt er den Kopf ob soviel Unverstand und versteht die Welt nicht mehr. Man ersieht daraus, daß es Drachen manchmal recht schwer haben, ihre ehrliche Meinung jedem verständlich zu machen.

Mit seinem Drachentemperament stolpert er in so manches Fettnäpfchen

Drache-Menschen haben im allgemeinen beste charakterliche Eigenschaften. Sie funken jedoch auf einer Wellenlänge, die nicht von jedermann empfangen werden kann. Und das ist das Dilemma, in dem der so rational denkende Drache steckt.

Der Drache-Mann

Im Land der Liebe tummelt sich mancher Drache als Siegertyp auf der Jagd nach dem großen Glück. Partnerinnen fliegen ihm zu, weil er das gewisse Etwas besitzt, das ihn als Partner begehrenswert macht. Dabei sind die Drachen durchaus keine Sexprotze.

Neugierig und sprunghaft wie er ist, geht der Drache-Mann so mancher Frau wieder durch

Vor allem die Männer aus dem Drache-Zeichen sind keine Kostverächter, was das andere Geschlecht betrifft, doch allzu schnell ist ihr Appetit gestillt, und die Frau wird für ihn uninteressant. Und wieder ist es nichts geworden mit der großen Liebe. Enttäuscht sind darum die Drache-Typen noch lange nicht. Ihr Verstand sagt ihnen, was sie falsch gemacht haben könnten und was sie beim nächsten Mal anders tun müßten, um endlich die richtige Frau und mit ihr die große, alles vergessende Liebe kennenzulernen, vorausgesetzt, sie wollen es auch. Denn im Grund sind Drache-Männer die geborenen Junggesellen, die sich aber gern jemand Liebes suchen, um nicht ganz allein zu sein. Aber ohne Anspruch oder Garantie auf Treue. Daß bei seinen Vorstellungen das Glück auch im Wechsel liegt, ist für ihn durchaus verständlich. Da ist er Egoist und wird es bleiben.

Kluge Frauen schenken ihm nicht gleich am ersten Tag, nach dem der Drache verlangt. Sie flirten mit ihm, das macht ihm Spaß. Sie reden nicht von Liebe und schon gar nicht vom Zusammenziehen. Besser machen sie sich rar.

Der neugierige Drache, der alles rational und wissenschaftlich ergründen will, grübelt darüber nach, wie man solch widerspenstige Frau für sich gewinnen könnte. Und schon sitzt er trotz aller Klugheit in der Falle und schwört womöglich sogar seinen Junggesellenallüren ab.

Die Drache-Frau

Die Frauen aus dem Drache-Zeichen reagieren in den intimen Dingen des Lebens ähnlich wie ihre männlichen Sternenbrüder. Sie sind bei den Männern sehr begehrt und flirten für ihr Leben gern. Eifersüchteleien kennen diese Frauen nicht. Und wenn es doch einmal Ärger gibt, steht der nächste Verehrer schon vor der Tür.

Schillernd und begehrt: Die Drache-Frau steht ihrem Sternenbruder in nichts nach

Wenn die Drache-Frau ihr Liebesopfer erjagt hat, wird sie es zunächst vor der Umwelt verstecken wollen. Sie hat gern ein süßes Geheimnis, heimliche Liebe, von der niemand etwas weiß. Wenn das Verhältnis schließlich entdeckt wird, hat sie vielleicht schon ein anderes. Drache-Frauen sind nicht unbedingt treu.

Wer sie enttäuscht, mag von dannen ziehen. Es bleibt eine kaum Enttäuschte zurück. Liebeskummer kennt die Drache-Frau kaum. Für sie sind Affären mit Männern nicht zuletzt Lehrstücke, aus denen man Schlüsse ziehen kann für weitere Liebesabenteuer.

Mancher mag diese Charaktereinstellung oberflächlich nennen. Am Ende wird die Drache-Frau doch glücklich mit einem Mann, der das Unergründliche in ihrer Seele erforscht und darin erkennt, auf was es dieser Frau ankommt: Ein Mann, der ihr gewachsen ist.

Geistesblitze, auf die der Donner folgt

Die Chinesen haben recht: Drachen sind keine furchterregenden Wesen, sondern liebenswerte Geschöpfe mit einigen Makken, die man übersehen mag. Sie wollen nach einem reichen Arbeitstag eigentlich nur ein bißchen glücklich sein. Sie verstehen eine Partnerschaft als Kampfgemeinschaft, in der man hier und da mal streiten muß, um sich in Liebe wiederzufinden. Das reinigt die Atmosphäre.

In einer Drache-beziehung gehört Streit dazu: Er reinigt die Atmosphäre

Wenn der Lebensgefährte eines Drache-Menschen dessen Geistesblitzen auch mal ein Donnerwetter entgegensetzt und ihm den eigenen Standpunkt klarmacht, ist die Frau oder der Mann aus dem Drache-Zeichen überzeugt, die richtige Wahl getroffen zu haben.

Das Horoskop
für die Drachen

Aus dem bisher Gesagten mag man erkennen, daß der Drache ein glücklicher Typ ist. Nur fällt ihm das Glück nicht einfach in den Schoß. Oft muß er es sich hart erkämpfen. Wenn er keine zu hohen Ansprüche an das Leben stellt, wird er um so mehr überrascht sein, wenn alles zu seinen Gunsten verläuft.

Vor allem nach dem vierzigsten Lebensjahr können Drachen das verfestigen und genießen, was sie in den Jahren zuvor mit Erfolg erarbeiteten. Sie sollten rechtzeitig vorsorgen, um im Alter nicht mit leeren Händen dazustehen. Das ist kein Problem; schließlich haben Sie ja genug Grips, um das Leben erfolgreich zu meistern.

Lesen Sie aber jetzt, was das chinesische Horoskop den Drache-Frauen und Drache-Männern in den nächsten Jahren zugedacht hat.

Im Jahr der Ratte (1996, 2008)

sind die Drachen in der glücklichen Lage, ihre Finanzen aufzufrischen und nebenbei einiges Geld sicher anzulegen. Im Beruf sind sie erfolgreich, wenn sie nicht allzu egoistisch handeln, sondern auch anderen Vorteile zugestehen. Die zwischenmenschlichen Beziehungen werden hier und da von Wirbelstürmen heimgesucht, die sich aber schnell legen und dann lacht das Liebesglück wieder. Also kein so ganz schlechtes Jahr.

Im Jahr des Büffels (1997, 2009)

Das Büffeljahr droht mit Kampf und Unruhe

werden die Drache-Menschen um ihren weiteren Wohlstand kämpfen müssen. Nichts geht mehr, wenn sie sich hängen lassen. Im familiären Bereich kommt Unruhe auf. Noch nicht gebundene Drachen sollten sich endlich entscheiden oder klar sagen, was sie eigentlich wollen. Miesmacher wollen schaden, werden jedoch das Nachsehen haben, wenn der Drache den Verstand einsetzt.

Im Jahr des Tigers (1998, 2010)

kann den Drachen beinahe alles gelingen. Freilich müssen sie hart arbeiten, um den Rahm von der Erfolgssuppe abschöpfen zu können. Von allein fällt ihnen nichts in den Schoß. Das gilt auch für den Liebessektor, wo sich jetzt mancher Widerstand ankündigt, der aber erfolgreich niedergekämpft werden kann.

Im Jahr des Hasen (1999, 2011)

ist risikoreiches Taktieren nicht der Weisheit letzter Schluß. Zum Glück gibt es immer wieder Leute, die sich restlos einsetzen, um den Drache-Menschen das Leben zu erleichtern. Das trifft im Beruf wie im Liebesleben zu. Es gibt in diesem Jahr viele glückliche Stunden, in denen die Drachen das Leben genießen können.

Im Jahr des Drachen (2000, 2012)

preschen die Drachen auf allen Ebenen vor. Das Glück umschmeichelt sie. Der Erfolg ist ihnen sicher. Diese Sternentypen können viele Erfolge feiern. Das verführt sie leider an manchen Tagen zu leichtsinnigem Handeln. Hier sollte der Verstand des Drachen einsetzen und rechtzeitig gegensteuern, dann wird sein Jahr von allen anderen Jahren das wahrhaft glücklichste.

In seinem eigenen Jahr ist der Drache wirklich nicht zu halten: Es gelingt ihm alles

Im Jahr der Schlange (2001, 2013)

neigt der Drache wohl dazu, seine Mitmenschen ein bißchen zu unterschätzen. Das läßt ihn arrogant erscheinen, obwohl dieser Wesenszug gar nicht zu ihm paßt. Trotzdem hat das Jahr viele gute Seiten. Die Drachen haben erneut das Glück auf ihrer Seite und werden daraus auch manchen Nutzen ziehen können. Nur Mut!

Im Jahr des Pferdes (2002, 2014)

galoppiert der Drache allen voran. Freilich sind einige Hindernisse in den Weg gestellt, die übersprungen werden müssen. Die klugen Drachen werden sie einfach umgehen, wenn sie

sich zu hoch türmen. Denn Umwege sollte man im Jahr des Pferdes immer mal wieder machen, um heil über die Runden zu kommen.

Im Jahr der Ziege (2003, 2015)

Das Jahr der Ziege bringt Ernüchterung. Im Sturm ist da nichts einzunehmen

merken die Drache-Menschen, daß das Alte, Bewährte ihnen mehr nutzt als das Neue, das letzte Sicherheit nicht garantiert. Sie kommen im allgemeinen nicht gut voran, bleiben an vielen Hindernissen hängen, die ihnen Neider in den Weg legen. Da ist es das Beste, ein wenig zurückzustecken und auf ein neues Jahr zu hoffen, das weniger ermüdet als dieses nicht sehr gute.

Im Jahr des Affen (2004, 2016)

sollten die Drachen humorvoll auf manches reagieren, was witzig gemeint, aber übel getan wird. Mit anderen Worten: Man spielt ihnen manchen Streich, will sich sogar lustig über sie machen. Wenn der Drache Spaß versteht, nimmt er allem die Spitze. Ansonsten verläuft das Jahr mit wenigen Abstrichen ganz gut.

Im Jahr des Hahns (2005, 2017)

haben die Drachen wieder bessere Karten. Auf vielen Gebieten steht ihnen erneut das Glück zur Seite, das sie aber nicht überstrapazieren sollten, weil immer noch einige Widrigkeiten ihren Weg kreuzen könnten. Wenn sie das rechte Maß in allen Dingen finden, kann selbst der heftigste Widersacher ihnen keinen Schaden zufügen.

Im Jahr des Hundes (2006, 2018)

lacht für die Drachen die Sonne. Sie können jetzt in allen Lebensbereichen einiges riskieren, aufs Ganze gehen und ihr sprichwörtliches Glück versuchen. Im Beruf sind sie erfolgreich, in der Liebe nicht minder. Und sie können sogar ein Spiel wagen, das sie bei maßvollem Einsatz gewinnen werden.

Im Jahr des Schweins (2007, 2019)

wird sich jeder mutige Einsatz lohnen. Drachen haben buchstäblich „Schwein". Wieder ist das Glück auf ihrer Seite. Jetzt sollten sie das bisher Erreichte ausbauen. Wer in fröhlicher Partnerschaft zusammenlebt und mutig ist, hört in diesem guten Jahr vielleicht die Hochzeitsglocken läuten.

Die Drachen vom Widder bis zu den Fischen

Wie in den vorhergegangenen Kapiteln nehmen wir zu dem chinesischen Zeichen Drache nun wieder die abendländischen Tierkreiszeichen vom Widder bis zu den Fischen und vermischen sie. Und das ergibt folgende Charakterbilder:

Widder-Drachen (21. März bis 20. April)

„Auf in den Kampf!" Das ist die Parole der feurigen Widder-Drachen, die jeden feindlichen Torero auf die Hörner nehmen, wenn er nicht gleich schon vor ihrem blitzenden Blick zurückschreckt und seinen Degen im Futteral läßt. Dieses stets schnurstracks aufs Ziel Drauflosstürmen macht die Widder-Drachen blind vor den drohenden Gefahren, vor den Lanzen der Picadores, die von links und rechts oder gar von hinten Wunden schlagen können.

Widder-Einfluß nimmt auch noch die letzten Hemmungen: Vorsicht vor allzu großer Tollkühnheit

Gerade im Berufsleben machen es sich die begabten Widder-Drachen oft unnötig schwer. Zu selbstbewußt steuern sie die nächsthöhere Position an, die sie für sich angemessen halten. Und dann werden sie von mickrigen Konkurrenten überflügelt, die sie in ihrem steten Vorwärtsdrang gar nicht bemerkt haben.

Wie gut, daß ein echter Widder-Drache nie im Leben aufgibt, daß er immer neu nach vorn stürmt und nach einigen Blessuren schließlich doch das erreicht, was er will.

Das Beste an der Frau aus diesem Zeichen: Sie schenkt sich dem, den sie liebt, und verspeist ihn nachher mit Haut und Haaren. Männer von Widder-Drache-Frauen sind von ihrem Temperament verzaubert, von ihren Liebeskünsten hingerissen. Diese liebenswerten Frauen ordnen sich sogar scheinbar unter und tun in Wirklichkeit doch nur, was ihnen gefällt.

Männliche Widder-Drachen lassen sich gern verwöhnen, werden aber durch ein Übermaß an Liebe eher abgeschreckt. Sie wollen ehrliche Verhältnisse mit beiderseitigem Mitspracherecht. Ihr Feuer verpufft sehr schnell; kluge Frauen entfachen es immer und immer wieder und haben dann einen potenten Gefährten, der treu zu ihnen steht.

Stier-Drachen (21. April bis 20. Mai)

Stier-Drachen sind am ehesten zu zähmen, was nicht heißen soll, daß sie auch kuschen würden.

Stier-Drachen sind die geborenen Handwerker: Man muß sie tüfteln lassen

Sie haben viel handwerkliches Geschick, basteln gern und wären die geborenen Erfinder, wenn man ihnen mehr Zeit und Geld für ihre aufwendigen Hobbys ließe. Leider wählen sie oft den falschen Beruf, in dem ihre Künste nutzlos sind. Daß sie sich dann doch durchsetzen, kommt von ihrem sagenhaften Verhältnis zu allen finanziellen Dingen.

Komischerweise setzt ihr Verstand in den zwischenmenschlichen Beziehungen vielfach aus. Hier spricht das Herz, das sich geschickt der Kontrollfunktion des Gehirns entzieht. Stier-Drachen sind feurige Liebhaber, die nur zu leicht das Opfer der ersten Liebe werden, die sich in einigen Fällen aber als Seifenblase erweist. Doch Stier-Drachen lassen nicht locker.

Vor allem die Männer aus diesem Mischzeichen gehen ungestüm auf das Ziel ihrer Zuneigung zu. Sie schmeicheln und streicheln oder versuchen es mit zarter Gewalt. Da sie das Fach Liebe ebenfalls erfolgreich als Hobby betreiben, kommen sie gut bei der Frau ihres Herzens an. So heiraten sie oft früh und werden Väter, die ihre Kinder abgöttisch lieben. Das Wort Scheidung kennen die Stier-Drachen nicht.

Die weiblichen Stier-Drachen tun geheimnisvoller als ihre Sternenbrüder. Sie schweben meist in einsamer Höhe über dem Geschehen. Liebhaber müssen zu ihnen aufblicken. Stier-

Drache-Frauen steigen nie hinab, sie ziehen zu sich empor. Solches Gebaren mag mancher zunächst als Arroganz auslegen, es ist aber nur Vorsicht, auch ganz gewiß den Richtigen zu erwischen, den sie mit niemandem teilen möchten.

Zwillinge-Drachen (21. Mai bis 21. Juni)

Zwillinge-Drachen lachen gern über sich und andere. Der Schalk sitzt ihnen im Nacken. Sie sind tolerant, aber nicht sehr zuverlässig. Zu wichtigen Verabredungen können sie lächelnd zu spät kommen. Termine sind für sie keine Dinge, an die man sich unbedingt halten muß.

Schon früh suchen sie eigene Wege. Sie wenden sich nach rechts und wenden sich nach links. Irgendwo finden sie immer ein Unterkommen. Viele Zwillinge-Drachen erlernen mit den Jahren mehrere Berufe. In jedem leisten sie etwas, dank der ihnen eigenen Intelligenz. Da sie das ewig Neue reizt, springen sie plötzlich ab, lernen um und halten die nun erwählte Beschäftigung für den Traumjob, bis auch hier wieder das Interesse abflaut. In späteren Jahren bewundert man die Vielseitigkeit dieser Sternenmischlinge, die aus den Wander- und Lehrjahren stammt.

Meinungen wechseln sie wie das Hemd, Freundschaften von Zeit zu Zeit. Trotzdem bleiben sie glücklich, weil sie die seltene Gabe haben, sich schnell und gründlich umzustellen.

Frauen aus diesem Mischtyp binden sich leicht an den Mann, der zu jedem Scherz aufgelegt ist. Wenn sie merken, daß das Leben mit ihm auch ernste Seiten hat, sind sie enttäuscht. War's eine Ehe auf Probe, zieht die Zwillinge-Drache-Dame aus und überläßt ihm den Hausstand. Gab's auf dem Standesamt Brief und Siegel, gönnt sie dem Scheidungsanwalt ein fürstliches Honorar.

Männliche Zwillinge-Drachen haben es leichter. Sie spielen den Playboy, der mal hier und mal da das Spielchen mit einer Schönen wagt. Sie vergeben sich nichts, bleiben stets Herren der Situation und büxen einfach aus, wenn es zu brenzlig wird. Man trauert dem Zwillinge-Drachen lange nach, vielleicht wäre er ja doch der ideale Ehemann geworden.

Die schalkhaften Zwillinge-Drachen wollen auch in der Liebe nicht alles so ernst nehmen

Krebs-Drachen (22. Juni bis 22. Juli)

Bis Krebs-Drachen endlich ein Ziel erreichen, haben sie vorher lange abgewägt und darüber nachgedacht, Pläne geschmiedet und mit Bedacht und Vernunft gehandelt. Ihre ureigenste Traumwelt jedoch bleibt anderen verschlossen. Ihr widmen sie sich in den wenigen Stunden, die sie am Tag für sich allein beanspruchen.

Der zögernde Krebs besänftigt den wilden Drachen und läßt ihn manchmal sogar zu einem Träumer werden

Dabei hat alles, was sie anfangen, Hand und Fuß, weil das Ungestüme des Drachen durch den zögernden Krebs ausgeglichen wird. Um ihren Berufsweg braucht sich niemand ernstlich Sorgen zu machen. Krebs-Drachen durchschauen schnell ungünstige Angebote und verwerfen sie im Nu. Sie suchen die Sicherheit und sind bereit, hart dafür zu arbeiten.

In der Liebe schaffen sich männliche Krebs-Drachen erst im Geiste das Traumbild einer Frau, und dann beginnen sie zu suchen. Die erste hatte die schönen, gütigen Augen, die zweite die ideale Figur, die dritte war sexy. Um wirklich das Ideal zu finden, müßte sich der Krebs-Drache einen Harem zulegen. Da das in unseren Breiten nicht geht, sucht er vor der Ehe ausgiebig nach der richtigen, um sich am Ende eine zu nehmen, die ihm vor allem vernünftige Ansichten über getrennte Schlafzimmer und genügend Eigenleben in holder Zweisamkeit mitzubringen scheint. Sie bekommt dafür einen Mann, der in der Familie aufgeht und großzügig für sie sorgt.

Liebeskummer ist auch weiblichen Krebs-Drachen unbekannt. Die Krebs-Drache-Frau bringt den Haushalt auf Vordermann, arbeitet nebenbei noch gelegentlich mit und hält das gemeinsame Konto auf stattlicher Höhe. Sie ist nicht knauserig, dreht aber jeden Pfennig zehnmal um. Sie bleibt selbst für den langjährigen Ehemann eine rätselhafte Frau voller Hingabe, aber auch voller Launen.

Löwe-Drachen (23. Juli bis 23. August)

Schon der Löwe ist unter einem Feuerzeichen geboren, nun kommt der feurige Drache hinzu. Das ergibt, man ahnt es, einen tätigen Vulkan. Löwe-Drachen wollen unabhängig sein. Sie suchen den Beruf, der sie freimacht von lästiger Zeiteinteilung. Sie wollen anordnen können, wo das nicht geht, wenigstens ein Mitspracherecht haben.

Im Pläneschmieden sind sie Meister, jedoch setzen sie Geplantes auch in die Tat um. Manches geschieht nach dem Dampfwalzensystem: Alles, was sich entgegenstellt, wird niedergewalzt! Oft geschieht's durch die Hintertür. Solch königlicher Drache duldet keinen Widerspruch, doch gibt er die Ideen anderer auch schon mal als eigene aus, wenn sie wirklich gut sind.

Dem Löwe-Drache-Mann ist niemand gewachsen. Die Schönen des Landes scharwenzeln um ihn herum und huldigen ihm. Er verschenkt seine Gunst an diesen und jenen weiblichen Fan. Wen er heiratet, den zieht er zu sich empor. Löwe-Drachen sind die aufmerksamsten Ehemänner, die niemals die Blumen zum Hochzeitstag vergessen. Und nebenbei beweisen sie ihren Liebsten täglich, wie dankbar sie dem Schicksal doch sein müßten, solch einen Gemahl bekommen zu haben.

Weibliche Löwe-Drachen sind echte Herrscherinnen vom Scheitel bis zur Sohle. Leichtsinnige Liebesabenteuer sind ihnen verhaßt. Sie flirten gern auf höherer geistiger Ebene; bloßes Süßholzraspeln ist unter ihrer Würde. Sex ist für sie eine der selbstverständlichsten Sachen der Welt. Ein langes Vorspiel kann ihnen ein kurzes Lusterlebnis durchaus ersetzen. In der Ehe sind solche Löwe-Drache-Damen ihrem Gatten hoheitsvoll zugetan. Es soll sogar vorgekommen sein, daß sie vor lauter Liebe ihm gegenüber ihren Stolz vergessen.

Löwe-Drachen sind die reinsten Vulkane: Bei einem Ausbruch kann man nur in Deckung gehen

Jungfrau-Drachen (24. August bis 23. September)

Jungfrau-Drachen speien nur heiße Luft, zum Feuer langt's bei ihnen nie ganz. Sie sind die Drachen mit kühlem Kopf. Dennoch halten sie sich nie lange bei der Theorie auf; ihr Metier ist die praktische Durchführung ihrer exakten durchdachten Pläne.

Der Erfolg kann bei soviel Willenskraft kaum ausbleiben. Sachlichkeit ist bei den Jungfrau-Drachen oberstes Gebot. Sie mögen nicht die verspielten Menschen, die Unbequemes gern auf morgen verschieben. Widersacher nehmen sie kampfbereit an, zur Not werden diese aus dem Weg geräumt. In der Wahl ihrer Mittel sind Jungfrau-Drachen, wenn sie in die Enge getrieben wurden, nicht gerade zimperlich.

Diese Sternenmischlinge haben den siebten Sinn für Geldanlagen und Finanzierungsgeschäfte. Geiz kennen sie nicht, nur Sparsamkeit, die den eigenen Wohlstand vermehren soll.

Bei soviel Geschäftssinn kommt manchmal die Liebe zu kurz. Die Zeit fehlt für zarte Techtelmechtel, zumindest bei den männlichen Jungfrau-Drachen. Und deshalb gehen sie eines Tages kurzentschlossen aufs Ganze, sprechen die Erstbeste an, die ihnen gefällt, und lassen von nun an nicht mehr locker. Meist haben diese männlichen Sternenmischlinge Erfolg. Und Glück dazu! Selten treffen Jungfrau-Drache-Männer die falsche Wahl.

Die Frauen aus diesem Mischzeichen sind ähnlich veranlagt. Sie vergessen in der Liebe nicht den geschäftlichen Teil und wünschen sich gewisse Sicherheiten fürs gemeinsame Leben. Was der Herzensmann dafür bekommt, ist eine treue, verantwortungsvolle Partnerin, die ihm das Leben erleichtert, wo immer es geht.

Waage-Drachen (24. September bis 23. Oktober)

Man umwirbt die Waage-Drachen sehr. Viele ihrer Fans wissen nicht, daß sich hinter ihrer Intelligenz eine gehörige Portion Unsicherheit verbirgt. Waage-Drachen sind stets in der Angst befangen, daß man sie nicht ernst nehmen könnte, daß ihre Reden als billiges Wortgeklingel empfunden würden.

Minderwertig-keitsgefühle machen dem sensiblen Waage-Drachen zu schaffen

Sie wollen glänzen, sich hervortun um jeden Preis, aber ihr ungerechtfertigtes Minderwertigkeitsgefühl kann sie mitten im schönsten Satz unterbrechen und den Faden verlieren lassen. Es sind oft sensible Künstlernaturen, die uns als Waage-Drachen entgegentreten, die immer alles sehr gut machen möchten und dann doch leicht versagen, weil das Ziel zu hoch gesteckt ist.

Waage-Drache-Männer sind keine Frauenhelden. Sie haben jedoch die natürliche Begabung, anziehend auf das weibliche Geschlecht zu wirken. Gerade deswegen werden sie oft verführt. Wenn Ehemänner aus diesem Mischzeichen Seitensprünge begehen, hört ihre Ehefrau oft diese Ausrede: Nicht er war daran schuld, sondern die Frau, die ihn, den höflichen Gentleman, vom rechten Weg fortlockte.

Weibliche Waage-Drachen schmücken sich gern. Ständig umweht sie der Hauch ihres Lieblingsparfüms. Ihre Ausstrahlung betört. Wenn ihr ein Mann gefällt, fackelt die Waage-Drache-Frau nicht lange. Und nur zu gern ist man bereit, ihren Lockungen zu erliegen. Nach der Sturm- und Drang-Zeit findet sie schließlich den Mann fürs Leben. Er wird sie verwöhnen und noch mehr von ihr verwöhnt werden.

Skorpion-Drachen (24. Oktober bis 22. November)

Vorsicht! Treten sie nie einem Skorpion-Drachen zu nahe. Sie könnten sich verbrennen. Er speit Feuer und geht jeden an, der sich ihm entgegenstellt. Im Beruf sind diese Skorpion-Drachen schnell als Dauerrenner und Dauerbrenner verschrien. Wenn sie sich einmal in etwas verbissen haben, kommen sie selten davon los. Für die Firma tun sie einiges: Sie erkämpfen zum Beispiel günstige Konditionen, aber fürs Frisieren der Steuererklärung sind sie kaum geeignet. Dagegen spricht ihre unbedingte Ehrlichkeit. Oft ist ihr Blick getrübt, wenn sie sich zu sehr in einer bestimmten Sache engagieren und darüber manches andere Wichtige vergessen.

Bei diesem Sternenmischling paart sich unbedingte Ehrlichkeit mit cholerischem Temperament. Besser, man hat mit ihm nur im Guten zu tun

In der Liebe sind Skorpion-Drachen keine Kostverächter. Sie können sich nur schwer entscheiden. Mancher, der sie schon erobert zu haben glaubte, wurde mit einem handfesten Krach vergrault. Nur, weil der Skorpion-Drache sich vor der Entscheidung fürchtete.

Mit der Zeit kommen die Männer aus dem Mischzeichen zu ihren einschlägigen Erfahrungen in der Liebe. Als Ehemänner sind sie treu. Sie setzen sich für die Familie ein, sind ihre Beschützer. Allerdings brauchen ihre Ehefrauen gute Nerven und einiges Geschick, um mit ihnen auszukommen. Wenn ein Skorpion-Drache anfängt zu toben, weil er sich selbst nicht mehr leiden kann, ist er auf die mütterliche sanfte Tour wieder zu beruhigen. Das mag er.

Feuriges Temperament kann man den Skorpion-Drache-Frauen bescheinigen. Wenn sie einmal den Mann fürs Leben gefunden haben, wollen sie ihn ganz für sich allein besitzen. Verständlich, wenn der eine oder andere nichts von Liebesghettos hält und frühzeitig entflieht.

Schütze-Drachen (23. November bis 21. Dezember)

Schütze-Drachen erstreben des Lebens Schokoladenseite, auf die sie auch meist gelangen. Ihr Schliff und ihr gesellschaftlich sicheres Auftreten verschaffen ihnen im Beruf Bewunderung. Man gönnt ihnen den Aufstieg, selbst wenn sie kräftig nachgeholfen und mit Brachialgewalt Nebenbuhler aus dem Weg geräumt haben.

Schütze-Drachen sind nicht leicht einzufangen. Sie wollen selbst die Jäger sein

Im Zusammenleben sind Schütze-Drachen erträglich und umgänglich. Von festen Bindungen halten sie freilich nicht viel. Männer aus diesem Mischzeichen probieren diese Lebensanschauung der freien Liebe bis zum Exzeß oder bis zum ersten Kind, das dann einen Vater haben muß. Ein bißchen vom Junggesellendasein bleibt an diesem Schütze-Drachen immer hängen. Seinen Verein gibt er nicht auf und seine Stammtischabende erst recht nicht. Hier und da gibt er sogar seine Freundinnen nicht auf, wenn er glaubt, eigentlich die Falsche geheiratet zu haben.

Weibliche Schütze-Drachen lieben die Freiheit genauso sehr wie ihre Sternenbrüder. Für Abenteuer sind sie immer bereit. Wenn sie den Richtigen finden, sind sie ehrgeizig genug, ihm eine Partnerin zu werden, um die ihn jeder beneidet. Da sie gern über alles mögliche plaudern, sollte er jedoch gut zuhören können.

Schütze-Drachen beiderlei Geschlechts meistern ihr Leben mit jenem Enthusiasmus und Optimismus, der andere ansteckt. Es sind Menschen, denen man kaum böse sein kann, sonnige Typen, die jedermanns Hochachtung verdienen.

Steinbock-Drachen (22. Dezember bis 20. Januar)

Niemand braucht mehr Liebe als die Steinbock-Drachen. Es ist jedoch möglich, daß sie diese nicht danken, weil sie auf dem Weg zum Glück vergeßlich werden. Sie sind bei ihrer Arbeit in ihrem Element. Keine Überstunde ist ihnen zuviel, wenn sie gut bezahlt wird und ein bißchen Anerkennung einbringt. Chefs mögen diese fleißigen Arbeiter, die Kollegen achten sie wegen ihrer Hilfsbereitschaft, die von den Steinbock-Drachen auf Gegenseitigkeit verstanden wird.

Sie sind sehr modebewußt, verstecken sich aber gern hinter dezenten Farben. Nach außen hin wirken sie eher bescheiden.

Steinbock-Drachen zögern leider, wenn sie handeln müßten. Ihnen ist der berühmte Spatz lieber als die Taube auf dem Dach. Was mancher bei ihnen für Betriebstreue hält, ist in Wirklichkeit nichts anderes als ein ausgeprägtes Sicherheitsbedürfnis. Auf die gute Meinung ihrer Mitmenschen legen sie großen Wert. Dem Klatsch sind sie nicht abgeneigt, doch hören sie lieber zu, als selber etwas dazu beizutragen.

Die Steinbock-Drache-Frauen haben es manchmal schwer in der Liebe. Grund dafür ist ihr Sicherheitsdenken. Sie bleiben auch als Ehefrau berufstätig. Zärtlichkeiten, die sie verschenken, scheinen oft nicht von Herzen zu kommen. Bei diesen Damen wissen Männer manchmal nicht, woran sie sind. Und gerade das macht die weiblichen Steinbock-Drachen für viele so anziehend.

Männer aus diesem Mischzeichen können nicht unbedingt Kritik vertragen. Sie lieben die gepflegte Häuslichkeit. Ihre Liebe geht durch den Magen, eheliche Pflichtübungen gehen kaum über das übliche Maß hinaus. Nur ab und zu einmal bricht das Feuer des Drachen durch.

Was Steinbock-Drachen beiderlei Geschlechts vor allem brauchen, ist Vertrauen und sehr viel Verständnis für ihre aufgewühlte Seele, in der so manches kocht und brodelt.

Wassermann-Drachen (21. Januar bis 19. Februar)

Wassermann-Drachen denken messerscharf. Ihr Verstand ist mit Vernunft gepaart. Sie haken dort ein, wo es sich für sie lohnt. Gern stellen sie sich schützend vor die Kleinen und legen sich mit den Großen an. Ihr Rat ist gesucht. Und mit der Zeit merken auch jene, denen die Wassermann-Drachen ein Dorn im Auge sind, daß man soviel Wissen nicht brach liegen lassen darf. So arrangiert man sich, und der Wassermann-Drache fällt die Treppe hinauf. Nicht, daß er nun seinen bisherigen Schützlingen die Freundschaft aufkündigt. Die Distanz wird nur erweitert, weil er es zu etwas gebracht hat.

Wassermann-Drachen lieben das Abenteuer. Sie reisen gern und viel, um ihren Horizont zu erweitern. Schon mancher

Klug, mutig und abenteuerlustig – auf den Wassermann-Drachen warten große Aufgaben

aus diesem Mischzeichen blieb in fernen Ländern hängen, weil er über die Liebe zu Land und Leuten dort seine Bestimmung und vielleicht auch etwas fürs Herz gefunden hat.

In der Ehe sind Wassermann-Drache-Männer nicht unbedingt die besten. Ihr Sinn steht nach Gesellschaften, nach abendlichem Plausch in rosa Salons mit schummerigem Licht. Die Frau mag derweil die Kinder hüten.

Weibliche Wassermann-Drachen sind hilfsbereit und von Natur aus fröhlich. An ihrer Seite läßt es sich leben. Mickrige Männlein werden von ihnen zu wahren Helden umfunktioniert oder als ungeeignet entlassen.

Fische-Drachen (20. Februar bis 20. März)

Die unbestrittenen Glückspilze unter den Drachen: Die Kombination mit dem Fische-Sternzeichen verleiht großes Talent in der Liebe

Das verstandesmäßig Erarbeitete setzen Fische-Drachen in die Tat um. Sie haben einen Hang zu künstlerisch-handwerklichen Berufen, in denen sie auch schnell Mäzene finden, die sie fördern. Denn Fische-Drachen haben oft „sagenhaftes" Glück.

Wenn's mal nicht so recht weiterzugehen droht, dauert es nicht lange, und sie haben die Situation – dank ihres Glücks – gemeistert. Die Fische-Drachen sind auch intelligent genug, die Stellung zu festigen, die ihnen Fortuna beschert.

Den Sonnyboys unter den Fische-Drachen gelingt in der Liebe nahezu alles. Ihr feuriger Blick allein fängt schon die Mädchen ein, die sich beizeiten um solchen Liebhaber bewerben. Ein Fische-Drache-Mann könnte an jedem Finger zehn haben, wenn ihm das nicht zu anstrengend wäre. So nimmt er sich im allgemeinen die Lustigste von allen und lebt mit ihr hernach wie im Märchen. Welche Frau wollte einen solchen Ehemann betrügen? Er hat beinahe alles, was sie sich wünschen kann: ein großes Herz, ein reizendes Wesen, gute Manieren und Gönner, die jederzeit für ihn einstehen. Er nimmt seine Partnerin überall mit hin, und selbst an seinem Männerstammtisch darf sie dabeisein, wenn sie will.

Fische-Drache-Frauen scheinen den Sex erfunden zu haben. Feurige Liebesbereitschaft ist bei ihnen gepaart mit romantischen Gefühlen. Die Sache hat nur einen einzigen Haken: Fische-Drache-Frauen sind sehr wählerisch. Sie verschenken ihre Gunst nur an denjenigen, der das, was sie zu bieten haben, auch zu schätzen weiß – in jeder Hinsicht.

Die hartnäckige, kluge Schlange

Das sechste Tierzeichen in der chinesischen Astrologie wird Schlange genannt. Die Schlange spielt in der Religionsgeschichte vieler Völker eine Rolle. Und im alten Reich der Mitte wurde sie bereits vor Jahrtausenden göttlich verehrt. Als der Buddhismus hier seinen Anfang nahm, konnten sich die Weisen und Astrologen auf die Legende berufen, in der von Buddha berichtet wird, daß er einer treuen Schlange alle zwölf Jahre ein ganzes Jahr geschenkt haben soll.

Die Schlange spielt in der Religionsgeschichte vieler Völker eine große Rolle

Seitdem sind die Eigenschaften der Menschen, die in einem Jahr der Schlange geboren werden, klar umrissen. Sicher sind sie oft listig wie das sich schlängelnde Tier, hartnäckig und klug. Und das sind die Jahre, in denen Schlange-Eigenschaften zum Tragen kommen:

> *23. 1. 1917 – 10. 2. 1918*
> *9. 2. 1929 – 28. 1. 1930*
> *27. 1. 1941 – 14. 2. 1942*
> *14. 2. 1953 – 2. 2. 1954*
> *3. 2. 1965 – 20. 1. 1966*
> *18. 2. 1977 – 6. 2. 1978*
> *6. 2. 1989 – 25. 1. 1990*
> *25. 1. 2001 – 12. 2. 2002*

Schlange-Menschen sind die nettesten, freundlichsten Menschen, wenn man ihnen mit gleicher Freundlichkeit entgegenkommt. Werden sie jedoch angegriffen, schlagen sie zurück – nicht heute, nicht morgen, sondern irgendwann einmal.

Diese Menschen sind schlau auf den eigenen Vorteil bedacht. Daß man ihnen vorwirft, sie arbeiteten dabei mit üblen Tricks, ist nur mangelndes Verständnis derer, die selbst nicht so vorgehen können wie die Schlange-Typen.

Kein sechster Sinn

Schlange-Geborene haben oft einen besseren „Durchblick" als andere

Manchen Leuten, die unter dem Schlange-Zeichen geboren wurden, sagt man den sechsten Sinn für zukunftsträchtige Dinge nach. Mit untrüglicher Sicherheit könnten sie das, was in nächster Zeit passieren würde, erahnen. Das brachte diesen „Zukunftssehern" bei ihren Gegnern einen schlechten Ruf ein.

Es steht unumstößlich fest, daß solche Vermutungen total fehl am Platze sind. Kein Mensch, auch keiner, der im sechsten chinesischen Tierzeichen geboren wurde, kann die Zukunft vorhersagen. Und diese Leute haben auch nicht den „bösen Blick"; sie schauen nur in vielen Dingen besser durch als ihre Mitmenschen.

Schon als Kinder waren sie manchem anderen Kind voraus. Sie strengten sich an, wenn es auf etwas ankam. Das brachte diese Schlange-Kinder bei Lehrern in den Ruf, sie seien rechte Saisonarbeiter, obwohl solche Einschätzung völlig absurd ist. Man kann es nämlich auch ganz anders sehen: Diese im allgemeinen doch einigermaßen begabten Kinder schaffen lediglich Gutes, wenn sie ein Ziel vor Augen haben.

So ist das auch später, wenn die Jugendlichen zum Erwachsenen herangewachsen sind. Dann sind diese nicht immer die fleißigsten Arbeiter, aber die hartnäckigsten, wenn sie eine Zielvorstellung haben, was für sie am nützlichsten sein könnte. Und nur auf diesem Wege machen schlaue Schlangen Karriere und überflügeln jene, die allein durch Fleiß vorwärtskommen wollen.

Für handwerkliche Berufe, bei denen man sich die Finger schmutzig machen könnte, eignen sich die Schlange-Geborenen nicht. Und deshalb sind sie eher dort vertreten, wo ihr Rat gefragt ist, etwa als Pädagoge und Hochschullehrer, als Psychologe, Psychiater oder als Beamter mit Publikumsverkehr.

Sie kämpfen als Anwalt vor Gericht mit Leidenschaft für ihre Mandanten und pauken vielleicht auch mal jenen heraus, der das nach Lage der Dinge nicht unbedingt verdient hätte. Das Glück steht ihnen nun mal zur Seite.

Es sei nicht verschwiegen, daß einige aus dem Schlangezeichen rechte Glücksritter sind und als Kartenschläger, Hellseher oder ebenso mal als Astrologen das Schicksal zu ergründen versuchen. Ihre schauspielerische Begabung könnte auf der Bühne zu Beifallsstürmen hinreißen.

Die Schlange-Frau

Im zwischenmenschlichen Bereich kann man eine typische Schlangeneigenschaft entdecken: ihre großartige Verführungskunst. Vor allem die Frauen aus diesem Tierzeichen gehen in den zwischenmenschlichen Beziehungen äußerst geschickt zu Werke. Für manche von ihnen ist die Liebe ein Spiel, bei dem sie sich viel Zeit nehmen, um endlich zu gewinnen.

Sie kennen sich aus mit den Tricks, mit denen sich schöne Frauen reiche Männer angeln, wobei sie ganz genau wissen, daß man schon gut aussehen muß, um beim Angeln erfolgreich zu sein. Sie kleiden sich möglichst nach der neuesten Mode und das vorteilhafteste Make up. So bringen die Listenreichen sich an den Mann ihrer Träume.

Schlange-Frauen wissen, wie man sich einen reichen Mann angelt

Nicht jede Schlange-Frau findet jedoch ihren Traummann. Sie nimmt schließlich auch mit einem nicht so betuchten Menschen vorlieb, der ihr Freiräume läßt und großzügig ist.

Ist der Mann ihres Herzens eifersüchtig, wird sie mit Unverstand reagieren. Wehe aber, er gäbe ihr Grund zur Eifersucht! Diese leicht herrische Frau vereinnahmt den Herrn, den sie einmal heiratet, als ihr unveräußerliches Eigentum. Seitensprünge sind ihm nicht erlaubt, über solche seiner Frau sollte er hinwegsehen. Verschweigen wir es nicht, daß die meisten Schlange-Frauen gerne Hausfrauen und liebevolle Mütter werden, die treu zu ihrer Familie halten.

Der Schlange-Mann

Die Männer aus dem Schlange-Zeichen gehören zu jenen Typen, die nach Möglichkeit, kaum flügge geworden, gleich ihre Traumfrau finden wollen. Sie gehören zu den verliebten Leuten, die sich stets auf einen einzigen Menschen konzentrieren, mit dem sie Tisch und Bett teilen werden bis an ihr seliges Ende. Nur enttäuschte Männer aus diesem Zeichen sieht man hier und da mal als Playboy enden.

Die meisten Schlange-Männer werden die besten Kameraden ihrer Frauen, die verständlichsten Väter für ihre Kinder. Aber welcher Mann ist ohne Fehl und Tadel? Nun, dieser Schlange-Typ gesteht sogar seine Fehler gern ein. Man möge ihm verzeihen! Nur wenn es darauf ankommt, anderer Fehler zu vergeben, ist er nicht ganz so großzügig.

Geld macht sie glücklich

Lockere Sprüche mögen die Schlangen nicht. Trotzdem haben sie viel Humor, wenn er nicht unbedingt auf ihre Kosten geht. Sie lieben auch Geld und können gar nicht genug davon bekommen. Leichtsinnige Typen unter ihnen beginnen zu spielen. Dabei ist ihr Einsatz zunächst gering. Das Glück steht ihnen zur Seite. Wenn es jedoch überstrapaziert wird, geht ihnen eine Menge verloren.

Da die Schlange-Geborenen aber im allgemeinen recht vernünftige Leute sind, versuchen die meisten von ihnen, die Finanzen auf andere Art und Weise in Ordnung zu bringen. Und es gelingt ihnen. Wer da glaubt, Schlangen würden leben wie Gott in Frankreich, der kennt sie nicht. Wenn sie viel haben, beginnen sie zu sparen und sammeln mehr und mehr Kapital an. Geizig sind sie nicht; denn sie würden den letzten Pfennig ausgeben, um anderen helfen zu können. Das sind die zwei Seiten in ihrem schillernden Charakter.

Das Glück steht den Schlange-Geborenen immer im rechten Moment zur Seite

Das Glück steht den Schlange-Menschen immer wieder im rechten Augenblick zur Seite. Wenn die Not am größten ist, erben sie möglicherweise von der ledig gebliebenen Großtante. Oder sie spekulieren an der Börse und haben den todsicheren Tip, wie man das Angelegte sicher vermehren kann.

Das Heim der Schlangen

Unter den Brücken von Paris könnte keine Schlange glücklich werden. Sie braucht ein eigenes Heim, ein Nest für die ganze Familie. Es wird, so die Geldmittel vorhanden sind, luxuriös ausgestattet werden, sind die Mittel knapper, begnügt man sich auch mit weniger.

Schlange-Menschen, die ein Leben lang arm bleiben, sollte es eigentlich nicht geben. Kommt das doch einmal vor, nimmt das die Schlange nicht krumm und tröstet sich mit ihren Luftschlössern, die sie in ihren Träumen baut. Und das ist der beste Charakterzug dieser Schlangen: Sie sind zufrieden mit dem, was sie haben. Wie es das Schicksal jedoch will, werden eines Tages ihre Träume wahr. Es wird zwar kein Schloß sein, ein kleines Haus im Grünen mit genügend Platz für die Familie langt ja schon. Es ist die Hoffnung aufs große Glück, die diese Schlangen glücklich macht.

Schlangen beiderlei Geschlechts sind gut zu haben. Sie sind ruhig und selbstbewußt. Leider aber ebenso temperamentvoll in Dingen, die ihnen übel aufstoßen. Sie können von einer Stunde auf die andere hochgehen, alles mißverstehen und hartnäckig beim Thema bleiben, wenn es von anderen längst als nicht ganz richtig abgehakt wurde.

Guter Zug solcher Schlangen: Sie werden schnell vergessen, wenn die Leute, die sie mit überzogener Strenge malträtierten, ebenso vergessen können, wie sich der Schlange-Mensch mal daneben benahm. Schließlich möchte er immer gut Freund mit aller Welt sein ...

Das Horoskop für die Schlangen

Bis zum vierzigsten Lebensjahr reichen die Lehr- und Wanderjahre der im Tierzeichen Schlange Geborenen. Wenn sie sich bis dahin ein eigenes Reich geschaffen haben, können sie zufrieden sein. Leider aber kommt erst in der zweiten Lebenshälfte für viele eine kritische Lebensphase, in der sie unter Umständen noch einmal mit schwierigen Zeiten rechnen müssen. Glück ist nun mal ein trügerischer Gast.

In der zweiten Lebenshälfte kann eine kritische Phase eintreten

In Zeiten wirtschaftlichen Umschwungs fällt es manchen dieser doch so klugen Leute schwer, ihr trickreiches Spiel um günstige Gelegenheiten erfolgreich zu spielen. Diese etwas traurig stimmenden Zeitläufe müssen überstanden werden. Denn eins ist sicher: den meisten wird es gelingen, die Krisen zu überwinden und wieder in alter Frische weiterzumachen.

Das werden wir möglicherweise aus den nächsten Zeilen erfahren, die das chinesische Horoskop der Schlangen für die nächsten Jahre schildern.

*Mit einer gehö-
rigen Portion
Selbstbewußt-
sein geht's voran*

Im Jahr der Ratte (1996, 2008)

werden Störungen ausgeschaltet. Trotz widriger Umstände geht es aufwärts. Freilich gehört eine ganze Portion Selbstbewußtsein dazu, das Leben in die richtige Bahn zu lenken. Im Beruf gibt es zwar manche Irritationen, aber im Endeffekt springt doch allerhand dabei heraus. In den zwischenmenschlichen Beziehungen werden wohl die Weichen zum großen Glück gestellt werden.

Im Jahr des Büffels (1997, 2009)

können die Finanzen überstrapaziert werden. Bei manchen Schlangen ist bedingungslose Sparsamkeit angesagt. Am liebsten wollte mancher unter ihnen vor der Unruhe, die allüberall in diesem Jahr zu herrschen scheint, in die Fremde fliehen, statt geduldig auf bessere Zeiten zu warten. Leider ist Geduld nicht unbedingt die Stärke der Schlangen. Mit Hartnäckigkeit geht's.

Im Jahr des Tigers (1998, 2010)

werden viele Schlangen vergessen müssen, was sie im Vorjahr verstimmt hat. Sie können manche Vorteile für sich verbuchen, sollten jedoch nicht unbedingt dabei anecken, weil sie sich sonst im übertragenen Sinn blutige Nasen holen könnten. Im allgemeinen wird es ein einigermaßen gutes Jahr mit wenigen Höhepunkten.

Im Jahr des Hasen (1999, 2011)

kann auf fast allen Lebensgebieten gefeiert werden. Im Beruf werden Schlangen bei kaum allzu großem Einsatz eine Menge erreichen. Und in der Liebe lernen sie gar manches kennen, was ihnen zuvor nicht geboten wurde. Kleinere Rückschläge sind zu verkraften, fallen jedoch nicht allzusehr ins Gewicht.

Im Jahr des Drachen (2000, 2012)

haben die Schlangen gut lachen. Die sich schon im Jahr zuvor ankündigende Erfolgswelle kann jetzt ausgebaut werden. Die Finanzen lassen sich festigen. Im Beruf steht für viele ein Aufstieg bevor, zumindestens jedoch ein neuer, besserer Arbeitsplatz. Auch in den zwischenmenschlichen Beziehungen wendet sich das meiste zum besten. Die Liebe lacht.

Im Jahr der Schlange (2001, 2013)

geht es weiter aufwärts. Viele aus dem Schlange-Zeichen werden den Gipfel des Erfolgs ersteigen und mit Zufriedenheit auf das Erreichte zurückblicken können. Was sie auch beginnen, es wird gelingen, wenn sie sich ein bißchen vor Neidern in Acht nehmen. Ganz privat lacht das Glück der Liebe.

Im Jahr der Schlange erreichen die Schlangen den Gipfel des Erfolgs

Im Jahr des Pferdes (2002, 2014)

setzt es einige Nackenschläge, die aber mit der Schlange eigenem Geschick verhindert werden können. Wer jetzt zuviel will, könnte leicht das Nachsehen haben. Im privaten Bereich können Affären einigen Tumult verursachen. Vorsicht vor falschen Freunden.

Im Jahr der Ziege (2003, 2015)

sollten sich allzu freizügige Schlangen auf den Beruf konzentrieren, weil dort böswillige Konkurrenten etwas bewirken wollen, was Schaden anrichten könnte. Guter Rat in allen Lebenslagen: Mit Ruhe kommt die Schlange sehr viel weiter als mit nervöser Anspannung. Das gilt auch für die Liebe.

Im Jahr des Affen (2004, 2016)

krempeln viele Schlangen ihr Leben total um, weil sie einen neuen, gangbaren Weg gefunden zu haben glauben, der ihnen Sicherheit in allen Lebenslagen garantieren soll. Die hohe Anstrengung könnte aber die Schlangen im ganz privaten Bereich launisch reagieren lassen. Dabei könnte es doch so lustig werden.

Im Jahr des Hahns (2005, 2017)

ist übergroßer Fleiß angesagt, um den Lebensstandard zu halten. Mit sehr viel mehr Hartnäckigkeit als in den Jahren zuvor sollten sich die Schlangen an die Arbeit machen und sich nicht auf die faule Haut legen. Träumereien vom großen Glück gehen in diesem etwas turbulenten Jahr kaum in Erfüllung, und auch im Privatleben sollte man keine üble Laune zeigen.

Im Jahr des Hundes (2006, 2018)

Weltverbesserungspläne führen nicht weit

machen kleinere Streitigkeiten möglicherweise das Leben schwer. Kluge Schlangen geben ihre Weltverbesserungspläne lieber gleich auf und sorgen besser für eine gute Atmosphäre im eigenen Heim. Hier könnte in diesem Jahr einiges in Unordnung geraten, wenn man nicht aufpaßt.

Im Jahr des Schweins (2007, 2019)

ballt sich noch einiger Ärger mehr zusammen. Aber die Schlangen sind jetzt Kummer gewöhnt und wissen, wie sie sich ihrer Umwelt gegenüber präsentieren müssen, um gut über die Runden zu kommen. Sie sind bekanntlich klug genug, Fehler auch bei sich selbst zu suchen und auszumerzen.

Die Schlangen vom Widder bis zu den Fischen

Es ist ein interessantes Spiel, die chinesischen Tierzeichen mit den abendländischen Tierkreiszeichen zu vermischen. Heraus kommen Charakterbilder, die in zwölf verschiedenen Variationen gezeichnet werden und Merkmale aus dem östlichen wie dem westlichen Tierkreis enthalten.

Widder-Schlangen (21. März bis 20. April)

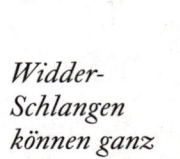

Wenn sich der Widder Angriffslust mit dem eher bedächtigen Einfühlungsvermögen der Schlangen paart, kommt ein Sternenmischling heraus, der mal hüh und mal hott sagt. Die meisten Widder-Schlangen stürzen sich mit Elan ins volle Menschenleben, weil Angriff die beste Verteidigung sein soll. Leider müssen sie dann oft erkennen, daß Bedächtigkeit und kluges Taktieren nützlicher gewesen wären.

Ein Glück, daß der mit der Zeit nachzulassen drohende Eifer des Widders durch der Schlange Durchhaltekraft aufrechterhalten wird, sonst käme man kaum je zu höheren Positionen. Manchen Streich spielt diesen Mischlingen ihr heftiges Temperament. Zu leicht sehen sie rot und rennen blind drauflos.

Die männlichen Widder-Schlangen sind Charmeure mit dem Herz auf dem rechten Fleck. Und deshalb fallen so viele auf sie herein. In der Ehe entpuppen sie sich manchmal anders. Dort ist ihr Charme wie ein zerstäubendes Parfüm – er verfliegt sehr schnell. Bei diesen Mischtypen wird man's merken, wenn sie knurrend und murrend frühmorgens aufstehen, die Zeitung vor sich am Kaffeetisch aufbauen und dem Eheweib erst wieder zu Gesicht kommen, wenn sie sich an der Tür mit flüchtigem Kuß verabschieden. Nur die besonders gut Verheirateten unter ihnen machen diesen Zauber nicht mit, sind freundlich, obwohl sie in der Nacht vielleicht nicht allzu gut geschlafen haben, und heitern ihrerseits die schlechtgelaunte Ehefrau auf.

Widder-Schlangen können ganz schön launisch sein

Auch Widder-Schlange-Frauen haben ihre Launen. Wer sie jedoch zart behandelt, lernt sie von ihrer Zuckerseite kennen, als Geschöpf mit Hingabe und viel Sex. Auch sie haben das Herz auf dem rechten Fleck, und manchmal sogar auf der Zunge.

Stier-Schlangen (21. April bis 20. Mai)

Das Temperament der Stier-Schlangen schlägt Purzelbäume. Wo andere geduldig warten, stoßen sie mit Vehemenz zu. Im Beruf haben sie große Chancen, zumal zur Leistung eine Menge Glück kommt, auf das sie sich freilich nicht allein verlassen sollten. Ihr Schwung reißt andere mit, womit sie ihre Führernatur exzellent beweisen. Geldverdienen gehört zu ihren Hobbys.

Die Liebe ist für Stier-Schlangen immer besitzergreifend. Mit der Zeit weicht sie kameradschaftlichem Zusammenleben, wobei die Schwächen des Partners verständnisvoll übersehen werden, solange er treu bleibt.

Die Männer aus diesem Mischzeichen spielen vor der Ehe gern den Playboy, der sie aber nie und nimmer sind. Bei der ersten oder zweiten Freundin wird aus dem Spiel meist gleich Ernst: Es wird geheiratet!

Die weiblichen Schlangen im Stier-Zeichen zieren sich lang. Sie wollen sich nichts vergeben. Schließlich verführen sie irgendeinen, der ihnen gefällt. Möglicherweise verkuppeln sie ihn kurz darauf an die beste Freundin, weil er nur der Zweitbeste war. Den Besten haben sie dabei schon im Auge.

In der Ehe werden Stier-Schlangen immer glücklich. Männer und Frauen aus diesem Zeichen wollen es gar nicht anders. Man lebt mit ihnen gut zusammen und setzt mit der Zeit vielleicht Speck an. Stier-Schlangen neigen im Alter sehr oft zur Fülle.

Schlangen sind nicht falsch, nur ein bißchen unberechenbar

Kraftvoll, aber ehrlich, treten diese Sternenmischlinge ihren Mitmenschen gegenüber, womit sie einmal mehr beweisen, daß Schlangen nicht falsch, höchstens mal ein wenig unberechenbar sind.

Zwillinge-Schlangen (21. Mai bis 21. Juni)

Zwillinge-Schlangen denken messerscharf – an den eigenen Vorteil. Sie sind die egozentrischsten unter allen 144 in diesem Buch beschriebenen Mischtypen. Dabei schauen sie immer drein, als könnten sie kein Wässerchen trüben. Ihre zur Schau gestellte Sittsamkeit und Bescheidenheit schindet Eindruck.

Man kann es den Zwillinge-Schlangen kaum recht machen. Immer wollen sie mehr, als sie geboten bekommen. Erfolge nehmen sie als die größte Selbstverständlichkeit hin; es müssen sich neue, noch größere einstellen. Sie sind nie zufrieden. Tatsächlich sind diese Mischlinge nur darum so erfolgreich, weil der Zwillinge Wankelmut von der Schlange Hartnäckigkeit übertönt wird.

Alles, was Zwillinge-Schlangen unternehmen, wird mit überzeugendem Charme dargeboten. Sie sind die großen Verführer im Tierkreis. Die erste Frau ist für einen Mann aus die-

sem Mischzeichen höchstens ein Flirt, eine Liaison, die ihn in die Liebe einführt. Die zweite vertieft seine Erfahrung. Ab der dritten könnte er ernst machen. Bei jeder war er Hahn im Korb. Da solche Mischtypen von der Schlange viel Familienfreundlichkeit mitbringen, gepaart mit der Zwillinge Freiheitsdrang, geht's mit ihnen nach der Hochzeit ganz gut.

Das kann man ebenso den Frauen aus diesem Mischzeichen nachsagen. Sie sind nur noch anspruchsvoller als ihre Sternenbrüder und lieben es, verwöhnt zu werden.

Krebs-Schlangen (22. Juni bis 22. Juli)

Schutzpatron der Krebs-Schlangen ist der Mond. Er allein soll schuld sein an ihrem träumerischen Blick. Wenn man sie schlafen ließe bei vollem Gehalt und freier Logis, würden sie nicht nein sagen. Da solche Angebote selten sind, nehmen sie andere an, die ihnen viel Freizeit lassen.

Krebs-Schlangen sind tolerant, verträglich und in Maßen schlagfertig. Man muß sie mögen und fördert sie, damit sie es auch mal zu etwas bringen. Später wird man den Verdacht nicht los, daß sie es nur darauf anlegen, das Hascherl zu spielen, um ohne Mühe ein Treppchen höher zu steigen.

Mit dieser Masche haben die Krebs-Schlangen ebenso in den intimen Beziehungen Erfolg. Das Wort „Masche" könnte falsch verstanden werden; stellen wir also gleich richtig, daß es kaum jemand mit der Liebe ernster nimmt als die Krebs-Schlange. Sie ist hingebungsvoll wie sonst keiner.

Die Frauen aus diesem Mischzeichen heiraten früh. Sie verführen ihre Partner mit sanftem Augenaufschlag und schüchternem Gehabe. Da muß er ja weich werden! Viele Frauen aus diesem Zeichen geben den Beruf zugunsten der Tätigkeit als Hausfrau auf. Sie kochen perfekt und sind den Kindern eine verständnisvolle Mutter. Von Zeit zu Zeit fühlen sie sich von ihrem Ehemann unverstanden, und der Gatte muß bereuen, selbst wenn er sich unschuldig fühlt.

Krebs-Schlange-Männer haben ein ähnliches Verhältnis zu Familie und Ehe. Sie heiraten aus dem Wunsch heraus, nicht länger allein zu sein. Leider wird man aus diesen Männern nie so ganz schlau. Dieses Geheimnisvolle reizt manche ihrer Partnerinnen, es mit ihnen zu versuchen.

Krebs-Schlange-Frauen sind gerne Hausfrau und Mutter

Löwe-Schlangen (23. Juli bis 23. August)

Löwe-Schlangen setzen so ziemlich alles durch, was sie sich vorgenommen haben. Ihre unbändige Kraft treibt sie von einer Höchstleistung zur anderen. Nach einer kurzen Entspannungsphase gehen sie wieder mit Volldampf voran. Sie lieben das Tempo. Ihr scharfer Verstand bringt sie weiter als ihr handwerkliches Können; schlangenhaftes Glück hilft mit, ebenso der sprichwörtliche Löwenmut.

Die Löwen lieben das Tempo, und die Schlangen setzen es durch

Mit ihrer überlegten Handlungsweise schaffen Löwe-Schlangen es, in fast allen Lebenslagen das Richtige zu tun. Bewunderung nehmen sie mit gespielter Bescheidenheit entgegen. Sie wissen sehr wohl, welche Prachtstücke sie sind. Sie finden viele Freunde. Nur, wenn es ums Geld geht, zögern sie eine Weile. Das bewirkt der Schlangeneinfluß, der den oft zu großzügigen Löwen bremst.

Männer aus diesem Mischzeichen erobern auf rasante Art die Frauen. Sie liegen ihnen zu Füßen und sind zu vielem bereit, um einen dieser königlichen Glückspilze zu bekommen. In der Ehe entpuppt sich freilich mancher aus diesem Zeichen als rechter Familiendespot, der nur seine eigene Meinung gelten läßt. Daß sich Frauen die Diktatur dieser Sternenmischlinge nur zu gern gefallen lassen, mag die niedrige Prozentzahl in der Scheidungsstatistik beweisen.

Eine der herrlichsten Frauen unter dem Tierkreis ist die Löwe-Schlange-Frau. Sie hat den Esprit einer lebenslustigen Französin, gepaart mit dem Auftreten einer Grande dame aus erstem Hause.

Die Löwe-Schlange-Frau: eine Grande dame aus erstem Hause

Sie kann sich den Partner aus einer großen Zahl von Bewerbern aussuchen. Der Erwählte wird an ihrer Seite glücklich werden. Sie bietet ihm nicht nur erotische Vergnügungen, sondern ebenso große Gesellschaften, bei denen auch ein wenig von ihrem Glanz auf ihn abfällt. Wer solch eine Frau heiratet, ist ein gemachter Mann, auch wenn er keinen roten Heller besitzt. Die schlangenhafte Löwin wird ihn schon managen, bis er es zu was gebracht hat.

Jungfrau-Schlangen (24. August bis 23. September)

Jungfrau-Schlangen streben nach totaler Sicherheit. Sie wagen nicht allzu viel. Trotzdem sind sie nicht die schlechtesten Arbeiter; sie wollen den Kern erfassen, bevor sie den weiteren Kurs bestimmen. Ihr Zögern zahlt sich aus. Diese Mischtypen haben ihre Launen und sind nicht so leicht zufriedenzustellen. Das macht sie nicht unbedingt zu den besten Kollegen und schon gar nicht zu den beliebtesten Vorgesetzten.

Wählerisch sind Jungfrau-Schlangen auch im zwischenmenschlichen Bereich. Da wird geprüft und getestet, ob denn das „Objekt der Begierde" für die dauerhafte Bindung geschaffen ist. Verständlich, wenn das mancher Testperson zu pingelig erscheint und sie sich schnell anderweitig orientiert, wo nicht so viel nach Vorleben und familiären Verhältnissen gefragt wird.

Jungfrau-Schlangen sind in jeder Beziehung wählerisch

Vor allem Jungfrau-Schlange-Männer haben es schwer, in den Stand der Ehe zu treten. Zunächst haben sie ihren Beruf, der sie über Gebühr in Anspruch nimmt, dann aber auch ihre Zweifel, die selbst noch bei himmelhochjauchzender Liebe bohrend an ihnen nagen. Das mag sie bei mancher Schönen gefühlskalt erscheinen lassen. Daß sie es nicht sind, beweisen die vielen glücklichen Ehefrauen, denen Jungfrau-Schlange-Männer den Himmel auf Erden bereiten. Wenn sie sich nämlich einmal für die Ehe entschieden haben, werden aus den Sprunghaften die treusten Ehemänner.

Frauen aus diesem Mischzeichen sind ähnlich veranlagt wie ihre Sternenbrüder. Auch sie prüfen, bevor sie sich ewig binden. Da sie gut aussehen, haben sie stets genügend Heiratskandidaten zur Hand, selbst wenn sich die Jungfrau-Schlange-Frauen gern noch eine Weile zieren, so daß ihnen Prüderie nachgesagt wird. Wer eine von ihnen heiratet, weiß jedoch bald, wie schnell selbst Eisberge dahinschmelzen können.

Waage-Schlangen (24. September bis 23. Oktober)

Wer eine Waage-Schlange nicht mag, ist selbst daran schuld. Diese Schlangen im Waage-Zeichen schlagen alle in ihren Bann. Nur wird manch einer das Gefühl nicht los, sie meinten

es in ihrer Überschwenglichkeit nicht allzu ehrlich. Dabei sind sie doch so heitere Wesen, die fröhlich in den Tag hinein leben. Was sie mit Können nicht erreichen, das schaffen sie mit Charme. So ist ihrem beruflichen Fortkommen eigentlich keine Grenze gesetzt, zumal sie nicht nur beim Chef, sondern auch bei den Kollegen beliebt sind.

Waage-Schlange-Männer können sich vor Bewerberinnen um ihre Gunst oft nicht retten. Sie spielen lange mit der Liebe, es ist jedoch möglich, daß sie auf die erstbeste hereinfallen, weil sie ihnen schöne Augen macht. Diese Sternenmischlinge haben den Willen, gute Ehemänner zu sein. Leider reicht ihr Charme für viele. Und so werden sie vielleicht auf Abwege gelangen. Dann können sie nur hoffen, eine verständnisvolle Ehefrau zu haben.

Wer das Herz einer Waage-Schlange erobert hat, kann stolz sein

Die Frauen aus diesem Mischzeichen sind reizende Evas-Töchter, die die Kunst der Verführung perfekt beherrschen. Wer das Herz einer Waage-Schlange erobert hat, kann stolz sein, über einige Dutzend ihrer Anbeter triumphiert zu haben. In einer Ehe lernt er sie von jener Seite kennen, die sogar harte Burschen in den siebten Himmel versetzt.

Alle Waage-Schlangen, Frauen wie Männer, haben den Wunsch nach Harmonie. Krach können sie nicht ausstehen. Viele Künstler wurden unter diesem Zeichen geboren. Arbeit ist nicht gerade ihre Stärke. Sie bauen mehr auf das Glück, das ihnen immer wieder zufällt. Sie wagen oft ein Spiel, verlieren aber nicht gern. Beim Mogeln werden sie selten erwischt. Das kommt daher, daß sie zu geschickt für ihre Mitspieler sind.

Der Charakter der Waage-Schlangen schillert in vielen Farben. Wie gut, wenn ihre Partner Farbenfrohes lieben!

Skorpion-Schlangen (24. Oktober bis 22. November)

Selbstbewußtsein und Selbstbeherrschung sind bei den Skorpion-Schlangen gepaart mit viel Selbstkritik. Sie suchen nie bei anderen zuerst den Fehler, sondern forschen zuvor bei sich nach. Ihre absolute Wahrheitsliebe wird nur etwas abgeschwächt durch den Willen, sich bedingungslos im Leben durchzusetzen. Und das kann man eben manchmal nur durch kleine Notlügen. Da Skorpion-Schlangen mit einem wachen

Verstand ausgestattet sind, haben sie es im Beruf nicht allzu schwer. Man kommt ihnen nicht so leicht bei. Gezieltes Schaffen ist bei ihnen der halbe Erfolg.

In der Liebe können sie mit Ernst zur Sache kommen. Sie verführen über geistreiche Gespräche, die endlich in die Zielansprache münden. Da die meisten Partner ausgedehnte Vorspiele lieben, ist für Skorpion-Schlangen das Ziel stets in Reichweite.

Männer aus diesem Mischzeichen halten nicht viel von der Ehe. Wenn sie sich schließlich doch zum Gang aufs Standesamt aufraffen, fassen die meisten den heimlichen Entschluß, daß die Ehe kinderlos bleiben sollte. Kinderliebe Frauen machen ihnen einen Strich durch die Rechnung. So werden selbst Skorpion-Schlange-Männer Familienväter und beileibe nicht die schlechtesten.

Skorpion-Schlange-Männer sind Ehemuffel, doch lassen sie sich auch gerne umstimmen

Frauen aus diesen Mischzeichen lassen sich vor allem von solchen Männern einfangen, an deren Seite der Gesprächsstoff nie ausgeht. Sie wollen an allem Anteil haben, was den Mann bewegt, und gleichzeitig auch von sich selbst erzählen. Trister Ehealltag ist nichts für sie.

Schütze-Schlangen (23. November bis 21. Dezember)

Schütze-Schlangen sind sehr beliebt, was sie nicht hindert, Nebenbuhler mit nicht sehr feinen Mitteln aus dem Weg zu räumen. Sie setzen gern die Ellenbogen kräftig ein. Schließlich wollen sie schon in jungen Jahren zu den Bessergestellten zählen. Ihr Ehrgeiz schafft mit der Zeit alle Hürden und erreicht jedes Ziel.

Im Sport werden sie Meister, in der Industrie Manager und in der Politik vielleicht sogar Minister. Wenn sie einigermaßen Geld verdienen, geben sie sich auch mit weniger zufrieden. Zum Geld haben sie übrigens das beste Verhältnis: Bevor sie ihr eigenes ausgeben, lassen sie andere zahlen.

Ihr Ehrgeiz schafft mit der Zeit alles

Obwohl Schütze-Schlangen ein gepflegtes Zuhause schätzen, trifft man sie dort nicht oft an. Ihr unruhiges Blut treibt sie hinaus. Solche erfolgsverwöhnten Leute kommen auch in der Liebe auf ihre Kosten. Gar nicht so wenige unter ihnen machen eine reiche Heirat.

Der Schütze-Schlange-Mann liebt die Unabhängigkeit; die Ehe erscheint ihm als Zwangsjacke, die man nur überstreift, wenn es sich wirklich lohnt. Und dann muß er soviel Platz in diesem Kleidungsstück haben, daß er sich frei darin bewegen kann. Manche Ehefrauen schwören, er sei der beste Ehemann unter der Sonne. Nur der aus dem Zeichen Schütze-Schlange kann sagen, ob das wirklich stimmt.

Bei der Frau aus diesem Mischzeichen klimpert es immer – hier ein Goldreif, dort ein Paar Ohrringe und eine Kette. Sie tragen diese Wertanlagen stets bei sich.

Männer fallen gern auf solche Frauen herein. Sie brauchen sich auch nicht zu beklagen: Schütze-Schlange-Frauen sind ideale Partnerinnen, nur ab und zu verlangen sie nach einem neuen Liebesbeweis.

Steinbock-Schlangen (22. Dezember bis 20. Januar)

Von allen Schlangen sind die aus dem Steinbock die hartnäckigsten, wenn es gilt, ein Ziel zu erreichen. Sie sind mit nichts zufrieden. Lob ist für sie überflüssig, weil sie selbst wissen, was sie können. Tadel spornt ihren Ehrgeiz nur um so mehr an, um es denen zu zeigen, die schlecht von ihnen sprachen.

Wer sie engagiert, hat sich nicht vergriffen. Die Intelligenz der Steinbock-Schlangen treibt immer in die Richtung, die stimmt. Sie verfolgen diese mit sturer Beharrlichkeit. Niemand kann sie von einem einmal eingeschlagenen Weg ablenken. Steinbock-Schlangen verlieren erst dann die Nerven, wenn sie in eine Sackgasse geraten. Aber das ist selten. Ihre Vorausberechnungen stimmen im allgemeinen bis auf die letzte Stelle hinter dem Komma.

Selbst in der Liebe sind sie berechnend

Selbst in der Liebe sind Steinbock-Schlangen berechnend. Wen sie lieben, den wollen sie besitzen. Eifersucht ist ihre Schwäche. Der Mann aus diesem Mischzeichen kann der großzügigste Vater sein, der seine Kinder aufs Beste ausstaffiert, wobei freilich ein bißchen Eigenliebe mitspielt. Und seine Frau hat ebenfalls nicht zu klagen – außer, daß sie sich selbst harmlose Flirts nicht erlauben darf. Daß sich ihr Holder in dieser Hinsicht kaum Beschränkungen auferlegt, darf sie nicht stören.

Die Steinbock-Schlange-Frau kann ihre Liebe nicht so zeigen, wie es sich mancher in sie verliebte Mann wünschen möchte. Sie ist nicht scheu, nur ein wenig eckig. In einer Ehe gibt sie ihre Reserviertheit in gewissen Graden auf. Sie wird die Kameradin des Mannes, die beim Geldverdienen mithilft, wenn seine Einkünfte nicht ausreichen.

Wassermann-Schlangen (21. Januar bis 19. Februar)

Wassermann-Schlangen haben den sechsten Sinn. Sie können gezielt in die Zukunft schauen. Meistens sehen sie etwas schwärzer, als es in Wirklichkeit eintreffen wird. Ihre Warnungen sollte man trotzdem nicht in den Wind schlagen; es ist immer etwas Wahres dran. Im Beruf haben sie oft skurrile Einfälle, die sie von der übrigen Mannschaft absetzen. Die Ideen sprudeln nur so aus ihnen heraus.

Wassermann-Schlangen haben ausnahmsweise doch einen sechsten Sinn

In den zwischenmenschlichen Beziehungen erscheinen Wassermann-Schlangen zunächst etwas flatterhaft. Sie können sich nie entscheiden, aber überzeugend Süßholz raspeln und kurz darauf schon die Vergeßlichen spielen. Vor allem die Männer aus diesem Mischzeichen sind darin Klasse.

Diese Herren mit dem großen Herzen geraten oft an eine sich mädchenhaft weich gebärdende Frau. Gar nicht so wenige Schlange-Wassermänner spielen den Herrn im Haus und tun dann doch, was die Frau sich nachdrücklich wünscht.

Die Frauen aus diesem Zeichen haben viel Gefühl, aber ihre Annäherungen an das andere Geschlecht erfolgen nur sehr vorsichtig. Zu leicht, glauben sie, könne man sich etwas vergeben. Flirts sind sie nicht abgeneigt. Wenn es jedoch bei ihnen gefunkt hat, ist für sie Schluß mit allem, was vorher war. Eine Wassermann-Schlange-Frau liebt intensiver als ihr Sternenbruder.

Wassermann-Schlangen sind unberechenbar. Sie verwirren ihre Umwelt gern und schlagen dann Kapital daraus. Manches Rätsel, das sie aufgeben, bleibt ungelöst. Nur in einem kann man hundertprozentig auf sie zählen: Sie helfen selbstlos jedem, der ohne eigene Schuld in Not geraten ist.

Fische-Schlangen (20. Februar bis 20. März)

Es sind die verspieltesten Schlangen, die im Fische-Zeichen geboren wurden. Wenn sie den Beruf nach ihren Wünschen planen, erreichen sie viel. Leistungen anderer erkennen sie neidlos an, richten sich nach ihnen aus und überflügeln dann doch die Konkurrenten durch nimmer müden Einsatz.

Mit viel Gefühl sind sie in der Liebe bei der Sache. Sie erscheinen zunächst schüchtern und scheu, so als ob sie geangelt werden müßten. In Wirklichkeit wählen sie sorgsam aus und verstecken sich nur hinter der Schüchternheit.

Wenn man sie an der Ehre packt, bekommt man auch ihr Bestes

Fische-Schlange-Männer muß man stets an der Ehre packen, um das Beste aus ihnen herauszuholen. So ist das auch im zwischenmenschlichen Bereich. Man muß sie von Zeit zu Zeit allein lassen, damit sie ihren Akku aufladen können und das nächste Beisammensein um so schöner wird. In der Ehe stehen sie allemal ihren Mann, zumal wenn sie den Beruf ergreifen konnten, den sie sich wünschten. Ein Fische-Schlange-Mann hat Nerven, und geht etwas im Beruf verquer, läßt er es gern an denen aus, die ihn lieben.

Die Frauen aus diesem Mischzeichen haben ihre Launen. Sie sind die nettesten Geschöpfe, die man sich denken kann. Kriecht ihnen aber die berühmte Laus über die Leber, können sie von einem Augenblick auf den anderen garstig und bösartig werden. Ehemänner solch exzentrischer Frauen wären gut beraten, verständnisvoll über diesen Zug in der Fische-Schlange-Seele hinwegzusehen. Im Grund genommen haben sie eine der wunderbarsten Frauen aus dem Tierkreis geheiratet.

Das freiheitsliebende, ungestüme Pferd

Nach der Legende folgte das Pferd dem Ruf Buddhas und trabte als siebtes Tier bei dem Religionsstifter an, um von ihm als folgsames Lebewesen ein Jahr im chinesischen Kalender geschenkt zu bekommen. Seitdem forschen die Weisen und Astrologen im Reich der Mitte, welche Wesenszüge die Menschen haben, die in einem Jahr des Pferdes, also im siebten Tierzeichen des chinesischen Mondjahres, geboren wurden.

Sie stellten fest, daß diese Menschen freiheitsliebende, aber auch sehr ungestüme Typen sind. Ihre Geburtstage liegen in folgenden chinesischen Mondjahren:

11. 2. 1918 – 30. 1. 1919
29. 1. 1930 – 16. 2. 1931
15. 2. 1942 – 3. 2. 1943
3. 2. 1954 – 23. 1. 1955
21. 1. 1966 – 8. 2. 1967
7. 2. 1978 – 27. 1. 1979
26. 1. 1990 – 13. 2. 1991
13. 2. 2002 – 2. 2. 2003

Kinder, die in einem Jahr des Pferdes geboren werden, sind schon als Babys temperamentvoll und voller Ungeduld. Wenn ihnen irgend etwas nicht paßt, können sie dem Kindermädchen die Milchflasche aus der Hand schlagen. Passiert ihnen das später einmal, werden sie das Scherbengericht, das man daraus macht, nicht verstehen und auf das Sprichwort verweisen, daß Scherben Glück bringen.

Natürlich liegen sie mit solchem Argument ein bißchen falsch, denn „Glück und Glas, wie leicht bricht das" heißt es in einem anderen Sprichwort. Und auch später werden die Pferd-Geborenen nicht immer die besseren Argumente haben.

Schon die „kleinen" Pferde sind temperamentvoll und ungeduldig

Pferd-Kinder mucken gegen alles auf, was sie nach ihrer Meinung in ihrer Bewegungsfreiheit einengen könnte. Und dann sind sie in der Lage, nicht nur Vater und Mutter Widerworte, sondern selbst dem strengsten Lehrer eine patzige Antwort zu geben. Klug ist so etwas sicher nicht immer, aber es beweist, daß solch Pferd-Kind sich vor niemandem fürchtet.

Angst haben die Menschen aus diesem Tierzeichen auch als Erwachsene nicht. Sie werden im Gegenteil im Galopp jede Hürde nehmen wollen, die ihnen in den Weg gestellt wird. Daß man sich bei soviel Ungestüm leicht auch einmal Vergaloppieren kann, spornt sie nur an, ein andermal mit noch mehr Konzentration ins Rennen zu gehen.

Ungeduld ist ihre Schwäche

Pferd-Geborene sind freundlich und humorvoll, sie sind jedermann zugetan, der ohne Falsch auf sie zukommt. Mitmenschen, die hintenherum Böses über sie oder andere sagen, mögen sie nicht. Pferd-Typen sind offen und ehrlich, es kann jedoch geschehen, daß während einer hitzigen Diskussion der „Gaul" mit ihnen durchgeht und sie den Wahrheitsbezug ihrer Worte verlieren. Man sollte ihnen solchen Wesenszug nicht zu sehr ankreiden. In ihrer Ungeduld, zu allem und jedem etwas beizutragen, schießen sie manchmal über das Ziel hinaus.

Pferd-Menschen sind im allgemeinen sehr redegewandt. Sie sitzen im Parlament kaum auf den Hinterbänken. Und als Straßenverkäufer schaffen sie es, billige Ware mit schmückenden Worten zu Überpreisen an die Leute zu bringen.

Pferd-Geborene wollen sich um jeden Preis bemerkbar machen, manchmal allzu laut

Bei manchen Leuten aus dem siebten Zeichen der chinesischen Astrologie kommt die Beredtsamkeit in überlauter Phonstärke daher. Man sollte das diesen Typen nicht verübeln. Schließlich wollen sie sich um jeden Preis bemerkbar machen, um zu zeigen, daß sie durchaus mitsprechen können. Dieser Zug in des Pferdes Charakter kommt bei den meisten Angehörigen dieses Zeichens allerdings kaum zum Tragen.

Wenn es nach Buddhas Pferd gegangen wäre, hätte es sich sicher als erstes gemeldet, wenn nicht einige andere Tiere schneller gewesen wären. Vielleicht kommt daher der Charakterzug einiger Pferd-Geborenen, sich – wenn's geht – überall vorzudrängen, um das Beste für sich herauszuholen.

In ihrem Drang nach absoluter Freiheit unterläuft diesen Menschen mancher Fehler, der sie in den Augen nicht ganz wohlmeinender Mitmenschen zu Egoisten macht, zumal sie dabei auch recht strebsam ihren eigenen Vorteil suchen.

Kann man da verstehen, wenn die Angehörigen dieses Tierzeichens am liebsten nicht mit denen in einem Büro zusammensitzen oder an einer Werkbank stehen wollen, die sie kritisieren? Und vielleicht deshalb sind Pferde-Menschen gern im Beruf auf sich selbst gestellt – als freischaffender Künstler oder Journalist, als Arzt oder Entwicklungshelfer, als Wissenschaftler oder Raumfahrer, als Vorarbeiter oder Handwerksmeister, als Börsenfachmann oder als Politiker. Wobei wir erwähnen möchten, daß Pferd-Frauen in denselben Berufen zu finden sind wie ihre männlichen Sternenbrüder. Auch sie wollen unabhängig von jeglicher Bevormundung sein.

Sie finden sich überall zurecht

Das Selbstbewußtsein der Pferd-Typen ist kaum zu übertreffen. Sie wissen, was sie leisten können. Selbst nicht ganz so intelligente Leute aus diesem Zeichen fühlen sich daher manchen Mitmenschen überlegen. Aber diese Art ist unter den Pferden nicht allzu oft anzutreffen.

Nicht alle Pferd-Typen machen aus dem Geld etwas, das sie in hartem Arbeitseinsatz verdienen. Sie wissen zwar, wie nützlich Bankkonten sein können, nehmen sich jedoch die Freiheit, den Verdienst wieder eilig unter die Leute zu bringen. Sie verreisen gern und wollen Abenteuer in fremden Ländern erleben. Und das kostet manchmal mehr, als ihr Geldbeutel hergibt. So mancher aus diesem Zeichen muß schon mal einen Kredit aufnehmen, um sich seine Hobbys leisten zu können. Man sieht ihn dann auf Partys und solchen Gesellschaften glänzen, auf denen er sich in den Vordergrund drängen kann. Denn in den eigenen vier Wänden hält es die wenigsten Pferde. Sie wollen hinaus in die freie Wildbahn, wo sie sich mit Gleichgesinnten tummeln können.

Alle Pferd-Menschen achten auf ihr Aussehen. Die Männer kleiden sich oft nach der letzten Mode unter dem Motto: Schick geht die Welt zugrunde! Und die Frauen aus diesem Zeichen achten auf ihre Figur, um stets Haltung zu bewahren.

Pferd-Typen sind selbstbewußt und freiheitsliebend – sogar in Sachen Geld

Der Pferd-Mann

In den zwischenmenschlichen Beziehungen läuft bei den Pferden nicht immer alles so, wie sie es sich vielleicht wünschen. Lieben ist für sie eine Leidenschaft, die leider manchmal Leiden schafft. Sie verlieben sich schnell, doch ihre sprichwörtliche Ungeduld läßt sie ein um das andere Mal verzagen. Sie können mitten in der romantischsten Liebesszene in Taktlosigkeit verfallen und den oder die Partnerin dermaßen damit kränken, daß er oder sie zerknirscht von dannen zieht und nie wieder auftaucht.

Solches Verhalten müßten die Pferd-Geborenen eigentlich verstehen, zumal sie selbst leicht einschnappen, wenn andere ihnen eine Untugend vorwerfen. Sie foppen gern ihre Mitmenschen und machen über sie Späße, wenn sie aber selber Ziel solcher Späße sind, kann man sie als humorlose und mißgelaunte Typen kennenlernen.

Um einen Pferd-Mann einzufangen, bedarf es schon einiger Tricks. Eine kluge Frau kennt sich aus

Man hat es mit den Pferden nicht ganz leicht. Vor allem die Männer aus diesem Zeichen gehen forsch zu Werke, wenn sie eine Frau für sich eingenommen haben, die bereit ist, es mit ihnen zu wagen. Sie müßte mindestens Psychologie studiert haben, um alle Untiefen in des Pferdes Seele aufspüren und verstehen zu können.

Der Pferd-Mann will stets der dominierende Teil sein, wenn er ein Verhältnis beginnt. Er ist in jedem Fall zunächst leidenschaftlich verliebt in die Frau, die sich mit ihm einläßt. Sie wäre klug beraten, wenn sie mit gleicher Leidenschaft seine Liebe erwidern würde. Ihre Streichelkünste geben den Ausschlag, wie lange das Verhältnis anhält.

In der Ehe sind Pferd-Männer leicht zu behandeln, wenn man ihnen stets zu Willen ist und dann doch das tut, was man selber will. Jetzt wissen Sie, warum die meisten aus diesem Zeichen recht kluge Frauen haben.

Die Pferd-Frau

Pferd-Frauen wollen auch in einem festen Verhältnis noch freien Auslauf haben. Sie haben viel Feuer, das schnell entfacht wird, aber genauso schnell auch wieder verglüht. Am ehesten hält sie der Mann, der im Leben schon einige Erfahrung gesammelt und eine sichere Position erreicht hat.

Schon als junges Mädchen schwärmt manche Pferd-Geborene für reife Männer, von denen sie noch etwas lernen kann. Unerfahrene Jünglinge sind weniger gefragt. Mit denen kann sie scherzen und auch mal flirten. Von Liebe wird da kaum geredet.

Von Natur aus ist jede Pferd-Dame wählerisch. Und mit der Zeit versammelt sie eine ganze Schar von reifen Männern um sich, die sie irgendwann einmal für die einzig Richtigen hielt. Ab ihrem vierten Lebensjahrzehnt umgibt sie sich gern mit jüngeren Vertretern des männlichen Geschlechts.

Im allgemeinen jedoch brauchen Pferd-Frauen nie lange nach dem Mann suchen, den sie heiraten. Er muß ihre launischen Einfälle verstehen und sie gerade dann streicheln, wenn sie von üblen Launen befallen wird. Er sollte sie zum Lachen bringen, dann ist der Ehe Glück beschieden.

Ganz so schlimm sind die Pferd-Menschen ja nicht, wie es vielleicht hier erscheinen mag. Sie sind leidenschaftlich verliebt, wenn sie glauben, den richtigen Partner gefunden zu haben. Wenn er mit gleicher Leidenschaft antwortet, werden diese so ungestümen Leute aus dem Pferd-Zeichen schnell gezähmt. Wer sie nimmt, wie sie sind, mit dem werden sie ihr Leben lang glücklich sein.

Noch ein Wort über das Feuerpferd

Oftmals gehen Pferde in ihrer Argumentation über das erträgliche Maß hinaus. Meist tragen sie daran eigentlich keine Schuld. Zu leicht lassen sie sich herausfordern und dann schlagen sie aus. Man sollte also vorsichtig mit ihnen umgehen, um nicht getroffen zu werden.

Alle sechzig Jahre werden Feuerpferde geboren. Das war zuletzt im Jahr 1966 der Fall. Diese Superpferde sind forscher als alle anderen. Wer sich mit ihnen anlegt, wird meist das Nachsehen haben. Sie sind erfolgreicher als ihre Brüder und Schwestern, die in anderen Jahren des Pferdes geboren wurden. Leider tritt bei diesen so Erfolgreichen auch all das intensiver zutage, was hier als negative Seiten der Pferd-Menschen beschrieben wurde. Man mag sich trösten: Erst die Kinder, die 2026, im Jahr des Pferdes, geboren werden, sind wieder Feuerpferde.

Alle 60 Jahre werden Feuerpferde geboren. Sie sind noch forscher als alle anderen

Das Horoskop für die Pferde

Pferde-Menschen möchten eigentlich ihr Horoskop selbst bestimmen. Da das nicht geht, wollen sie möglichst ihr Leben so einrichten, daß sie allem Widrigen rechtzeitig trotzen können. Sie fühlen sich in einer großen Gruppe nicht unbedingt wohl, weshalb sie schon früh selbständig werden, um auf eigenen Beinen zu stehen und frei und unabhängig zu sein. In einem Beruf, in dem sie nur Anordnungen anderer folgen müssen, fühlen sie sich nicht wohl.

Sie fühlen sich am wohlsten in Berufen, in denen sie selbständig arbeiten können

Was den Menschen aus dem siebten chinesischen Tierzeichen in den nächsten Jahren astrologisch geschehen kann, beschreibt nachstehend das „ewige" chinesische Horoskop.

Im Jahr der Ratte (1996, 2008)

haben die Pferd-Menschen noch aus dem Vorjahr Vorteile im Berufsleben. Die günstigen Aspekte halten dort an, auch das Finanzielle ist ganz gut bestrahlt. Wer freilich zuviel wagt, kann manches, was ihm zufiel, wieder verspielen. Durch eigenen Unverstand kann sich in der Privatsphäre einiges zum Schlechten wenden. Wer rechtzeitig gegensteuert, erreicht jedoch sein Ziel.

Im Jahr des Büffels (1997, 2009)

gibt es noch manchen Ärger. Pferd-Menschen dürfen in ihrem Tatendrang nicht zu weit gehen. Gerade in den zwischenmenschlichen Beziehungen kann sich manches durch eigene Schuld eintrüben. Günstiger bestrahlt sind die Finanzen, wenn man sie sicher anlegt und nicht risikoreich spekuliert. Im Arbeitsbereich kommen die Pferde nur zu Erfolgen, wenn sie sich restlos einsetzen.

Im Jahr des Tigers (1998, 2010)

läuft in manchen Sektoren alles noch nicht so rund, wie man sich das erhofft. Wer sich verliebt, sollte sich zusammennehmen, damit nicht unerwartet Trennungen ins Haus stehen, die nur schwer zu verkraften wären. Auf jeden Fall ist im Jahr des Tigers Vorsicht geboten. Man kann nur hoffen, daß die nächsten Mondjahre Besseres bescheren.

Im Jahr des Hasen (1999, 2011)

strengen sich die Pferd-Menschen besonders an. Das kann in regelrechte Arbeitswut ausarten. Auch im Privaten stabilisiert sich die Lage. Man ist Hahn im Korb (oder Henne im Nest). Leider besteht bei manchen große Lust, ein Abenteuer zu wagen; das würde der Partnerschaft nicht guttun.

Im Jahr des Drachen (2000, 2012)

machen sich recht günstige Tendenzen bemerkbar. Pferd-Typen werden aufatmen und mit viel Liebe in den zwischenmenschlichen Beziehungen rechnen können. Neue Freundschaften sind begünstigt. Trotzdem sollte auch an den Beruf und ans Geldverdienen gedacht werden.

Im Jahr der Schlange (2001, 2013)

steht die Liebe für die Pferd-Geborenen besonders hoch im Kurs. Einige aus dem siebten Zeichen können sich auf eine engere Bindung an einen Menschen freuen, der schon immer Ziel ihrer Sehnsüchte war. Aber es heißt hier, achtgeben: Eifersucht ist mit im Spiel!

Im Jahr des Pferdes (2002, 2014)

werden manche Pferd-Typen verärgert sein. Ausgerechnet ihr eigenes Jahr beschert ihnen nicht nur Glück. Es liegt jedoch meist an ihnen selbst, wenn etwas schiefläuft. Oft ist man sich selbst nicht grün, macht Fehler und findet überall ein Haar in der Suppe. Mit etwas Geduld läßt sich mehr erreichen.

Ihr eigenes Jahr beschert den Pferden nicht das große Glück

Im Jahr der Ziege (2003, 2015)

kann manches, was im Vorjahr schief lief, geradegerückt werden. Pferde haben ein lohnendes Ziel vor Augen und können

es im Galopp nehmen. Auch in der Liebe klärt sich manches, was bisher im Argen lag. Wer sich gegen schlechte Tendenzen absichert, wird in den nächsten Jahren reiche Ernte halten.

Im Jahr des Affen (2004, 2016)

hält das Hoch an. Am liebsten möchten sich viele Pferd-Typen ins nächste Abenteuer stürzen und die weite Welt bereisen. Wenn das nicht geht, werden sie auch Freude am Leben daheim haben. Wo sie sich sehen lassen, sind sie willkommen. Es geht im Beruf aufwärts. Da kann man nur fröhliches Schaffen wünschen. Im Privatleben richtet sich so ziemlich alles fast von allein.

Im Jahr des Hahns (2005, 2017)

hält die Lebensfreude an. Das Hoch aus dem Vorjahr weitet sich aus. Jetzt können Pferd-Typen an ihre Karriere denken. Es sieht sogar nach einem Geldzuwachs aus, der manche Sorgen vertreiben wird. Reiselustige Leute aus dem siebten Zeichen werden öfter verreisen können als in den Jahren zuvor. Mancher macht dann in der Ferne sein Glück.

Im Jahr des Hundes (2006, 2018)

lacht noch immer die Sonne für die Pferde, die sich nun mächtig ins Zeug legen können. Nur in den zwischenmenschlichen Beziehungen trübt sich einiges ein, weil manche dem Partner zu egozentrisch gegenübertreten. Da könnte etwas in die Brüche gehen, was in den glücklichen Jahren zuvor noch fest zusammenhielt.

Im Jahr des Schweines (2007, 2019)

Vorsicht in Geldangelegenheiten. Familie und Freunde sind auch noch da

werden die Finanzen aufgebessert. Auf dem Geldsektor glückt den Pferden jetzt besonders viel. Das hat jedoch Nachteile, weil auf der Jagd nach dem großen Glück die besten Freunde und die Familie vergessen werden könnten. Wer sich gewisse Beschränkungen im Geldausgeben auferlegt, kommt besser ans Ziel.

Die Pferde vom Widder bis zu den Fischen

Weil wir wissen, daß Pferd nicht gleich Pferd ist, wollen wir auch dieses chinesische Tierzeichen mit den zwölf abendländischen Tierkreiszeichen mixen, um zwölf mehr oder weniger unterschiedliche Pferd-Typen zu erhalten. Aber Achtung! Das chinesische Jahr beginnt oft mitten in einem Tierkreiszeichen, möglicherweise ist also ein Wassermann-Geborener noch im Jahr der Schlange und ein Jahr später bereits im Jahr der Ziege einzuordnen. Und das sind die Charaktermerkmale, die sich aus den zwölf Mischzeichen des Pferd-Typs ergeben:

Widder-Pferde (21. März bis 20. April)

Die Widder-Pferd-Menschen sind Kämpfertypen vom Scheitel bis zur Sohle. Der Galopp ist ihre bevorzugte Gangart, die ja leider auch das Vergaloppieren einschließt. Sie sind unermüdlich und wollen um jeden Preis ihren Weg machen. Das eigene Ich lieben sie über alles, schließen darin jedoch ebenso den ein, der ihnen nahesteht.

Widder-Pferde haben oft die besseren Argumente

Widder-Pferde haben stets hervorragende Argumente. Alles ist bei ihnen gut durchdacht und vorausschauend geplant. Spüren sie nur den geringsten Widerstand, versuchen sie, mit gewaltiger Stimme zu überzeugen. Und hinterher wundern sie sich, wenn ihr so exzellenter Plan unter dem sprichwörtlichen Motto abgelehnt wird: Wer schreit, hat unrecht!

Männer aus diesem Mischzeichen heiraten oft früh. Wenn ihnen eine Frau gefällt, suchen sie nicht erst nach anderen, sondern machen ihr gleich einen Antrag. Bei solch stürmischer Werbung sagt kaum eine Frau nein.

Ungestüm sind auch die Frauen aus diesem Mischzeichen. Sie müssen von dem Mann, dem sie ihre Gunst schenken, im Sturm genommen werden. Sie wollen mitgerissen und in der Ehe täglich neu erobert werden.

Fazit: Widder-Pferde lachen gern. Für sie ist die Welt ein wieherndes Vergnügen, das man bis zum letzten Atemzug genießen muß.

*Stier-Pferde
sind absolute
Finanzgenies*

Stier-Pferde (21. April bis 20. Mai)

Seltsam gezügelt ist das Temperament der Stier-Pferde. Ihre Abenteuerlust hält sich in Grenzen. Dafür sind sie Finanzgenies. Die Goldfinger aus dem Stier-Pferd-Zeichen sind bei einer solchen Veranlagung in jedem Betrieb als Finanzberater begehrt, aber auch in anderen Berufen können sie mit ihrem Weitblick Karriere machen.

Daß sie mit ihrem Finanzverstand mit der Zeit für sich ein beträchtliches Geldpolster zurücklegen können, steht nahezu außer Zweifel. Viele Stier-Pferde werden früh selbständig auch auf beruflicher Ebene. Von Bankrotteuren in diesem Zeichen hört man kaum.

In der Liebe gehen die Stier-Pferde aufs Ganze. Sie wägen nicht viel ab, wagen um so mehr. Haben sie einmal jemanden ins Herz geschlossen, werden sie ihn mit ihrer Neigung verfolgen, selbst wenn sie bereits ein paar Absagen erhalten haben. Bei solcher Einstellung tun sich vor allem die männlichen Stier-Pferde etwas schwer. Reicht man ihnen den kleinen Finger, nehmen sie die ganze Hand. Den harmlosesten Flirt verstehen sie als Eingeständnis tiefster Zuneigung. Liebelei ist bei ihnen gleich große Liebe. Da bleiben Enttäuschungen nicht aus. Wenn einige Frauen wüßten, welch edles Geschöpf ihnen da durch die Lappen ging!

Frauen aus diesem Mischzeichen sind ähnlich liebebedürftig. Sie lassen es in einer Partnerschaft dem Mann an nichts fehlen. Im Erstberuf sind sie geschickte Hausfrauen, dem zweiten, erlernten gehen sie nur nach, um sich ihrer Umwelt emanzipiert darzustellen. Dieses Nebeneinander schaffen sie mit Leichtigkeit; Liebe und Freizeit kommen dabei trotzdem nicht zu kurz.

Zwillinge-Pferde (21. Mai bis 21. Juni)

Zwillinge-Pferde scheuen manchmal vor den Hindernissen, die man vor ihnen aufbaut. Auf Umwegen gelangen sie dann trotzdem zum Ziel. Stillstand bedeutet für sie Rückschritt. Ihr unruhiges Blut treibt sie stets nach vorn, peitscht sie zu immer neuen Einsätzen, bei denen sie sich selbst und ihrer Umwelt beweisen können, welch einmalige Exemplare sie in Wirklichkeit sind.

Diese Sternenmischlinge haben Köpfchen. Sie sind dank ihrer zahlreichen Begabungen für viele Berufe geeignet. Selbst als Künstler leisten sie Überdurchschnittliches. Sie managen sich selbst. Leider sind sie etwas wankelmütig, orientieren sich zu schnell um. Sie beginnen immer wieder von neuem und setzen sich schließlich durch – zur Not auf Kosten anderer. Der steilen Karriere der Zwillinge-Pferde steht eigentlich nichts wirklich im Weg.

Zum Geld drängt, am Geld hängt bei den Zwillinge-Pferden alles. Sie erscheinen anderen als sparsam, können aber für sich selbst und ihre Lieben das Geld zum Fenster hinauswerfen, wenn es sein muß. Nur gut, daß der Kreis ihrer „Lieben" weitgefaßt ist und auch der Mitarbeiter dazugehört, der ihnen zu Diensten ist.

Männliche Zwillinge-Pferde sind geschickte Liebhaber. Ihr Charme überzeugt. Sie verkehren in den besten Kreisen, wo sie auch meist die Frau fürs Leben finden. Sie muß vielen Ansprüchen gerecht werden. Was sie in die Ehe mitbringt, nimmt man freundlich entgegen und vereinnahmt es auf dem eigenen Konto.

Gar so berechnend sind weibliche Zwillinge-Pferde nicht. Sie würden ohne Liebe an sich selbst verzweifeln. Aus dem Mann ihrer Wahl wissen sie etwas zu machen.

Krebs-Pferde (22. Juni bis 22. Juli)

Solche Pferde muß man lieben! Die unter dem Zeichen Krebs Geborenen haben mehr Gefühl als die anderen, sind auch nicht so polternd in ihrer Art. Sie haben Sinn für feste Werte und bringen es darum zu einigem Wohlstand.

Wißbegierde und Sicherheitsstreben zeichnen Krebs-Pferde aus

Krebs-Pferde sind sehr wißbegierig und streben nach Sicherheit. Schon in jungen Jahren planen sie ihre Zukunft genau. An dem einmal erwählten Beruf halten sie fest, selbst wenn sie erkennen, daß ein anderer ihnen besser liegen würde. Um des lieben Geldes willen ist diesen eifrigen Menschen kein Arbeitstag zu lang.

Krebs-Pferde haben viele Freunde, die sie aber vergessen können, wenn ihnen die große Liebe begegnet. Und das geschieht im Laufe der Zeit gleich mehrere Male. Da sie sehr vorsichtig sind, prüfen sie lange.

Vor allem die Männer aus diesem Zeichen sind sehr vergeßlich und oft ungeschickt. Ein schiefes Wort kann sie ihrer Geliebten lebenslänglich entfremden. Liebe ist für sie ein Test, bei dem die anderen bestehen müssen. Krebs-Pferde kennen die Partnerschaft auf Probe. Und weil's so schön war, probieren sie es gleich wieder. Irgendwann bleiben sie hängen und werden aufs Standesamt geführt. Schlechte Ehemänner sind sie nicht, wenn man sie ab und an zu Denkpausen allein läßt.

Die Frauen aus dem Krebs-Pferd-Zeichen sind ähnlich veranlagt. In ihren romantischen Träumen gibt es noch den Märchenprinzen, der sie eines Tages heimführt. Heiraten werden sie schließlich den, der für ihre Launen Verständnis aufbringt. Sie sind treu und verwöhnen den Göttergatten nach allen Regeln der Kunst. Aber in ihrem Innersten bleiben sie vorsichtig und manchmal mißtrauisch. Man muß sie liebkosen und ihnen gut zureden, sonst entlaufen sie womöglich auf Nimmerwiedersehen.

Löwe-Pferde (23. Juli bis 23. August)

Man kusche am besten gleich und lege sich mit den Löwe-Pferden nie an. Sie lieben den Kampf und werden als Sieger hervorgehen. Das Zusammenleben mit solch zweifach königlichen Geschöpfen ist nicht ganz leicht.

Auch Zornesausbrüche sind bei den Löwe-Pferden königlich

Ihre berufliche Laufbahn ist vorgezeichnet. Sie wissen mehr als andere und nützen das weidlich aus. Berufe, in denen sie unter Zwang stehen, sind für sie nichts. Löwe-Pferde müssen ihre Freiheit haben, dann entwickeln sie sich besser.

Wenn diesen Sternenmischlingen etwas gegen den Strich geht, fahren sie leicht aus der Haut. Das ist ein Warnzeichen für ihre Mitmenschen, schnell das Weite zu suchen. Auch der Zornesausbruch ist bei den Löwe-Pferden königlich, da rette sich, wer kann.

Bis zu einem gewissen Grade kann man ihnen schmeicheln; Übertreibungen werden sie merken und darüber verstimmt sein. Bringt man ihnen Achtung und ehrliche Bewunderung entgegen, schließen sie einen in ihr Löwenherz. Löwe-Pferde verlieben sich gern. Haben sie aber einmal richtig Feuer gefangen, können sie alle kleinen Flirts und Liebeleien vergessen.

Frauen aus diesem Mischzeichen sind sehr wählerisch. Der Mann, der diese königliche Frau erobert hat, kann stolz auf sich sein. Freilich wird er seine Wahlgeschenke machen müssen, vielleicht sogar dem abschwören, was ihm bis dahin lieb und teuer war. Er bekommt dafür die liebste und gescheiteste Partnerin, die man sich denken kann.

Die männlichen Löwe-Pferde sind leidenschaftlich bei der Sache, wenn es um die Liebe geht. Sie haben mehrere Eisen im Feuer, können aber die treuesten Ehemänner sein, wenn ihnen die teure Gattin Reverenz erweist und zu ihnen aufblickt.

Jungfrau-Pferde (24. August bis 23. September)

Jungfrau-Pferde sind beliebt, weil sie jede Situation mit Humor meistern können. Sie sind hilfsbereit und in jeder Weise zuvorkommend. Nur wenn sie mit dem falschen Bein zuerst aus dem Bett gestiegen sind, zeigen sie auch mal Launen.

Haben sie sich vorgenommen, ein Ziel zu erreichen, werden sie selbst jene mal reinlegen, die glaubten, ihre besten Freunde zu sein. Jungfrau-Pferde denken sich nichts dabei. Wenn man sie stellt, finden sie glaubhafte Entschuldigungen. Um eine Antwort sind sie nie verlegen.

Was die Jungfrau-Pferde neben ihrem Verstandesapparat noch beherrschen, ist die Liebe. Sie sind keine Sex-Kanonen, aber liebevoll zärtliche Gespielen. So etwas wünschen sich viele für ihre sogenannten schwachen Stunden.

Mit Humor erobern Jungfrau-Pferd-Männer Frauen

Männliche Jungfrau-Pferde erobern mit Verstand. Sie traben an ihre Auserwählte heran und sagen charmant ihr Sprüchlein auf. Ihr Humor trägt einiges dazu bei, daß die Schönen schwach werden. Doch das Jungfrau-Pferd ist weit davon entfernt, dies auszunutzen und sich mit mehreren Frauen zu umgeben. Erstens kommt ihn das auf die Dauer zu teuer, und zweitens haben Jungfrau-Pferde bei all ihren anderweitigen Aufgaben nur wenig Zeit für die Liebe.

Anders sind die Frauen aus diesem Mischzeichen. Sie halten viel von zärtlichen Vorspielen. Im Grunde sind sie unverbindlicher als andere Pferde-Damen. Was ihnen jedoch als Kälte ausgelegt werden könnte, ist nur damenhaftes Zieren. Wer sie näher kennt, dem offenbaren sie ihr wirkliches Wesen.

Auch Jungfrau-Pferde lieben im Grunde das Abenteuer. Mut dazu haben sie, es zu bestehen. Wenn sie nur nicht so bequem wären, und die Abenteuer lieber auf der heimischen Bildröhre erleben.

Waage-Pferde (24. September bis 23. Oktober)

Einfühlsam und charmant sind die Waage-Pferde. Was sie sich einmal in den Kopf gesetzt haben, führen sie durch. Sie sind sehr anpassungsfähig, was sie in den Geruch der Falschheit bringen könnte. Ihre Forschheit wird durch eine unbedingte Friedensliebe gebremst.

Waage-Pferde sehen mit sicherem Blick, wo ihr Vorteil liegt. Sie werden ihn wahren, wenn sich keine unübersehbaren Schwierigkeiten entgegenstellen, vor denen vorsichtig taktierende Waage-Pferde allemal zurückschrecken. Alles, was ihnen lästig werden könnte, streifen sie ab. Sie hassen Streit und Zank, obwohl sie gegebenenfalls kräftig mitmischen können, auch wenn sie dabei den kürzeren ziehen sollten.

Mit ihrer Intuition und Menschenkenntnis eignen sich Waage-Pferde für viele Berufe

Am besten können sie einen künstlerischen Beruf ergreifen, weil der ihrer Intuition entgegenkäme, für einen Empfangschef hätten sie erstklassige Manieren, für einen Makler die rechte Menschenkenntnis. Berufe, in denen man sich die Finger schmutzig macht, lieben sie nicht.

Frauen aus dem Pferd-Waage-Zeichen putzen sich gern heraus. Wo die Natur zu blaß wirkt, helfen sie nach. Sie wollen dem Mann gefallen, den sie sich ausgesucht haben. Eine Waage-Pferd-Frau liebt den Luxus. In einer Partnerschaft ist ein Mann gut beraten, ihr nachzugeben. Im Beruf mag er das Sagen haben, ganz privat bestimmt sie!

Die männlichen Waage-Pferde heiraten am besten ein Luxusweib, das mit ihnen auf Partys und Gesellschaften Schritt halten kann. Da solche Frauen oft schwer zu finden sind, geraten die Waage-Pferde-Männer oft an die Frauen, die mit Kichern und Getue Fehlendes ersetzen wollen. Gerade der Wählerischste von allen fällt auf so etwas herein.

Skorpion-Pferde (24. Oktober bis 22. November)

Skorpion-Pferde können eine Idee leidenschaftlich vertreten, in die sie sich verrannt haben. Es geht etwas von ihnen aus, das mitreißt. Und schlägt etwas fehl, für das man eingetreten ist, werden die Skorpion-Pferde genügend Gründe dafür finden – nur den einen nicht, daß es wohl an der eigenen Verbohrtheit gelegen haben könnte.

Dabei sind Skorpion-Pferde äußerlich sehr beherrscht, kühl und überlegen. Niemand würde den Hitzkopf erkennen, den sie zeitweilig spielen. Sie finden Förderung im Beruf und im Privatleben. Man mag sie.

In der Liebe können diese Sternenmischlinge blindlings ins Verderben rennen, wenn sie an die falsche Frau geraten. Hier ist das Beharrliche des Skorpions mit der ungestümen Wildheit des Pferdes gepaart. Reinfälle können da nicht ausbleiben.

So klug und beherrscht männliche Skorpion-Pferde wirken – in der Liebe sind sie zuweilen wilde Hengste. Sie fragen nicht nach Bildung, nicht nach Stand und Vorleben – für sie gilt einzig und allein die Tatsache, daß sie ihre Liebste von nun an nur für sich haben. Mit anderen Worten: Der Skorpion-Pferd-Mann spielt gern Schicksal. Manchmal gelingt es ihm jedoch nur schlecht, und er findet sich in einer unglücklichen Partnerschaft wieder. Nur schwer will er diese Tatsache wahrhaben. Sein Dickkopf kehrt sich auch gegen die eigene Person.

Sein Dickkopf kann sich auch schon mal gegen ihn selbst richten

Leidenschaftlich wie ihr Sternenbruder ist die Skorpion-Pferd-Frau. Wenn sie liebt, ist aber auch Eifersucht im Spiel. Vorurteile kennt sie nicht. Sie würde ein Leben lang mit einem verheirateten Mann zusammenleben, wenn er ihre Liebe leidenschaftlich erwidert und ihr scheinbar treu bleibt. Der Trauschein ist für sie ein Blatt Papier. Wem's gefällt, der soll es ausfüllen!

Schütze-Pferde (23. November bis 21. Dezember)

An Ausdauer steht den Schütze-Pferden niemand nach. Sie arbeiten fleißiger als ihre Konkurrenten und stehen meist auch früher als diese auf. In der Verfolgung eines Zieles stellen sie ihre Hartnäckigkeit unter Beweis. Aufhalten kann sie niemand.

Im Beruf lassen sie sich auf nichts ein, was ihren Vorwärtsdrang hemmen könnte. Sie sind gute Kollegen, solange ihnen niemand im Wege steht.

Diese Sternenmischlinge sehnen sich nach Unabhängigkeit, nach einem eigenen Geschäft oder wenigstens nach einem Beruf, der ihnen viele Freiheiten läßt. Meistens erreichen sie das angestrebte Ziel.

Schütze-Pferde sind sehr impulsiv. Sie sagen, was sie denken sarkastischer, als sie es meinen. Ihre Partner müssen sich daran erstmal genauso gewöhnen wie an das hitzige Temperament, das sie ins Liebesgefecht werfen.

Männliche Schütze-Pferde sind Entdeckertypen. Ihre Liebesabenteuer kennen keine Grenzen. Wenn ihnen eine Frau gefällt, setzen sie ihre ganze Überredungskunst ein und haben Erfolg bald bei dieser, bald bei jener. So stürzen sie oft von einer Romanze in die andere. Vor der Ehe scheuen sie zurück. Dabei wären sie recht passable Ehemänner.

Kurz vor der Hochzeit hat schon manche Schütze-Pferd-Frau Schluß mit dem Auserwählten gemacht, weil sie doch vor der eigenen Courage zurückschreckte. Schütze-Pferd-Frauen scheren sich nicht um Vorurteile. Für sie ist nur die eigene Meinung wichtig. Haben sie endlich den Mann fürs Leben gefunden, gilt für sie nur das eine: ihn glücklich zu machen.

Steinbock-Pferde (22. Dezember bis 20. Januar)

Oberste Gebote der Steinbock-Pferde: Pflichterfüllung und Sachlichkeit

Von allen Pferden haben es die aus dem Steinbock-Zeichen am schwersten. Das macht ihre sagenhafte Gründlichkeit. Um zu beweisen, wieviel sie leisten können, lassen sie meist noch zusätzliche Hindernisse vor sich aufbauen. Daß da Stürze auf die Dauer nicht ausbleiben können, ist verständlich.

Pflichterfüllung ist ihr oberstes Gebot. Sie bleiben sachlich, solange der Gegner es ebenfalls ist, und funken dazwischen, wenn sie Verrat wittern. Steinbock-Pferde-Menschen haben den Mut, „heiße Eisen" anzufassen, selbst wenn sie sich dabei die Finger verbrennen.

Gut für diese Sternenmischlinge ist es, wenn sie einen Partner finden, der treu zu ihnen hält, falls sie einmal zur Talfahrt ansetzen. Sie brauchen den Halt, selbst wenn sie glauben, alles

138

allein machen zu können. Nur sollte sich der Partner immer im Hintergrund halten.

Männliche Steinbock-Pferde sind durchaus für die Liebe zu haben. Da ihre Zeit knapp bemessen ist, langt's meist nur für die erste Jugendliebe, an die man sich bereits gewöhnt hat. Die Ehe verläuft meist in Toleranz und gegenseitigem Akzeptieren. Nur in seinen Kram dreinreden sollte die Frau dem Steinbock-Pferd nie.

Erfolgsabhängig ist auch die Frau aus dem Steinbock-Pferd-Zeichen. Sie schuftet in ihrem Beruf und fordert gleiches Gehalt für gleiche Leistung. Für die Liebe hat sie ebenso wenig Zeit wie ihr Sternenbruder, was sie aber nicht daran hindert, auf diesem Sektor Überstunden zu machen. Ihr Temperament ist gezügelt, bei dem Richtigen jedoch bricht es mit Vehemenz hervor. Und dann drängt sie auf Heirat und hat von nun an einen zweiten Beruf.

Wassermann-Pferde (21. Januar bis 19. Februar)

Auf der Rennbahn des Lebens kommen Wassermann-Pferde glänzend voran. Sie sind Stürmer und Dränger und scheuen vor den höchsten Hindernissen nicht zurück. Ihre Sprungkraft kann sie in die Chefetagen katapultieren. Ihr Egoismus ist sehr ausgeprägt, was ihnen viele Sympathien verscherzen kann.

Wassermann-Pferde nutzen jede Chance. Sie sind startbereit, wenn die anderen noch schlafen. Sie fordern zum Kampf heraus, wohl wissend, daß sie am Ende siegen werden. Manchmal jedoch schießen sie übers Ziel hinaus. Denn wer soviel Erfolg gewöhnt ist wie das Wassermann-Pferd, wird leicht unvorsichtig und macht Fehler.

Die Männer dieses Zeichens suchen eine Frau, die ihnen auch mal kontra gibt

Die Männer aus diesem Mischzeichen halten Frauen zunächst für „Versuchsobjekte". Sie studieren, wie weit man gehen darf, und gehen darüber hinaus. Am Ende tun sie so, als sei nichts gewesen. Wassermann-Pferd-Männer lassen sich nicht so leicht einfangen, schon gar nicht von heiratswütigen Frauen, die sich versorgt sehen wollen. Was sie lieben, ist die Frau, die ihnen ebenbürtig ist, die ihnen auch mal kontra gibt.

Wassermann-Pferd-Frauen sind Individualistinnen. Sie sind tolerant und auch ein wenig sprunghaft. Sie flirten gern, das

macht der Schuß Leichtsinn, den sie vom Pferd her im Blute haben. Aber man kommt schwer von ihnen los – die Eifersucht stammt vom Wassermann. In der Ehe mit diesem Sternenmischling kriselt es immer ein bißchen. Hier kann ein Krach helfen, die Atmosphäre zu reinigen.

Verraten wir noch zum Schluß, daß zwei Seelen in den Wassermann-Pferden um die Vorherrschaft kämpfen. Die eine will der Menschheit tiefste Geheimnisse erforschen, die andere bleibt an der Oberfläche.

Fische-Pferde (20. Februar bis 20. März)

Fische-Pferde träumen von den Abenteuern, die andere Pferde erleben. Sie haben soviel Phantasie, daß ein Schriftsteller jahrelang davon profitieren könnte. Bevor sie etwas beginnen, bedenken sie die Folgen. Das hat seine Vorteile, verlangsamt aber den geraden Weg zum Erfolg. Sie streben nach Sicherheit im Beruf. Verträge mit kurzer Laufzeit nehmen sie im allgemeinen nicht an.

Von allen Pferden haben die unter dem Fische-Zeichen geborenen die meisten Hemmungen, die sie manchmal durch eine etwas zu forsche Art auszugleichen versuchen. Im Grunde genommen sind die aus dem Fische-Zeichen aber die liebenswertesten unter den Pferden. Sie haben Herz und sie haben Gefühl. Sie können keiner Fliege etwas zuleide tun. Doch sie haben natürlich auch Launen, wie alle anderen Menschen auch.

Ihre Zärtlichkeit kommt von Herzen

Männliche Fische-Pferde sind für die Liebe geboren. Sie überzeugen mit ihrem Charme, und ihre Zärtlichkeit kommt von innen. Da ist nichts Forderndes, nur hingebungsvoller Eros. Das wirkt verspielt, ist jedoch bei jeder Frau ernst gemeint. Fische-Pferde sind nun mal so. Die meisten von ihnen heiraten früh und sind dann entsetzt, wenn in der Ehe Liebe und Glück nicht lange anhalten.

Weibliche Fische-Pferde wickeln die Männer mit Sanftmut ein und führen sie zum Traualtar. Die Ehe hält bei ihnen eher als bei ihren Sternenbrüdern, weil sie es gut verstehen, ihre weiblichen Waffen einzusetzen. Wir meinen das Tränenkrüglein, das jede Fische-Pferd-Frau in die Ehe mitbringt. Als Evas-Tochter weiß sie es raffiniert einzusetzen.

Die unbekümmerte, anhängliche Ziege

Wenn man an das Meckern einer Ziege denkt, möchte man meinen, daß die Leute, die im achten Tierzeichen des chinesischen Kalenders geboren wurden, recht unsympathisch sind. Ihr Wappentier ist ja seit Buddhas Zeiten die Ziege. Wie sieht das aber in Wirklichkeit aus? Nun, die Ziege-Typen sind nach außen hin recht unbekümmert und anhänglich, nur in ihrer Nachtseele haben sie etwas von dem Wesen auf vier Beinen: Sie meckern gern. Allerdings hat ihre Angewohnheit, an allem und jedem etwas zu kritisieren, in den meisten Fällen Hand und Fuß.

Und das sind die chinesischen Mondjahre, in denen die menschlichen Ziegen geboren wurden oder werden:

31. 1. 1919 – 18. 2. 1920
17. 2. 1931 – 5. 2. 1932
4. 2. 1943 – 24. 1. 1944
24. 1. 1955 – 10. 2. 1956
9. 2. 1967 – 28. 1. 1968
28. 1. 1979 – 15. 2. 1980
14. 2. 1991 – 2. 2. 1992
3. 2. 2003 – 20. 1. 2004

Schon als Kinder sind die im Ziege-Zeichen geborenen Menschen rechte Sensibelchen, die mit viel Gefühl ausgestattet sind. In der Schule lernen sie brav und fleißig. Sie haben nur wenige gute Freunde, sind jedoch bei ihren Schulkameraden und Schulkameradinnen sehr beliebt. Streber sind sie eigentlich nicht.

Sie hängen an der Mutter Rockzipfel. Und ihr weiches Herz kennt weder Zank noch Streit. Geschwister versorgt dieses Seelchen mit tätiger Liebe, wenn da nicht der in ihnen bro-

Ihr weiches Herz kennt weder Zank noch Streit

delnde, eben erwähnte Wesenszug wäre. Diese Ziegen mäkeln, wenn sie die Laune packt, an allem herum und sind weder mit sich, noch mit den anderen zufrieden.

Wie gut, daß diese Charakterunebenheit bei den meisten Ziegen in ihrem Leben nur selten zum Durchbruch kommt, denn sie wissen, daß man damit anecken kann. Eigentlich tritt dieser Zug auch nur zutage, wenn man eine Ziege falsch behandelt.

Ziegen setzen sich durch

Obwohl alle Ziege-Geborenen viel Gefühl in die Waagschale des Lebens werfen, sollte niemand annehmen, daß sie kein Durchstehvermögen haben. Wenn sie es für angebracht halten, setzen sie sich durch und beweisen ihrer Umwelt, daß man mit ihnen zu rechnen hat.

Ehrgeiz und Durchhaltevermögen zeichnen Ziege-Geborene aus

Wenn Ziegen der Ehrgeiz packt, sind sie ihren Konkurrenten meist überlegen. Sie tüfteln aus, was andere vollenden. Als Mitarbeiter sind sie Gold wert. Leider, muß man sagen, sind diese Leute aus dem achten Tierzeichen oft zu einfühlsam. Wo andere die Ellenbogen einsetzen, schalten sie eher einen Gang zurück. Nur deshalb landen so wenige von ihnen auf einem Chefsessel.

Ziege-Menschen werden trotzdem glücklich, wenn sie in einem Beruf arbeiten können, der ihnen liegt. Als Handwerker z. B. leisten sie gute Arbeit und halten Termine pünktlich ein. Sie sitzen auch in Ingenieurs- und Planungsbüros, weil sie logisch denken und dementsprechend handeln können. Als Beamte werden sie im Publikumsverkehr manchmal ausgenutzt, weil ihre Kunden gleich merken, welch weiches Herz diese Menschen doch haben.

Als freischaffende Künstler oder Literaten setzen sie ihr Gefühl ein, das bei Autoren aus dem Ziege-Zeichen in feinnervigen Geschichten zum Ausdruck kommt, wobei sie gern Autobiographisches mit einfließen lassen.

Mit Mut bestehen sie ebenso in vielen anderen Berufen den harten Arbeitskampf. Nichts wird ihnen zuviel. Sie sind die treuesten Mitarbeiter, wenn man sie nur selbständig arbeiten und ihnen genügend Pausen läßt, falls ihnen danach ist. Ziege-Menschen wissen, daß sie sehr launisch sein können; sie sind

jedoch vernünftig genug, diese Launen vor anderen zu verstek-ken. Wenn sie sich selbst nicht mehr leiden können, nehmen sie sich darum frei und denken daheim über die ach, so böse Welt nach, die nicht verstehen will, daß man auch nur ein Mensch ist.

Vieles zögern sie hinaus

Ein weiterer dunkler Punkt in ihrem Charakter, der die, mit de-nen sie zu tun haben, manchmal aus der Haut fahren läßt: Zie-gen zögern schon mal etwas länger hinaus, obwohl es eigent-lich gleich erledigt werden müßte. Sie können sich schwer ent-scheiden und lassen vieles so lange liegen, bis es sich entweder von selbst erledigt hat oder aber nicht mehr nützlich ist.

Ziegen können sich nur schwer entscheiden. Sie warten, bis sich die Dinge von selbst erledigen

So etwa ist es auch in den zwischenmenschlichen Bezie-hungen. Da wird manch einer vertröstet, der in die Ziege heiß verliebt ist und den sie auch selber mag. Vor allem die Frauen aus dem achten chinesischen Tierzeichen lassen gern den Mann zappeln, den sie zu lieben glauben. Sie deuten zwar an, wie sehr sie den Partner schätzen, sind jedoch zunächst kaum zu einem Jawort bereit.

Am besten sind noch die Männer dran, die eine Ziege-Frau im Fluge erobern und keine Widerworte von ihr dulden. Wenn sie zärtlich genug sind und überdies sehr viel Verständnis für das in der Seele ihrer Ziege Brodelnde aufbringen, werden auch die sonst so unentschlossenen Ziegen weich. Diese Frauen heiraten auch mal früh und werden glücklich.

Die Ziege-Frau

Gefühl ist bei ihr alles, aber sie verlangt auch viel Gefühl von dem Mann, den sie liebt. Man sollte ihr entgegenkommen und mit ihr ein gepflegtes Heim schaffen. Einem Mann, der den Hochzeitstag vergißt, kann solche Ziege eine ganze Weile schweigend die Hölle heiß machen. Wichtig ist auch zu er-wähnen, daß sie Blumen liebt. Wer ihr jede Woche einen blü-henden Strauß mit nach Hause bringt, dem wird sie manche Untugend verzeihen, die er an sich hat.

Gut betuchte Ehemänner von einer Ziege-Frau werden ihr ein Heim nach ihren Wünschen einrichten oder ein Haus mit

einem blühenden Garten besorgen, in dem sie sich wohlfühlen und ihre Launen pflegen kann, die ab und an sprießen mögen.

Ziege-Frauen sind perfekte Hausfrauen, aber sie werden gern in ihrem erlernten Beruf weiterarbeiten wollen. Diese Frauen sind jedoch auch bereit, wenn Kinder da sind, eine Weile aus dem Berufsleben auszuscheiden und die Familie zu versorgen.

Noch sind hier nicht alle guten Seiten dieser Frauen aus dem achten chinesischen Tierzeichen geschildert: So sind sie zum Beispiel sparsam und wachen aufmerksam über die gemeinsame Haushaltskasse. Sie sind entschieden dagegen, Kredite aufzunehmen, die monatlich Löcher in das Budget reißen und am Ende eher Sorgen denn Vorteile bringen. Für sich selbst brauchen sie am allerwenigsten. Es ist jedoch möglich, daß sie an dem Mann Kritik üben, der solchen Wesenszug nicht gebührend anerkennt.

Der Ziege-Mann

Genau wie die Frauen aus diesem Tierzeichen sind Ziege-Männer erst einmal Pessimisten. Das Leben, meinen die meisten von ihnen, sei schwer und brächte nicht allzuviel Gutes. Natürlich hoffen sie stets auf Verbesserung ihrer speziellen Lage. Sie spielen im Lotto, um bei jeder Glückszahlen-Auslosung festzustellen, daß es wieder einmal nichts gewesen ist mit dem Millionengewinn.

Sie umgeben sich mit einem Panzer aus Vorurteilen

Mit anderen Worten: Ihr Optimismus beschränkt sich auf ihre Träume vom großen Glück. Ziege-Männer können sich oft verlieben. Und auch da hoffen sie jedesmal, endlich die Richtige gefunden zu haben. Doch immer wieder finden sie etwas, was sie davon überzeugt, daß es eine andere Frau sein müsse, der sie ihr Herz schenken. Sie umgeben sich gewissermaßen mit einem Panzer aus Vorurteilen.

Es muß schon jemand Besonderes sein, der diesen Panzer knackt, eine Frau, die sich in die Psyche dieses so kritisch denkenden Mannes einfühlen kann, die ihm Mut macht und ihn anspornt, schneller zu denken und zu handeln. Ziege-Männer sind noch leichter als ihre Sternenschwestern zu verletzen. Man müßte sie zeitweilig in Watte packen und ihre wild wuchernden Launen einfach übersehen.

Erfahrene Frauen setzen sich über die mangelnde Entschlußkraft dieser Männer in den zwischenmenschlichen Beziehungen einfach hinweg und stellen sie auch zuweilen vor vollendete Tatsachen. Freilich braucht das eine Menge Fingerspitzengefühl, sonst steht ein Krach ins Haus, daß die Wände wackeln.

Viele Ziege-Männer sind schwierige Typen, denen man nahezu nichts recht machen kann. Ihre Stimmungen schwanken von Mal zu Mal. Es ist ein ewiges Auf und Ab, so daß sich manche Partnerin eines Ziege-Mannes auf einer Achterbahn der Gefühle wiederfindet.

Partnerinnen eines Ziege-Mannes finden sich auf einer Achterbahn der Gefühle wieder

Noch eine weitere Eigenschaft zeichnet Ziege-Männer vor anderen Tierkreis-Typen aus: Sie glauben, daß sie ihr Herz nur einmal verlieren können – an die Frau, die sie schließlich heiraten und die ihnen auch mal gründlich die Meinung sagen kann.

Wenn Ziege-Männer meinen, endlich die Frau fürs Leben gefunden zu haben, sind sie gewillt, ihr für immer und ewig die Treue zu halten. Und dann können sie endlich lernen, das Leben so zu nehmen, wie es wirklich ist. Die sonst doch so verschlossen Wirkenden können einer Frau zuliebe all ihre „dunklen" Gedanken aufgeben und mit ihr geheime Wünsche Wirklichkeit werden lassen.

Die ewig falsch Verstandenen

Stellen wir am Ende dieser Charakteristik über die Frauen und Männer aus dem Ziege-Zeichen fest, daß diese Typen leider nur zu oft falsch verstanden werden. Man sollte nie den Stab über die so anhänglichen Typen brechen und ebenso verstehen, wenn sie mal ihrer Kritiksucht freien Lauf lassen. Sie meinen es ja gar nicht so, wie sie es manchmal etwas gedankenlos dahersagen.

Und man sollte ruhig einmal bedenken, daß sie mit ihren Kritiken auch richtig liegen können. Es ist nur nicht immer die feine diplomatische Art, mit der sie ihre Meinung vortragen. Sie sind halt ehrlich, und Ehrlichkeit kann, wie wir wissen, leicht anecken.

Das Horoskop
für die Ziegen

Menschen, die in einem Jahr der Ziege geboren sind, lassen sich nicht auf eine bestimmte Linie in ihrem Leben festlegen. Sie wollen immer vor sich selbst bestehen können und ecken gerade darum des öfteren an. In der Jugend sind sie noch die lieben netten Typen, die jeder mag. Mit zunehmender Lebenserfahrung überdenken sie vieles zu lange und werden von Leuten abgehängt, die kaum so klug sind und so fortschrittlich denken wie die Ziegen.

Gerade in den Aufbaujahren bringen sie oft Unruhe ins Dasein. Selbst wenn sie viel erreicht haben, wollen sie immer noch mehr. Später dann lachen sie über sich selbst und ihre kleinen Torheiten, mit denen sie sich das Leben schwergemacht haben.

Schauen wir uns jetzt aber mal an, was den Menschen aus dem achten chinesischen Tierzeichen in den nächsten Jahren astrologisch geboten wird.

Im Jahr der Ratte (1996, 2008)

finden zwar einige Ziege-Menschen den Partner fürs Leben, die meisten aus diesem Tierzeichen aber werden depressiv auf einige Geschehnisse reagieren. Das drückt auf ihre Arbeitslust und läßt sie privat melancholisch werden. Pessimismus macht sich breit, wo eigentlich Optimismus angesagt wäre. Vielleicht wird's ja doch ein ganz gutes Jahr.

Im Jahr des Büffels (1997, 2009)

Jetzt heißt es: auf die eigene Tüchtigkeit besinnen

wird die Arbeit wieder Spaß machen. Viele Ziege-Typen können für später feste Werte schaffen und eigentlich ganz glücklich sein. Wenn sie nicht wieder in den alten Fehler verfallen, alles schwarz zu malen, werden sie sogar Freunde finden, die ihnen helfen, vorwärtszukommen. Die Ziege-Menschen sollten sich im Büffel-Jahr stets auf ihre eigene Tüchtigkeit besinnen.

Im Jahr des Tigers (1998, 2010)

sollten sich gerade die Ziegen davor hüten, alles zu engstirnig zu sehen. Wer zuviel Kritik übt, kann von anderen leicht schief angesehen werden. Und gerade in diesem Jahr brauchen einige Ziege-Geborenen Unterstützung für wichtige Vorhaben. Sie sollten ihre Launen vergessen und im Privatleben mit mehr Gefühl agieren. Viel Liebe ist gefragt.

Im Jahr des Hasen (1999, 2011)

ist alles wieder im Lot. Ziegen werden umsorgt und verwöhnt. Möglicherweise lacht auch die große Liebe. Eigentlich brauchen sich die Ziege-Typen keine Sorgen zu machen, wenn da nicht dieses ewig Verneinende in ihrem Innersten wäre. Dabei könnten sie recht hoffnungsvoll in die Zukunft schauen.

Im Jahr des Drachen (2000, 2012)

hält trotz gegenteiliger Meinung mancher Ziege-Leute die gute Zeit aus dem Vorjahr an. Im Beruf kommen die Ziegen mehr und mehr zurecht und haben immer wieder Erfolgserlebnisse. Im privaten Bereich sind freudige Ereignisse angesagt, und der Liebeshimmel ist nahezu wolkenfrei.

Im privaten Bereich stehen freudige Ereignisse ins Haus

Im Jahr der Schlange (2001, 2013)

wird den Ziege-Leuten allerhand geboten, das sich im Beruf nutzbringend anwenden läßt. Auch die Finanzen können aufgestockt werden. Im eigenen Heim sind Veränderungen möglich. Vielleicht kann eine neue Wohnung bezogen werden, oder der Nachwuchs meldet sich mit Neuigkeiten, die fröhlich stimmen.

Im Jahr des Pferdes (2002, 2014)

werden die Ziegen endlich Glück haben. Wenn sie ein Spiel wagen, könnten sie es gewinnen. Vorsichtig sollten sie nur mit allzu hohen Einsätzen sein. Schlechte Laune wird allenthalben unter den Tisch gekehrt. Privat werden Mißverständnisse geklärt. Es herrscht eine gute Stimmung im Haus der Ziege.

Im Jahr der Ziege (2003, 2015)

sind die Ziege-Menschen wunschlos glücklich. Sie erreichen auf vielen Gebieten das, was sie sich vorgenommen haben. Das soll sie aber nicht übermütig machen; denn auf der anderen Seite könnten unüberlegte Handlungen das gute Bild, das dieses Jahr der Ziege zeichnet, verzerren. Vorsicht ist geboten!

Im Jahr des Affen (2004, 2016)

sieht alles wieder nach großen Erfolgen für die Ziegen aus, wenn sie die Warnungen aus dem Vorjahr ernstgenommen haben. Sie werden sich eine Menge leisten und manches für schlechtere Zeiten zurücklegen können. Der Aufwärtstrend trägt auch dazu bei, daß es im Privatleben kaum kriselt.

Im Jahr des Hahns (2005, 2017)

tragen manche Ziegen Filzpantoffeln, weil sie sich von den guten Zeiten zuvor ein wenig entspannen möchten. Für sie heißt es: Wer rastet, der rostet, und Stillstand ist Rückschritt! Anders gesagt: Ziegen sollten nicht locker lassen, um auf der bisherigen Erfolgswelle im Beruf und privat weiterzuschwimmen.

Im Jahr des Hundes (2006, 2018)

Den Letzten beißen die Hunde. Deshalb aufgepaßt und schnell handeln

macht sich Lethargie breit. Gute Vorsätze können nicht in die Wirklichkeit übertragen werden. Ziege-Menschen brocken sich manches in die eigene Suppe und müssen es bis zum letzten Schluck auslöffeln. Wenn sie nicht schnell genug handeln, heißt es in diesem Jahr für sie: Den Letzten beißen die Hunde! Sie sollten besser die Vorletzten sein.

Im Jahr des Schweines (2007, 2019)

beherrscht Unlust das Geschehen. Ziegen bemühen sich nicht allzu sehr, im Beruf weiterzukommen. Am liebsten würden sie das Jahr verschlafen. Besser wäre, sie würden sich wieder aufrappeln und gegen die schlechte Stimmung und ihre damit verbundenen Launen ankämpfen, um wenigstens privat zu bestehen. Es bringt nichts, um den heißen Brei herumzulaufen.

Die Ziegen vom Widder bis zu den Fischen

Wie die Doppelstunde der Geburt Charakter, Aussehen oder Lebensweg eines im Jahr der Ziege Geborenen nach der astrologischen Weisheit der Chinesen um Nuancen verändern kann, so steht es auch mit den abendländischen Tierkreiszeichen. Auch ihr Einfluß verändert die Ziege-Menschen und ihren Charakter mehr oder weniger markant. Bringen wir fernöstliche und westliche Astrologie zusammen, erhalten wir zwölf Typen, die einander ähnlich und doch wieder so unterschiedlich sind, daß der Charakter des Ziege-Geborenen zwar noch als Leitmotiv herauszulesen ist, aber eben auch Anlagen zu erkennen sind, die zu dem jeweiligen Tierkreiszeichen vom Widder bis zu den Fischen gehören.

Widder-Ziegen (21. März bis 20. April)

Widder-Ziegen sind schon rechte „Gewitterziegen". Es blitzt und donnert bei ihnen, und bei den anderen schlägt's ein. Dabei können sie so nett und liebenswürdig sein, daß man ihnen kaum etwas Arges zutrauen möchte. Vom Widder haben sie das Hitzige, von der Ziege das kritisch Abwägende. Zwei unterschiedliche Temperamente kämpfen in der Widder-Ziege-Brust stets um die Vorherrschaft.

Oft wird die forsche Art des Widders durch das kluge Überlegen der Ziege gebremst. Das läßt nur das Beste für das berufliche Fortkommen erhoffen. Tatsächlich bringt der kritische Sachverstand der Widder-Ziegen manches zuwege, von dem andere nur träumen können.

Die forsche Widder-Art wird durch das kluge Überlegen der Ziege gebremst

Im zwischenmenschlichen Bereich finden diese Sternenmischlinge vielfach nicht den rechten Anschluß. Hier brechen Launen durch, die von einem cholerischen Temperament herrühren. Aber allzu schlimm sind die Widder-Ziegen wiederum nicht.

Die Frau aus diesem Mischzeichen ist sogar ein echtes „Klasseweib", das für seine jeweiligen Männer, wenn es denn sein muß, durchs Feuer geht. Lebenslang verpflichtet sich die

Widder-Ziege freilich erst nach ausgedehnter Probezeit. Hat sie dann den passenden Partner für eine Ehe gefunden, kann eigentlich nichts mehr schiefgehen.

Widder-Ziege-Männer haben es schwer, weil sie gar zu gern den Pascha spielen. Sie brauchen eine energische Ehehälfte, die ihnen mit der Taktik der kleinen Schritte die schlechten Allüren allmählich austreibt. Wenn das klappt, sind Widder-Ziege-Ehemänner ganz passable Partner, mit denen sich's gut durchs Leben und Gottes freie Natur wandern läßt.

Stier-Ziegen (21. April bis 20. Mai)

Am liebsten lägen Stier-Ziegen auf der faulen Haut und sonnten sich angesichts vollbrachter Leistungen. Leider wird man zum Rentner nicht geboren, sondern muß sich das Ruhegeld erst in mehr als vier Jahrzehnten erarbeiten. Stier-Ziegen schaffen das dann leicht, wenn sie jemanden haben, der ihnen ein bißchen Mut macht, der sie fördert und lenkt. Der Einsatzwille, den sie vom Stier mitbringen, ist ja mit der ziegenhaften Zurückhaltung gepaart. Die Ideen sprudeln meist so aus ihnen heraus, bloß mit der Verwirklichung lassen sie sich Zeit. Hier sollte man den Hebel ansetzen und die Stier-Ziegen anspornen – es wäre nicht nur zu deren Bestem.

Stier-Ziege-Männer spielen gern den Hausmann und lassen ihre Frau das Geld verdienen

Als anhängliche Partner sind sie sehr geschätzt. Stier-Ziege-Männer lassen sich gern verwöhnen. Sie sind häuslich und friedlich, wollen aber auch in einer engen Verbindung manchmal ihre Ruhe haben. Gar nicht so wenige Männer aus diesem Mischzeichen mögen mit dem Gedanken spielen, sich als Hausmann zu verpflichten, während die Ehefrau die Brötchen verdient. Für die Familie ist den Stier-Ziegen kein Einsatz zu hoch. Geht es um das Wohl ihrer Lieben, machen sie sogar Überstunden. Woraus man ersehen kann, daß diese Sternenmischlinge nur eine Aufgabe erhalten müssen, um Höchstleistungen zu vollbringen.

Allen Stier-Ziege-Frauen werden gute bis überragende hausfrauliche Qualitäten nachgesagt. Zeitweilig sprudeln sie über vor Frohsinn. Nur manchmal bricht der Ziege Kritiklust durch und der Haussegen hängt schief. Man sollte ihr zuhören und den Zerknirschten spielen, dann wird sie vielleicht wieder umgänglich.

Zwillinge-Ziegen (21. Mai bis 21. Juni)

Die Intelligenz ist bei allen Zwillinge-Ziegen überdurchschnittlich entwickelt. Sie treibt nur manchmal in die falsche Richtung, weil die Ziegen hüh und die Zwillinge hott sagen. Das sind die zwei Seelen, die in ihrer Brust wohnen; die eine will sich von der anderen trennen, und heraus kommt eine Unentschlossenheit, die unter Umständen der beruflichen Laufbahn abträglich ist. Bezwingen die Zwillinge-Ziegen ihre Wankelmütigkeit, ist jedoch ihr Höhenflug nicht mehr aufzuhalten.

Männer aus diesem Mischzeichen sind Gentlemen vom Scheitel bis zur Sohle und Schmeichler dazu. Ihre humorige Art bringt die Frauen zum Lachen. Solch lustige Vögel finden leicht ein Nest, das mit Luxus und Liebe ausgestattet ist. Zwillinge-Ziege-Männer verlieben sich schnell. Man sollte nur achtgeben, daß man sie nicht zu rasch verliert.

Männer mögen Frauen aus diesem Mischzeichen auf Anhieb. Diese fröhlichen Menschen wissen immer neue Mittel, ihre Freunde zu fesseln. Von Zeit zu Zeit brauchen sie freilich Ruhepausen – die Liebe strengt an. Man gönne sie ihnen. Denn gerade in diesen Pausen finden Zwillinge-Ziege-Frauen den Mann fürs Leben und lassen womöglich einen enttäuschten Liebhaber zurück.

Natürlich machen Zwillinge-Ziegen vor lauter Übermut manches falsch. Sie kosten jeden, der sie liebt, eine Menge Nerven. Geduld ist nicht ihre stärkste Seite. Aber die Schatten in ihrer Seele überwiegen nicht. Diese Sternenmischlinge arbeiten stets an sich, um ihrem Ruf gerecht zu werden, man könne prächtig mit ihnen auskommen.

Krebs-Ziegen (22. Juni bis 22. Juli)

Der kleinste Vorwurf kann Krebs-Ziegen umwerfen. Sie nehmen alles viel zu persönlich. Ihre trüben Gedanken, denen sie zeitweilig nachhängen, sollten sie besser verscheuchen. Pessimismus schadet dem guten Gesamtbild.

Krebs-Ziegen kennen viele Wenn und Aber. Mit ihrer Entschlußkraft ist es nicht zum Besten bestellt. Auch sehen sie vieles zu kritisch. Im Beruf bringt das nicht immer Vorteile mit sich, zumal sich niemand gern kritisieren läßt, und sei die Kritik noch so berechtigt, die Krebs-Ziegen freimütig äußern.

Krebs-Ziegen sind andern gegenüber sehr kritisch, können aber selbst nicht den kleinsten Vorwurf vertragen

In der Liebe sind diese Sternenmischlinge stets bei der Sache. Sie brauchen ein gepflegtes Heim, noch mehr die gleichberechtigte Partnerschaft. Sie würden wie ein Primelchen eingehen, wenn zur Liebe nicht auch die gegenseitige Achtung käme. Krebs-Ziegen binden sich nur auf freiwilliger Basis.

Das sollten Frauen von Männern dieses Tierzeichens bedenken, ehe sie sich mit ihnen einlassen, sonst stehen sie möglicherweise schon kurz nach der Hochzeit vor den Scherben ihrer Ehe. Krebs-Ziege-Männer brauchen mehr Pflege als andere Ehemänner, dafür geben sie auch mehr Liebe.

Die Frauen aus diesem Zeichen sind noch liebenswerter als ihre Sternenbrüder. Sie stellen ein enges Verhältnis oft in Zweifel, was aber nicht ausschließt, daß sie über die goldene Hochzeit hinaus treu daran festhalten. Und nicht erst bei solch seltenem Jubiläum stellen ihre Ehemänner fest, daß sie sich glücklich schätzen können, solch liebenswerte Krebs-Ziege für sich gefunden zu haben.

Löwe-Ziegen (23. Juli bis 23. August)

Von allen Ziegen sind die unter dem Löwe-Zeichen geborenen die erfolgreichsten. Sie haben nur das eine Ziel, und das liegt an der Spitze. Ihr egozentrisches Wesen ist oft gespielt. Wer sich da hinter herrschsüchtigem Wesen und aggressivem Tonfall versteckt, ist im Privatleben ein umgänglicher Mensch. Im Beruf muß er seinen Löwenmut beweisen, denn einige Eigenschaften, die von der Ziege herrühren, könnten einer steilen Karriere im Wege stehen.

Ihr höchstes Ziel ist es, an die Spitze zu gelangen – dazu gehört Löwenmut

Sie haben viel Humor, aber man hüte sich, den Leu zu necken. Spaß können die Löwe-Ziegen viel vertragen, nur wenn's um die eigene Person geht, reagieren sie empfindlich. Diese Sternenmischlinge stecken voller Widersprüche; schlau kann man erst aus ihnen werden, wenn man den sprichwörtlichen Scheffel Salz mit ihnen gegessen hat. Aber dann ist man meist längst als treuer Vasall von ihnen vereinnahmt.

Männer aus diesem Mischzeichen können tiefe Gefühle lange verbergen. Schließlich will man sich nichts vergeben. Sie flirten gern, aber schürfen nicht tief. Was für viele heiratsfähige Damen oberflächliche Konversation ist, gilt für den Löwe-Ziege-Mann als vorausgehender Test. Gerade im belanglosen Gespräch glauben sie, Frauen durchschauen zu können. Meistens haben sie Glück und finden jene, die zu ihnen paßt. Bedingung: Sie muß zu dem Herrlichen ein wenig aufschauen.

Löwe-Ziege-Frauen haben es oft schwerer als andere im Tierkreis. Wenn sie ihr Herz verschenken, vertuschen sie das Gefühl hinter zurückhaltender Gunstbezeugung. Nur der endgültig Erwählte soll sie schwach werden sehen. Löwe-Ziege-Frauen haben ihren Stolz, der zuweilen auch mal falsch sein kann.

Jungfrau-Ziegen (24. August bis 23. September)

Vormachen lassen sich die Jungfrau-Ziegen nichts. Wenn es aber mal nicht so recht klappt, wie sie es gern hätten, neigen sie zur Melancholie. Werden sie enttäuscht, ziehen sie sich schmollend zurück und lassen im stillen Kämmerlein den Kopf hängen. Nach außen merkt man den Jungfrau-Ziegen den Kummer nicht an. So kommt niemand dahinter, welch weiches Herz sie in Wirklichkeit haben.

Um im Lebenskampf zu bestehen, braucht man Beharrungsvermögen und Zuverlässigkeit. Beides wird von der Jungfrau geliefert. Mut gehört nicht dazu, außer Wankelmut, den die Ziege beisteuert. Trotzdem setzen sich die Jungfrau-Ziegen im Beruf in raffinierter Weise durch. Die Arbeit überlassen sie gern den anderen.

Zuverlässigkeit und Beharrungsvermögen liefert die Jungfrau, von der Ziege kommt der Wankelmut

Die Männer aus diesem Zeichen können rücksichtslos sein. In der Liebe sind sie besitzergreifend. Wie gut, daß hier der Ziege einfühlsame Zärtlichkeit dominiert, sonst würde manche Heißgeliebte nach den ersten Tagen schon auf- und davonlaufen. Hat sie sich erstmal an die Jungfrau-Ziege gewöhnt, wird sie gestehen müssen, daß es keinen fürsorglicheren Partner unter dem Sternenzelt gibt.

Wenn Frauen dieses Mischtyps heiraten, bedeutet das für sie auch, ein Opfer zu bringen: ihre Freiheit für die Liebe des Mannes. Gleich nach dem Jawort wird mit der Umerziehung des Göttergatten begonnen. Junggesellen-Allüren werden ausgetrieben, die tätige Hilfe im Haushalt als selbstverständlich angenommen. Im Wirtschaftsbuch wird auch das Taschengeld

des Mannes verbucht, denn Jungfrau-Ziegen halten das Geld zusammen. Nur Ehemänner von Jungfrau-Ziege-Frauen wissen, warum sie vor soviel Geschäftstüchtigkeit noch nicht davongelaufen sind. Es ist die andere, die sinnliche Seite, der Jungfrau-Ziegen, die sie hält.

Waage-Ziegen (24. September bis 23. Oktober)

Waage-Ziegen sind keine Kostverächter. Sie genießen die Freuden des Lebens

Waage-Ziegen sind rechte Genießer, die sich in Küche und Keller vortrefflich auskennen, aber auch die anderen Freuden dieser Welt nicht verachten. Ihr Gerechtigkeitssinn läßt sie manchmal Purzelbäume schlagen und weit übers Ziel hinausschießen. Sie sind Tüftler, die aus ihren Hobbys leicht lukrative Berufe machen könnten.

Zum Geld haben sie nicht immer die besten Beziehungen, obwohl sie sich durch allerlei Nebenbeschäftigungen einiges hinzuverdienen; das jedoch geht für die eigenen geheimen Bedürfnisse restlos drauf. Waage-Ziegen kleiden sich gern nach der letzten Mode.

Männer dieses Mischtyps finden immer jemanden, der zu ihnen paßt – am Stammtisch, aber ebenso fürs Herz, das weit und groß ist, und in dem auch zwei auf einmal Platz haben. Ihr Charme ist bezwingend, ihre Notlügen könnten mehrere Bände füllen.

Ihre Ehetauglichkeit beweisen sie an der Seite verständnisvoller Frauen, die ihrem Waage-Ziege-Mann auch mal verzeihen können. Großzügigkeit bringt sie am ehesten von Junggesellenmanieren ab. Für ihre Familie stehen sie übrigens mit allem, was sie haben, ein.

Die Frauen unter den Waage-Ziegen sind sehr direkt, weshalb sie ab und zu einmal anecken. Männer nehmen ihnen das nicht weiter übel. Wenn sie an die vielen anderen Vorzüge denken, möchten sie gleich zum Sturmangriff antreten. Sagen wir es gleich: Ein allzu stürmischer Angriff wird die Festung einer Waage-Ziege kaum besiegen, eher feinsinnige Diskussionen um die Liebe und ums Solala. Dieses Solala läßt sie auch dem Ehemann treu ergeben bleiben.

154

Skorpion-Ziegen (24. Oktober bis 22. November)

Wer sich den Skorpion-Ziegen entgegenstellt, wird aufgespießt oder mit dem Giftstachel erledigt. Ihre Angriffslust ist kaum zu bremsen. Den Rückzug treten sie höchstens an, um den nächsten Sturmangriff vorzubereiten, der den Gegner überrollen wird. Wer diese Skorpion-Ziegen gelassen und heiter einherschreiten sieht, wird kaum hinter ihnen den tätigen Vulkan vermuten, der Feuer und Lava speihen kann. Man mag sie sogar unter Kollegen recht gern.

Vorsicht vor dem Giftstachel der Skorpion-Ziegen

In mancher Skorpion-Ziege bricht die Angriffslust nie hervor, weil sie in zufriedenstellenden Verhältnissen lebt, weil sie einen Beruf erwählt hat, der ihr liegt und der sie ausfüllt. Denn Enttäuschungen vergißt sie nie. Ihre Begabung läßt sie leicht den einen oder anderen überflügeln. Auf das Glück vertraut sie nicht, eher aufs eigene Können.

Skorpion-Ziege-Männer sind hart im Nehmen. Wird ihre Liebe erwidert, können sie sanft und zärtlich sein, was man diesen nach außen so beherrscht wirkenden Männern auf Anhieb gar nicht zutraut. Diese Sternenmischlinge verlangen von ihren Frauen unbedingte Treue. Netter Zug von ihnen: Sie bleiben in der Ehe, selbst wenn's schwerfällt, stets Kavaliere.

Bei der Skorpion-Ziege-Frau haben klapprige Männlein keine Chance. Sie sucht den Beschützer mit der Figur eines Adonis und dem Wissen eines Nobelpreisträgers. Sie ist sehr anspruchsvoll, gibt sich aber zur Not auch mit weniger zufrieden. Auch sie verlangt von ihrem Partner unbedingte Treue und sie beobachtet ihn mit Argusaugen. Bei allen zärtlichen Gefühlen, die sie zu geben bereit ist, kann ihr Mißtrauen die Partnerschaft belasten.

Schütze-Ziegen (23. November bis 21. Dezember)

Bei den Schütze-Ziegen ist der Vorwärtsgang des Schützen mit dem zeitweiligen Rückwärtsgang der Ziegen gekoppelt. An der motorischen Kraft liegt es kaum, wenn sie manchmal den Mut verlieren. Sie sollten sich möglichst schnell jemanden nehmen, der ihre Gangschaltung in Ordnung bringt, sonst fahren sie noch in den Graben.

Nicht, daß Schütze-Ziegen im Beruf keine Leistung bringen könnten! Sie sind nur in ihrer Entschlußkraft etwas gehemmt, wenn es darauf ankommt, eine sichere Stellung mit niedrigeren Bezügen gegen eine Anstellung auf Probe mit höherem Gehalt einzutauschen. Hier überwiegt leicht die zaudernde Art der Ziege gegenüber dem fröhlichen Wagemut des Schützen. Ein zuverlässiger Partner sollte ihnen den Rücken stärken und ihnen beim Ersteigen der Erfolgsleiter behilflich sein.

Die Männer aus diesem Mischzeichen sind keine Draufgängertypen. Sie wickeln das Ziel ihrer Wünsche mit sanfter Stimme ein und nehmen es als Geschenkpäckchen gleich mit nach Hause. Sie verführen die Frauen, ehe diese das Schütze-Ziege-Spiel durchschauen. Mancher Mann mag da vor Neid erblassen: Wie machen die das bloß?

Die Schütze-Ziege-Frau träumt davon, von einem Kavalier alter Schule auf Händen getragen zu werden

Schütze-Ziege-Männer nehmen sich eine Individualistin, die immer ahnt, wo ihren Mann der Schuh drückt, und rechtzeitig Abhilfe schafft.

Die Frauen aus diesem Zeichen haben viel für Kavaliere alter Schule übrig. Sie wollen auf Händen getragen werden von einem starken Mann. Schütze-Ziege-Frauen sind oft sportliche Typen, die ein Leben lang rank und schlank bleiben und selbst in der besten Ehe keinen Speck ansetzen.

Steinbock-Ziegen (22. Dezember bis 20. Januar)

Mit reger Phantasie meistern Steinbock-Ziegen ihr Leben. Niemand kann besser improvisieren als sie. Überall finden sie den Ausweg, der aus einer vertrackten Lage doch noch zum Erfolg führt. Man sieht schon: Diese Ziegen setzen sich besser durch als andere.

Natürlich sind auch den Steinbock-Ziegen vom Können her Grenzen gesetzt, zumal sie nicht allzu ausdauernd sind. Aber mit ihrer Erfindungsgabe machen sie schließlich alles wieder wett. Ihr Verstand funktioniert computerhaft und setzt dann ein, wenn Schwierigkeiten auftreten könnten.

Im privaten Bereich ist der Beruf für sie tabu. Kaum eine Steinbock-Ziege fachsimpelt noch nach Feierabend. Sie will endlich ihre Ruhe haben und Kraft für den nächsten schweren

Arbeitstag sammeln. Viele Steinbock-Ziegen bilden sich abends zur Entspannung mit Hilfe großer dicker Bücher weiter und haben kaum Zeit für Amüsements. Was heißen will: Die Liebe kommt zu kurz!

Männer aus diesem Zeichen begnügen sich darum oft mit einfachen, natürlichen Frauen, die ihnen lieber sind als Luxusweibchen mit hohen Ansprüchen. Überdies sind sie billiger. Steinbock-Ziegen sehen aufs Geld.

Frauen aus dem Mischzeichen sind anschmiegsam und schon von daher eher zu engeren Kontakten bereit als ihre Sternenbrüder. Sie stellen an die Person ihres zukünftigen Partners auch hohe Anforderungen, die viele Aspiranten nicht erfüllen können. Und darum bleiben Steinbock-Ziege-Frauen auch mal allein.

Wassermann-Ziegen (21. Januar bis 19. Februar)

Wassermann-Ziegen haben viele Geheimnisse, die sie zu den rätselhaften Leuten im Tierkreis zählen lassen. Manch einer möchte meinen, sie hielten stets hinterm Berge, um damit Schwächen zu verdecken, durch die sie in ein schiefes Licht geraten könnten. Die überdurchschnittliche Intelligenz dieser Sternenmixturen gibt in diesem Fall die passende Antwort: Von Schwächen keine Spur, nur ein wenig Labilität vorhanden!

Beruflich brauchen sie sich vor keinem Konkurrenten zu fürchten. Ihr Wissen ist geschult. An Fleiß fehlt es auch nicht. Sie zählen zu den zuverlässigsten Mitarbeitern. An jede Sache gehen sie kritisch heran und prüfen genau, bevor sie sich entscheiden. Das macht sie anderen überlegen. Im Privatleben sind sie ebenfalls sehr kritisch. Jedoch wird hier, was sie für gerechtfertigte Kritik halten, von den anderen oft als üble Meckerei empfunden.

Wassermann-Ziege-Frauen finden jede Menge Partner. Das Geheimnisvolle in ihrem Wesen macht die Männer neugierig. Sie versuchen es zu ergründen und werden noch vor des Rätsels vollständiger Auflösung durch das Jawort verpflichtet. So bleibt das Unergründliche erhalten und bietet ein Leben lang reiche Unterhaltung. Langweilig wird's an der Seite einer Wassermann-Ziege-Frau nie.

Von Schwächen keine Spur. Nur ein wenig Labilität legen die Wassermann-Ziegen an den Teig

Mit Liebenswürdigkeit und Charme gehen Männer dieses Typs auf potentielle Partnerinnen zu. Sie verstehen etwas von der Liebe. Ihre Launen treiben sie jedoch zum Bäumchen-wechsle-dich-Spiel. Und ihre Kritiksucht vertreibt ihnen manchmal die Frau fürs Leben. Aber irgendwann bleibt auch der aus dem Wassermann-Ziege-Zeichen hängen: Das Alleinsein liegt ihm nun mal nicht.

Fische-Ziegen (20. Februar bis 20. März)

Fische-Ziegen müssen beizeiten jemanden finden, der ihre Talente in die richtigen Bahnen lenkt, sonst kann es leicht zu einem Fiasko kommen. Nach dem Motto: Himmelhoch jauchzend, zu Tode betrübt. Das dürfte aber nur unmerklich geschehen; denn zu leicht empfinden diese Sternenmischlinge Förderung als Bevormundung, die sie auf den Tod nicht ausstehen können. So ging schon mancher Ziege unterm Fische-Zeichen die größte Chance verloren.

Man sollte nicht so hart mit den Fische-Ziegen verfahren, sondern es geduldig immer wieder mit ihnen versuchen. Beharrlichkeit führt dann doch bei ihnen zum Ziel.

Viele Fische-Ziegen haben den untrüglichen Blick für die Zukunft und neigen zu Schwarzmalerei, womit sie meist sogar recht haben. Das läßt sie zu Pessimisten werden, wenn sie nicht einen Menschen finden, der sie eine fröhliche Weltanschauung lehrt. So ist es nicht erstaunlich, daß viele Fische-Ziege-Männer Frauen mit ausgeprägtem Einfühlungsvermögen und viel Fingerspitzengefühl finden. Wahrscheinlich kommt das auch ein bißchen von dem unsagbaren Glück, das sie haben. Schon mancher Fische-Ziege-Mann hat neben der richtigen Herzenspartnerin ebenso eine Stange Geld gewonnen, mit der sie es sich zu zweit haben gutgehen lassen.

Fische-Ziegen brauchen fröhliche Partner, denn sie neigen gern zum Pessimismus

Gleich zwei Tränenkrüglein braucht die Frau aus diesem Mischzeichen. In das eine vergießt sie bittere Tränen über ihre eigene Unentschlossenheit, in das andere über die verflixten Männer, deren Zudringlichkeit sie sich kaum erwehren kann.

Wen die Fische-Ziege-Frau braucht, ist ein Mann, der sie zärtlich bei der Hand nimmt, in ein festes Verhältnis führt und ein Leben lang für Aufheiterung sorgt. Er wird seinen Entschluß nie bereuen.

Der ideenreiche, fröhliche Affe

Das ist er also, der zu allerlei Späßen aufgelegte Affe. Nichts hat er von dem eitlen Menschen an sich, den man in unseren Breiten als „Affen" bezeichnet. Nein, wer im neunten chinesischen Tierzeichen geboren wurde, ist ein fröhlicher Typ, den eigentlich jeder gern haben müßte. Ihm gehen die Ideen nie aus. Er ist ein nützliches Mitglied der menschlichen Gesellschaft. Leider fehlt den Affe-Typen in ihrem bewegten Leben meist die Zeit, alle ihre vielen Pläne und guten Einfälle auszuführen. Und es mangelt einigen aus dem Affe-Zeichen an dem Konzentrationsvermögen, gleich in die Tat umzusetzen, was sie sich ausgedacht haben.

Doch wollen wir zuerst einmal die chinesischen Mondjahre nennen, in denen Affe-Menschen geboren wurden und noch werden:

Spaß muß sein: Affe-Geborene gehen mit viel Schwung durch ein bewegtes Leben

$$19.2.1920 - 7.2.1921$$
$$6.2.1932 - 24.1.1933$$
$$25.1.1944 - 11.2.1945$$
$$11.2.1956 - 29.1.1957$$
$$29.1.1968 - 15.2.1969$$
$$16.2.1980 - 3.2.1981$$
$$3.2.1992 - 21.1.1993$$
$$21.1.2004 - 8.2.2005$$

Schon als Kinder sind Affe-Menschen fixe Jungen und Mädchen. Sie sind neugierig, wollen hinter alles kommen, was ihnen rätselhaft erscheint. Sie sind sehr wißbegierig und können den Eltern das berühmte Loch in den Bauch fragen. Wer keine Antwort auf die Fragen der kleinen Affen weiß, sinkt in ihrer Achtung. Da ist mancher Vater ganz schön gefordert. Nur die Mutter darf mal was Falsches sagen, das Affe-Kind verzeiht

ihr am ehesten, wenn sie einmal etwas nicht weiß. Woraus man ersehen kann, daß ein Affe-Kind recht anhänglich ist und den Vorwurf, es würde an Mutters Rockzipfel hängen, durchaus akzeptiert.

In die Schule gehen Affe-Geborene gern. Die meisten von ihnen sind gute Schüler. Sie saugen den Lehrstoff eifrig in sich auf und brauchen darum zu Hause weniger nachzulernen. Das verführt zu Leichtsinn und könnte sich dann auch mal in schlechteren Noten niederschlagen, weil sich solch junger Affe nicht so recht konzentrieren kann, vor allem, wenn er schon mal wieder an etwas ganz anderes denkt als an langweiligen Lehrstoff.

Auch Mittelmaß führt zum Ziel

Trotzdem werden selbst mittelmäßige Schüler, die in einem Affe-Jahr geboren wurden, später ihren Weg machen, vielleicht sogar besser als jene Typen, die gute Zensuren bekommen haben, aber nicht so durchsetzungsfähig sind wie sie.

Affen sind gescheit. Man macht ihnen so leicht nichts vor. Ihre fröhliche Art kann sie zum Mittelpunkt vieler Partys machen. Sie können jedes Thema anschneiden und mit ihrer Gewitztheit Bewunderung finden. Wer sich mit ihnen in ein Streitgespräch einläßt, sollte beizeiten die Segel streichen: Der Affe ist ihm über.

Diese freundlichen Leute, die in einem Affe-Jahr geboren wurden, sind überall beliebt. Leider werden sie mit der Zeit zu rechten Menschenverächtern, weil sie sich erhaben fühlen über die große Masse der Menschen, die einfach mit der Affen Geistesblitze nicht mitkommen. So können sie zu Egozentrikern werden und sich von den anderen absondern.

Der gewitzte Affe schlägt auch mal krumme Wege ein

Nicht immer arbeiten diese Typen mit den allerfeinsten Methoden, wenn sie einen Vorteil für sich sehen. Sie können im gegebenen Fall ganz schön nachhelfen, und das kann im Einzelfall auch schon mal eine faustdicke Lüge sein, die sie in die Welt setzen, um daraus Nutzen zu ziehen. Wenn es auf dem geraden Weg nicht geht, wird eben manchmal auch der krumme gegangen.

Wenn Affe-Menschen bei einer Unwahrheit ertappt werden, spielen sie meist das Unschuldslamm, drehen alles um und geben als guten Witz aus, was zuvor von ihnen noch ganz ernst gemeint war. Am Ende kann man ihnen nichts mehr nachweisen.

Berufe, die ihnen liegen

Viele Affe-Menschen haben schon ein sprunghaftes Wesen. Es hält sie kaum jemand in einem Beruf, in dem sie ihr Wissen und ihre Ideen nicht nutzbringend anwenden können. Trotzdem sind sie in Zeiten der Not durchaus willens, eine feste Anstellung mit anständigem Salär einem freien Arbeitsverhältnis vorzuziehen. Sie sagen sich eben: Was man hat, das hat man! Und fahren nicht schlecht dabei.

Trotzdem gibt es Berufe, die ihnen wegen ihrer Überredungskraft besonders liegen. Sie wären die besten Verkäufer und Einzelhändler, Zeitschriftenwerber und Marktschreier. Als Politiker schreiben sie Geschichte, als Hochstapler und Heiratsschwindler Geschichten. Als Lehrer begeistern sie Kinder von ihren fortschrittlichen Lehrmethoden und bringen ihnen bei, daß man nicht für die Schule, sondern fürs Leben lernt. Und auf den Brettern, die die Welt bedeuten, machen sie möglicherweise Theatergeschichte.

Was den Beruf angeht, stehen die Frauen aus dem Affe-Zeichen ihren Sternenbrüdern nicht nach. Auch sie setzen sich in jedem Beruf durch, der ihrem Wissen und ihrer Bildung gemäß ist. Sie werden sogar manchen Mann, der wie sie in einem Jahr des Affen geboren wurde, überflügeln, weil sie nicht gar so sprunghaft sind wie dieser.

Die Affen und das Geld

Man schätzt die weiblichen wie die männlichen Affen in jedem Betrieb. Sie können improvisieren, wo man mit Verstand allein nicht mehr weiterkommt. Sie sind die reinsten Tausendsassas, die mit ihrem Ideenreichtum eine schon fast bankrotte Firma aus den roten Zahlen holen können. Nur schade, daß sie niemand lange halten kann, weil sie schnell gelangweilt sind und wieder etwas anderes erleben möchten. So kommen sie zu den Erfahrungen, die man irgendwann einmal in eine eigene Firma stecken kann.

Nichts ist unmöglich! Zur Not wird improvisiert

Vorsicht bei waghalsigen Finanzgeschäften! In Affen-Händen zerrinnt das Geld leider nur zu leicht

Leider macht der Affe, wenn es ihm besonders gut geht, leicht Fehler. Er kann sein ganzes Geld einer fixen Idee opfern und dazu noch Schulden machen, um seine Pläne durchzusetzen. Und schon ist der Pleitegeier bei ihm zu Gast und macht ihn um eine weitere Erfahrung reicher.

Jetzt glaube nur ja niemand, der Affe-Mensch könne nicht mit dem Geld umgehen. Im Gegenteil wird er es zu vermehren suchen, wo er nur kann. Schließlich hat er viele teure Hobbys. Der eine steckt ein Vermögen in Antiquitäten, der andere in Immobilien. Hauptsache: man kann das Geld gut anlegen lassen! Trotz hoher Verstandesgaben wird ein rechter Affe kaum vernünftig. Nur mit zunehmenden Alter wird er vorsichtiger und hält den Daumen aufs Portemonnaie. Aber dann hat er meist schon erreicht, was er immer angestrebt hat, Sicherheit vor jedweder Not.

Der Affe-Mann

Im zwischenmenschlichen Bereich wollen Affe-Männer vor allem Erfahrung sammeln. Viele von ihnen hassen ein geordnetes Familienleben. Dabei achten sie ein Leben lang die Familie, aus der sie stammen. Sie hängen sich nur das Mäntelchen um, das ihnen bei gewissen Frauen den Anschein gibt, man könne sie auf den eigenen Kurs einschwören.

So erobern sie manche Fee, die sich als Hexe gebärdet, um diesem so ungebundenen Mann zu gefallen. Und er zieht mit ihnen zusammen und bleibt doch Junggeselle. Affe-Männer heiraten oft spät, weil sie sich sagen, daß ihnen vielleicht doch noch etwas Besseres als die Hexenfee über den Weg laufen könnte.

Flirt, ja! Treue ... mal sehen. Die meisten Affen binden sich erst spät

Diese fröhlichen Mannsbilder flirten für ihr Leben gern. Sie finden immer wieder eine Frau, die mit ihnen spielen möchte. Sie können sogar mit ihr verheiratet und doch so frei wie ein Vogel sein. Affe-Mann wie Affe-Frau drücken sich gern vor der Verantwortung, die eine Ehe nun einmal mit sich bringt. Treue ist nicht die stärkste Seite dieser so lebenslustigen Typen.

Die Affe-Frau

Und damit sind wir bei den Frauen aus diesem Tierzeichen. Die verlieben sich oft, verloben sich auch mal, aber mit der Hochzeit lassen sie sich wie ihre Sternenbrüder Zeit. Ihre Leidenschaft hält meist nicht lange vor. Sie sind leicht entflammt für diesen und jenen, sehen jedoch dann den nächsten, der ihnen noch besser gefällt.

Im Gegensatz zu den meisten Männern aus diesem Zeichen können die Frauen auch schon mal in jungen Jahren den Bund fürs Leben eingehen und sich mit der Zeit auch daran gewöhnen, ihrem Mann treu zu sein. Sie sorgen gern für den Gatten und die Familie, und niemand wird hinter der liebevollen Affin die ehedem quecksilbrige Frau vermuten, die sie zuvor war.

Ausnahmen bestätigen aber auch hier die Regel. Affe-Frauen tendieren wie ihre Sternenbrüder eher zu einem Leben in lustiger Ungebundenheit. Die oft so Oberflächlichen wollen sich nichts vergeben bei ihren Liebhabern und fallen dann doch auf sie herein.

Affe-Frauen sind liebevolle Mütter, die ihren Kindern viel Freiheit lassen, vielleicht, weil sie selbst sich ein ganzes Leben lang danach sehnten.

Sie verstecken ihr eigenes Ich

Affe-Frauen wie Affe-Männer sind trotz allem, was hier an Negativem über sie geschrieben wurde, keine schlechten Menschen. Sie sind stets zu Späßen aufgelegt, zuweilen verstecken sie eben damit nur ihr eigenes Ich. Wenn sie sich fröhlich und oberflächlich geben, wollen sie von ihrem leicht verletzbaren Inneren ablenken. Wenn es um ihre Ehre geht, haben sie durchaus moralische Grundsätze.

Sie gehen gern aus, lieben Theater und Musik. Für sie gehört eine schöne, nach ihrem Geschmack ausgestattete Wohnung zur Glückseligkeit, in der sie die laute Welt da draußen vergessen wollen und in der sie sich ihre Träume erfüllen können. Warum sollte man nicht versuchen, mit ihnen zu träumen von einem glücklichen Leben zu zweit?

Affe-Menschen sind gar nicht so schlechte Partner, wie sie sich nach außen hin darstellen. Ihre optimistische Lebensauf-

Hinter der lauten, fröhlichen Fassade verstecken sich manchmal viel Sensibilität und Verträumtheit

fassung kann ansteckend wirken. Wer ihnen zugetan ist, wird bestätigen können, daß sie die fröhlichen Typen sind, von denen wir hier geschrieben haben, aber auch feststellen, daß sie bei aller Lebenslust ebenso recht ernsthafte Menschen sein können, mit denen man über alles reden kann.

Das Horoskop für die Affen

Affe-Menschen lieben das Leben. Sie sind – komme, was da wolle – am Ende stets optimistisch. Sie wollen eigentlich gar nicht wissen, was morgen sein wird. Sie leben im Hier und Heute.

In der Mitte des Affe-Lebens gibt's viele Turbulenzen

Chinesische Astrologen haben aufgeschrieben, was ihnen in den einzelnen Mondjahren geschehen könnte, und wir haben diesen „ewigen" Kalender auf abendländische Verhältnisse umgeschrieben. Danach wird viel Unruhe in das dritte und vierte Lebensjahrzehnt der Affe-Menschen getragen. In dieser Zeit könnten sie es sich mit ihren besten Freunden verderben, falls sie nicht einen Partner zur Seite haben, der ihnen hilft, über das Schlimmste hinwegzukommen.

Schauen wir uns einmal die einzelnen zwölf Mondjahre genauer an.

Im Jahr der Ratte (1996, 2008)

spielen die Affe-Menschen ihre Trümpfe aus und überstechen jeden, der ihnen Paroli bietet. Sie werden im Berufsleben weiterkommen und sich eine gute Stellung sichern können, wenn sie nicht zu unstet reagieren. In der Liebe wird es ein Jahr der Freude und des Frohsinns. Festverankerte Affen überlegen sich plötzlich, ob sie heiraten sollen.

Im Jahr des Büffels (1997, 2009)

werden die Affen vorsichtig sein, weil vielleicht das Geld knapp werden könnte. Ansonsten aber halten die günstigen Tendenzen aus dem Vorjahr an. Affen machen manches Schnäppchen und feiern, wo es etwas zu feiern gibt, fröhlich mit. Als Optimisten sagen sie sich, daß die gute Zeit ruhig weiter anhalten könnte. Sie sehen die Gewitterwolken am Horizont nicht.

Im Jahr des Tigers (1998, 2010)

ziehen manche Wölkchen schon am Himmel auf, die sich zu einem Unwetter entladen könnten. Das läßt die Affe-Menschen ruhiger taktieren. Sie sind schlau genug, sich einiger Mitmenschen zu versichern, die ihnen nützen können. Auf diese Weise legen sie wahrscheinlich den Grundstock für zukünftige, bessere Zeiten. Ihr Humor besorgt den Rest.

Im Jahr des Hasen (1999, 2011)

werden sich die Affen wieder fangen und erfolgreiche Unternehmungen starten, die allerhand einbringen sollten. In den zwischenmenschlichen Beziehungen können verliebte Leute aus diesem Tierzeichen vor Freude Purzelbäume schlagen, wenn das ihre Bandscheiben zulassen. Nur wer aus diesem so bewegten Zeichen das Spiel vom Bäumchen-wechsle-dich spielt, hat es schwer.

Im Jahr des Drachen (2000, 2012)

wird die Freiheit mancher Affen eingeschränkt. Einige unter ihnen könnten sogar von einem Partner eingefangen werden, der nicht locker läßt, bis die Heirat perfekt ist. Jedenfalls steht im Horoskop des Drache-Jahres viel von glücklicher Familie. Ob den Affe-Typen die Häuslichkeit wohlschmecken wird, ist fraglich. Schließlich lieben die Affen auch ihre Freiheit.

Schafft es da etwa jemand, den unruhigen Affen einzufangen

Im Jahr der Schlange (2001, 2013)

sucht der Affe-Mensch in den zwischenmenschlichen Beziehungen wieder einmal eher die Gunst der Stunde. Harmlose Flirts sind ihm lieber als himmelhochjauchzende Liebe. Trotzdem wird es ein fröhliches Jahr mit vielen Höhepunkten, möglicherweise auch im Beruf. Eine Wende zu besseren Bezügen und mehr Ansehen kündigt sich an.

Im Jahr des Pferdes (2002, 2014)

verfestigt sich, was im Vorjahr versprochen wurde. Im Beruf haben Affen viel Erfolg und können sich vielleicht auch auf eine günstige Veränderung in ihrem Leben einrichten. Jetzt ist die weitere Zukunft im Gespräch. Das gilt ebenso fürs Privatleben. Man sollte freilich nicht allzu sprunghaft reagieren.

Im Jahr der Ziege (2003, 2015)

Das Jahr der Ziege droht mit Unstimmigkeiten im Freundeskreis

wollen die Affen plötzlich Späße mit ihren Angehörigen treiben, die diesen nicht gefallen könnten. Im Freundeskreis sind deswegen sogar Trennungen angesagt. Mit mehr Diplomatie und ein bißchen Einfühlungsvermögen kommt man sicher weiter. Und es kann doch ein ganz gutes Jahr werden.

Im Jahr des Affen (2004, 2016)

biegt sich fast alles zurecht, was sich im Vorjahr schlecht anließ. Affe-Menschen zeigen Charakter und werden möglicherweise in der Liebe das große Glück finden. Lebensfreude triumphiert über Pessimismus. Wer sich dem Affen anschließt, kann jubeln: Dieser so optimistische Typ bringt Stimmung in den Alltag. Und Glück im Spiel hat er wohl auch.

Im Jahr des Hahns (2005, 2017)

läßt sich manches nicht so lustig an wie im Vorjahr. Die Affen werden trotzdem nicht Trübsal blasen, sondern weiter auf ihrem optimistischen Kurs bleiben. Sie sollten nun etwas Geld beiseite legen, um mögliche Schattenzeiten glücklich überstehen zu können.

Im Jahr des Hundes (2006, 2018)

denkt der Affe nicht an die Wende zum Schlechten. Er will sorglos weiterleben und wie in den Vorjahren genießen, was ihm geboten wird. Die nun aufgetischte Magerkost schlägt kaum auf sein fröhliches Gemüt; denn mit einer Art Galgenhumor sagt er sich: Auf Magerkost habe ich ja gewartet, die macht schlank!

Im Jahr des Hundes ist Magerkost angesagt

Im Jahr des Schweines (2007, 2019)

biegt sich alles scheinbar wieder zurecht. Mit Optimismus blickt der Affe in die Zukunft, die er für sich in rosigem Licht sieht. Er wagt ein Spielchen und hat Glück, das ihm sogar in der Liebe lachen wird. Sorgen schreibt er in den Wind. Ein bißchen Zurückhaltung würde ihm aber gerade jetzt nützen.

Die Affen vom Widder bis zu den Fischen

Das heitere Wesen der Affe-Menschen spiegelt sich auch in den Mischzeichen wider, die sich aus den Mixturen des Affe-Zeichens mit den zwölf westlichen Tierkreiszeichen vom Widder bis zu den Fischen ergeben. Hier werden zwölf Typen geschildert, die sich in der Grundtendenz ähneln, aber doch charakterliche Unterschiede aufweisen. Wie die chinesischen Astrologen durch die Doppelstunde der Geburt, die beiden kosmischen Kräfte Yin und Yang und die fünf Elemente dem Bild eines Affe-Menschen schärfere Konturen geben, so wollen wir auf den nächsten Seiten dasselbe mit Hilfe der abendländischen Zeichen versuchen.

Widder-Affen (21. März bis 20. April)

Widder-Affen müssen oft erkennen, daß sie ihre Kraft umsonst vergeuden. Sie beginnen viel, sind aber nicht sehr ausdauernd. Im Beruf werden sie des öfteren die Stellung wechseln. Lange kann man sie nicht ertragen und lobt sie weg. Auf so raffinierte Weise gelangen Widder-Affen manchmal zur Spitze, von der man sie kaum mehr vertreiben kann.

Ihr Kraftmeiertum läßt sie Freunde um sich scharen, die sich an der Widder-Affen Seite in Sicherheit wiegen. Sie sollten nicht zu sehr auf deren Schutz vertrauen. Bei den Leuten aus diesem Mischzeichen siegt am Ende meist nicht das freundschaftliche Gefühl, sondern die ertragreiche Nützlichkeit.

Ihr sprunghaftes Wesen läßt die Widder-Affen nicht so schnell Wurzeln schlagen. Liebe auf den ersten Blick bedeutet für sie, die Katze im Sack zu kaufen. Bevor sich zum Beispiel die Männer aus diesem Mischzeichen ins Ehejoch begeben, sondieren sie erst. Am Ende nimmt sich der Widder-Affe eine Frau, die von allen Vorzügen etwas hat. Und mit ihr ist er exzellent bedient.

Geselligkeit mögen Widder-Affe-Frauen über alles. Um sie herum muß Betrieb sein, dann fühlen sie sich wohl. Sie bewirten ihre Gäste mit allem, was Küche und Keller zu bieten haben. Müde Männer sind ihnen ein Greuel. Sie sind sexy genug, um jeden Mann zu verführen. Der Gatte mag's bedenken und seine Widder-Affe-Frau täglich neu für sich erobern.

Stier-Affen (21. April bis 20. Mai)

Stier-Affen haben ein „goldenes Händchen": Sie arbeiten hart und fahren reiche Ernte ein

Sie haben den sechsten Sinn für Geld und materielle Werte. Stier-Affen sind die Goldkinder des Tierkreises, müssen aber sehr viel arbeiten, ehe sie soviel beisammen haben, wie sie es sich wünschen. Im Beruf sind sie Leistungsträger. Hier kommt zu des Stieres Beständigkeit die frisch-fröhliche Art des Affen, der auch mal etwas wagt, um zum Ziel zu gelangen.

Stier-Affen machen sich bei allen Liebkind. Sie sind in jeder Weise zuvorkommend und haben gute Laune. Nur einige wenige ihrer Mitmenschen bekommen Einblick in die dunklen Seiten der Seele der Sternenmischlinge. Nämlich dann, wenn ein Stier-Affe enttäuscht wurde, und es aus ihm mit Naturgewalt hervorbricht. Dann kennen sie sich selbst nicht mehr und können mit ihrem Zorn alles niedermachen, was um sie herum ist. Aber solch wildes Aufbrausen der sonst so Liebenswerten ist selten.

Ihre Spritzigkeit und ihr Humor geben den Ausschlag für ihre Chancen in der Liebe. Nebenbuhler werfen sie spielend aus dem Rennen, womit sich zeigt, daß sie niemanden neben sich dulden. Partnerschaft versteht sich für sie nicht als Dreiecksverhältnis.

Scheidungen gibt es bei Stier-Affe-Männern so gut wie nie. Erstens kommt bei ihrem Charme sowieso keine Frau auf abwegige Gedanken, und zweitens würde ihr der Stier-Affe dazu auch keine Zeit lassen. Selbst nach der Silberhochzeit weiß er noch ein Gesprächsthema, das die Gattin fesselt.

Bei Stier-Affe-Frauen ist es ähnlich. Sie kennen kein Pardon, wenn der Ehemann auf Abwege geraten ist. Er muß zu Kreuze kriechen. Welcher Schändliche kann vergessen, daß er die perfekteste Frau von allen geheiratet hat? Denn sie kann einfach alles, ist Köchin und Haushaltsfinanzminister, Kinderbetreuerin und Teilhaberin im gemeinsamen Geschäft. So eine Prachtfrau kann man einfach nicht betrügen. Überdies kommt sie ja doch jedem auf die Schliche.

Zwillinge-Affen (21. Mai bis 21. Juni)

Niemand kann sich so in Szene setzen wie die Zwillinge-Affen. Sie sind die geborenen Schauspieler und versuchen, die Bühne des Lebens für sich allein zu gewinnen. Kaum einer kommt gegen ihren Wortreichtum, gegen ihr elegantes Taktieren an.

Es ist nicht ungewöhnlich, daß Zwillinge-Affen öfter mal die Arbeitsstelle, den Partner und sogar ihre Meinung wechseln. Dabei verstecken sie ihr unruhiges Ich hinter einer geradezu übersprudelnden Fröhlichkeit, die andere anzustecken vermag.

Wer im Beruf ihr Freund wurde, hat nicht viel davon. Denn schon nach dem ersten privaten Treffen zieht der Zwillinge-Affe vielleicht in eine andere Stadt. Kehrt er nach Jahren mal zurück, kennt er den Freund nicht mehr.

Die Männer aus diesem Mischzeichen sind Berufscharmeure. Ihr Lächeln nimmt gefangen. Ihre Versprechungen klingen wie die Märchen aus Tausendundeiner Nacht – gehen

Die quirligen Zwillinge-Affen führen manch einen an der Nase herum. Und lachen noch darüber

aber kaum in Erfüllung. Trotzdem nimmt man einem Zwillinge-Affe-Mann nichts übel und glaubt immer wieder seinen sagenhaften Erzählungen.

Natürlich sind die Frauen aus diesem Mischzeichen ebenso herzerfrischende Typen wie ihre Sternenbrüder. Sie spielen mit ihren Freunden und halten sie, wenn es ernst werden sollte, zum Narren. Solche Frauen kennen sich in romantischen Flirts aus und wissen die Männer an der Nase herumzuführen.

Leicht sind sie nicht einzufangen, die Schönen aus dem Zwillinge-Affe-Zeichen, zu erobern schon gar nicht. Sie geben sich nur dem hin, den sie wirklich lieben. In einer festen Verbindung bleiben sie fröhliche, stets zu Späßen aufgelegte Frauen, an deren Seite auch träge Männer munter bleiben.

Krebs-Affen (22. Juni bis 22. Juli)

Sie sind mit dem ganzen Herzen dabei. Aber ein kleiner Seitenblick aufs Geld ist auch erlaubt

Krebs-Affen finden viele Freunde, weil sie Herz haben und es auch zeigen. Sie werden in jedem Beruf glücklich, als Handwerker genauso wie als Kaufmann, als Arbeiter und als Wissenschaftler. Lieblingsberufe sind immer jene, bei denen das meiste Geld für sie herausspringt.

Ihre Beliebtheit kennt keine Grenzen, weshalb man ihnen hilft, wo es nur geht. Krebs-Affen, die nicht weiter wissen, haben immer einen guten Freund, der für sie einspringt und eine verkorkste Lage richtet. Man neidet diesen sonnigen Typen das Weiterkommen nie.

Als Partner sind Krebs-Affen etwas flatterhaft. Sie können sich nicht entscheiden und drücken sich vor der Verantwortung. Männer aus diesem Mischzeichen verstehen diese Masche besonders gut einzusetzen, wenn sie sich bedrängt fühlen. Ihre langjährigen Freundinnen berichten davon mit leidvoller Miene und bleiben dann doch bei ihnen: Was man hat, das hat man – weiß man, ob je etwas Besseres als der Krebs-Affe nachkommt? Er ist so lustig und kann so schön schmusen. Er poltert auch mal, aber das klingt nur wie vom Brummbär persönlich. Wenn ein Verhältnis auseinandergeht, ist bestimmt nicht der Krebs-Affe-Mann schuld, der so geduldig wie kein anderer ist, bis ihm die vor Ungeduld platzende Freundin schließlich davonlief.

Krebs-Affe-Frauen liegt der Sex im Blut. Sie sind von allen Affe-Geborenen am wenigsten geeignet für Küche und Haushalt. Sie lieben die Freiheit, selbst wenn sie längst eingefangen sind. Hier funkt der Affe dem Krebs gehörig dazwischen und funktioniert romantische Gefühle in sexbetonte Freizügigkeit um. Glücklich, wen solche Krebs-Affe-Frau liebt. An ihrer Seite wird sein Leben zu einem Lust-Spiel, in dem sie Hauptrolle und Regie übernimmt.

Löwe-Affen (23. Juli bis 23. August)

Vor nichts scheuen Löwe-Affen zurück. Sie stürzen sich in jedes Abenteuer und fürchten weder Tod noch Teufel. Angst haben eigentlich nur ihre Freunde, daß sich solch Löwe-Affe vor lauter Wagemut alle Glieder brechen könnte. Sein Streben nach Ruhm und Ansehen macht vor nichts und niemandem halt. Löwe-Affen bieten selbst dem autoritärsten Chef die Stirn. Sie walzen alles nieder, was sich ihnen entgegenstellen möchte.

Ihrem unaufhaltsamen Aufstieg stünde nichts im Wege, wenn sie bei ihrem rasanten Tempo nicht leicht übersehen würden, daß sie Fehler machen, die sie Kopf und Kragen kosten können. Es ist der Leichtsinn des Affen, der dem königlichen Löwen zuweilen die schönsten Perlen aus der Krone bricht und den Sternenmischling nur allzu menschlich erscheinen läßt.

Der Löwe will alles, aber der Affe verscherzt so manches durch seinen Leichtsinn

In der Liebe sind alle Löwe-Affen besitzergreifend. An sie verteilt man keine Körbe, nur wehmütige Abschiedsbriefe auf Büttenpapier. Männer dieses Typs werden bei aller Weltoffenheit brave Ehemänner, selbst wenn sie tagelang auf Abenteuern unterwegs sind. Wer solch einen Mann hat, besitzt ihn nie allein. Löwe-Affe-Männer sind, obwohl sie auch nach der Hochzeit noch sehr umschwärmt werden, durchaus treu, wenn sie Liebe und Treue dafür wiederbekommen und man ihnen nie widerspricht.

Ähnlich ist es bei den Löwe-Affe-Frauen. Vor der Ehe flattern sie von diesem zu jenem, nach der Hochzeit machen sie mit allem, was war, Schluß und hoffen auf den Herrn Gemahl und seinen großen Bekanntenkreis. Sie wollen ja hergezeigt werden und das Leben auch als Ehefrau genießen.

Aufrichtig und verläßlich – aber leider auch leicht zu kränken: der Jungfrau-Affe

Jungfrau-Affen (24. August bis 23. September)

Zuverlässiger als die meisten anderen Affen ist der unterm Jungfrau-Zeichen geborene. Nur ist er mimosenhaft empfindlich und leicht verletzbar. So geartete Menschen sind gesundheitlich nicht besonders widerstandsfähig.

Jungfrau-Affen sind sehr schlagfertig. Obwohl ihr Verstandesapparat gut ausgebildet ist, leisten sie mehr in Berufen, wo man Fingerfertigkeit benötigt. Im Handwerklichen sind sie einsame Spitze. Der Ordnungssinn der Jungfrau bricht auch bei diesem Affen durch. Das wird ihm manchmal den Ruf eines Pedanten einbringen.

Von allen Affe-Typen sind die unter der Jungfrau geborenen am leichtesten zu zähmen. Sie sind sogar sehr häuslich. Die Kaltschnäuzigkeit, die sie im Berufsleben zeigen, ist im engen Freundeskreis wie weggeblasen.

Männer aus dem Jungfrau-Affe-Zeichen geben sich alle Mühe, die feste Freundin oder Gattin zufriedenzustellen. Sie können überschwenglich sein und jeden Tag mit Rosen nach Hause kommen, urplötzlich aber tagelang die beleidigte Leberwurst spielen. So sind sie nun mal.

Frauen aus diesem Mischzeichen haben ähnliche Charaktereigenschaften wie ihre Sternenbrüder, aber noch extremer. Ein falsches Wort, und sie sind auf hundertachtzig! Rücksichtsvolle Männer nehmen das zur Kenntnis. Die Jungfrau-Affe-Frau dankt es ihnen mit aufopferungsvoller Liebe.

Waage-Affen (24. September bis 23. Oktober)

Die fröhlichsten von allen sind die Waage-Affen. Sie haben den Humor für sich gepachtet und können eine Gesellschaft allein unterhalten. Man sieht sie dennoch nur von Zeit zu Zeit gern, als Dauergäste werden sie lästig.

Waage-Affen arbeiten hart, um sich ein luxuriöses Leben leisten zu können. In einer Hütte, durch die der Wind pfeift, würden sie jämmerlich eingehen. Wo sie arbeiten, muß gutes Betriebsklima herrschen, sonst wechseln sie beizeiten.

Sie können so charmant die Unwahrheit sagen, daß man ihnen kaum böse ist. Waage-Affen fabulieren gern; da vermischen sich schon mal Dichtung und Wahrheit. Als Streit-schlichter sind sie gesucht. Am liebsten geben sie jedem recht, um es mit keinem zu verderben.

Waage-Affe-Männer mögen die heitere Partnerin, die auch mal die Fünf gerade sein läßt und die man herzeigen kann, wenn man mit ihr ausgeht. Wenn genügend Geld für die eigenen Bedürfnisse übrig bleibt, kann sich auch die Ehefrau à la mode kleiden. Reicht's nur für den Mann, muß sie sich bescheiden. Aschenbrödel mag zu Hause bleiben und die Erbsen zählen, während ihr Prinz die Welt erobert.

Waage-Affe-Frauen sind teuer, wenn man auf ihre Wünsche nach gehobenem Luxus eingeht. Sie verkümmern an der Seite eines Mannes, der ihnen kaum anderes zu bieten hat als nur seine Liebe. Bei ihnen gehört mehr zur Ehe. Und darum heiraten sie oft nicht auf den ersten Blick, sondern auf den sicheren zweiten. Diese Sternenmischlinge sind anspruchsvoll. Und charmante Eleganz hat nun mal ihren Preis.

Heiter und großzügig muß der Partner sein, der zu einem Waage-Affen paßt

Skorpion-Affen (24. Oktober bis 22. November)

Es heißt, man könne Skorpion-Affen nicht über den Weg trauen. Tatsächlich sind sie zielstrebig und ohne jeden Skrupel, wenn es darauf ankommt, mehr zu erreichen als andere. Hinter ihrer Freundlichkeit steckt der abschätzende Blick, der die Mitmenschen testet.

Arbeitsam sind diese Sternenmischlinge immer dann, wenn Müßiggang auffallen würde. Nur so finden sie Förderer, die ihnen den Weg ebnen. Bei den Kollegen treten sie hier und da ins Fettnäpfchen, was ihre Beliebtheit kaum steigert.

Allenthalben werden Skorpion-Affe-Männer als feurige Liebhaber geschätzt. Das Liebesfeuer müßte sie auch zu geschätzten Ehemännern machen. Leider sind sie es nicht in jedem Fall. Es liegt an der Nachtseele des Skorpion-Affe-Mannes, der auf Dauer nie dieselbe Tour reisen kann.

Frauen aus diesem Mischzeichen sind hingebungsvoll. Gezielt suchen sie sich ihre Opfer, die nur zu bereitwillig auf sie eingehen. Aber die weiblichen Sternenmischlinge nehmen es möglicherweise nicht so ernst und gerade wenn es am schönsten zu werden verspricht, springen sie ab.

In der Ehe erlischt schnell, was mit heißer Liebe begonnen hat. Oft sind die Ehemänner der Skorpion-Affe-Frauen daran schuld, weil sie den Herrn mimen und nicht das Spielzeug einer liebenswerten Frau sein wollen. Sie täten besser daran, den Wünschen ihrer Skorpion-Affe-Frau zu willfahren. Manche finden's schön, unter ihrem Pantoffel zu stehen.

Schütze-Affen (23. November bis 21. Dezember)

Zwei freiheits-liebende Zeichen begegnen sich: Schütze und Affe

Schütze-Affen lieben die Freiheit über alles. Arbeitsplätze sind für sie Stellungen, in denen sie sich nicht sehr gebunden fühlen. Am liebsten wären sie selbständig, denn in freien Berufen erzielen sie die höchste Rendite. Ihre Intelligenz befähigt sie aber auch absolut zu Führungsaufgaben, in kleinkarierten Verhältnissen verlieren sie leicht die Lust.

Reisen sind das Hobby aller Schütze-Affen. Wenn sie das Bündel daheim schnüren können, fühlen sie sich wohl. Sie schwärmen nicht nur von Abenteuern, sie erleben sie auch.

Abenteuerlich ist ebenso ihr Liebesleben, wenn sie nicht gleich den Partner finden, der ihre große Liebe ist. Es beginnt mit harmlosen Flirts, geht über handfeste Liebeleien bis kurz vors Standesamt, fängt dann aber wieder von vorne an.

Männer aus diesem Mischzeichen sind flatterhafter als ihre Sternenschwestern. Sie hängen zwar sehr an ihrer Familie, gehen aber auch gerne eigene Wege, wenn sie der Freiheitsdrang packt. So entschlußfreudig sie im Beruf sind, so sehr zögern sie manche Entscheidung im Privatleben hinaus.

Die Schütze-Affe-Frau ist sehr gesellig und hat auch eine Menge Gesprächsstoff auf Lager. Doch mit belanglosem Gerede wird sie nicht nur dem teuren Gatten auf die Nerven gehen. Und dann fühlt sie sich unverstanden, denn die Schütze-Affe-Frau ist immer von sich und ihren Vorzügen überzeugt. Diesen Glauben sollte man ihr lassen und zuhören.

Steinbock-Affen (22. Dezember bis 20. Januar)

Die Gründlichkeit der Steinbock-Affen wird landein, landaus gerühmt. Sie rasen zwar nicht wie Irrwische durchs Leben,

sind aber immer noch schnell genug, um Konkurrenten ein Schnippchen zu schlagen. Sie haben einen hintergründigen Humor. Das Leben meistern sie mit viel Ernst und großem Sachverstand. Im Beruf gelingt ihnen sehr viel. Sie stehen früher auf als andere und gehen, wenn sie der Ehrgeiz packt, später heim. Für die Firma tun sie alles, wenn man sie durch Lob anstachelt.

Steinbock-Affe-Männer haben es besonders schwer, in Liebesdingen zurechtzukommen. Sie sind bei aller Ausgelassenheit und Fröhlichkeit, die sie gegenüber Frauen zur Schau stellen, oft sehr gehemmt, was sich zu regelrechter Verklemmung ausweiten kann. Wenn man zwei so unterschiedliche Tiere im Wappen trägt, kann man kaum anderes erwarten.

In der Liebe sind die Steinbock-Affen eher gehemmt

Dabei können gerade die Männer aus diesem Mischzeichen prachtvolle Ehepartner sein. Frauen, die schon vor der Hochzeit genügend Geduld mit ihnen aufgebracht haben, wissen das. Diese Steinbock-Affen sorgen rührend für die Kinder, und selbst die übrigen ehelichen Pflichten erfüllen sie mit großer Begeisterung.

Mut braucht auch die Frau aus diesem Mischzeichen, um über ihre Hemmungen hinwegzukommen, die sie selbst noch in die Ehe mitnimmt. Sie ist mit allem sparsam – mit dem Geld, mit Freundschaftsbezeigungen, vor allem aber mit der Liebe. Tief in ihrem Innersten sitzt viel Gefühl eingekapselt, das sie sich nur für den einen aufhebt, den sie glücklich machen will.

Wassermann-Affen (21. Januar bis 19. Februar)

Leichtsinn ist bei dem Wassermann-Affen die Wurzel allen Übels. Er kann im Leben vieles erreicht haben und doch in einer Momentslaune vieles wieder in Frage stellen. Unruhiges Blut fließt durch seine Adern, das treibt ihn zuweilen zu Unüberlegtheiten, zu Stimmungen, zur totalen Veränderung der augenblicklichen Verhältnisse.

Im Beruf stehen darum Wassermann-Affen immer auf dem Sprung. Wenn man ihnen nicht genügend Freiheiten läßt, werden sie die Firma wechseln, wobei sie sogar Gehaltsminderungen in Kauf nehmen. Man wird schon wieder nach oben kom-

men. Diese Sternermischlinge wollen mit dem Kopf durch die Wand. Aber vielfach ist die Wand doch härter als der voluminöse Dickkopf eines Wassermann-Affen.

Männer aus diesem Mischzeichen spielen gern den Playboy, für den jedes Mädchen über achtzehn interessant ist. Dementsprechend oberflächlich gehen sie Beziehungen ein. Der Welt stehen sie dagegen viel zu nüchtern gegenüber. Für die Ehe taugen diese Individualisten nur, wenn man sie davon überzeugen kann, daß Liebe auch zu einem einzigen Menschen genossen werden kann. Ihr Herz ist groß und weit. Da hat auch Treue noch einen Platz.

Solange es geht, wollen Wassermann-Affe-Frauen ebenso wie ihre Sternenbrüder frei bleiben. Flatterhaft sind sie nicht, jedoch sehr lebenslustig. Sie wollen erobert werden: Ein ganzer Kerl ist ihr Traumbild, „Softis" haben da nichts zu suchen.

Fische-Affen (20. Februar bis 20. März)

Fische-Affen bilden sich ihre Wertvorstellungen spielerisch. Das Glück im Spiel zieht sich durch ihr ganzes Leben. Aber sie vertrauen auch auf ihr eigenes Können, das im allgemeinen von keinem unterschätzt werden darf.

Fische-Affen haben im Beruf Erfolg, wenn sie konditionell auf der Höhe sind. Greifen sie zur Flasche (übel bei einigen Fische-Affen!), verspielen sie sich die schönsten Möglichkeiten. Da sie einsichtig sind, kann man sie in den meisten Fällen eines Besseren belehren.

Fische-Affe-Männer sind in vielen Liebesschlachten erprobt, aber wenn sie die eine gefunden haben, steht für alle anderen das Glücksrad bei diesem Mann still. An ihrer Seite erleben Frauen, was Liebe ist. Sie streicheln und schmeicheln am liebsten den ganzen Tag. Und müssen von Zeit zu Zeit daran erinnert werden, daß es auch noch so banale Tätigkeiten wie Arbeiten und Geldverdienen gibt.

Fische-Affe-Frauen sind ebenso lieb und anhänglich wie ihre Sternenbrüder, und haben seelischen Tiefgang. Diese Frauen wissen ganz genau, was sie wollen: Keine Bettgeschichten, sondern einen respektablen Partner. Schon manche von ihnen hat einen wilden Herren zu einem braven Ehemann gemacht.

Der erfolgreiche, stolze Hahn

Sie sind aufgeschlossen für alles Neue, haben ihren eigenen Stil und werden von ihren Mitmenschen bewundert. Das macht die so stolzen Menschen, die im zehnten chinesischen Tierzeichen geboren sind, noch erhabener. Sie setzen auf den Erfolg und glauben im geheimen, daß sie jeden überflügeln können, der sich ihnen in den Weg stellt. Tatsächlich erreichen die Leute, deren Geburtstag in einem Jahr des Hahns liegt, mehr als andere. Und das sind die chinesischen Mondjahre, in denen die Hahn-Menschen geboren wurden und werden:

8.2.1921 – 26.1.1922
25.1.1933 – 13.2.1934
12.2.1945 – 1.2.1946
30.1.1957 – 17.2.1958
16.2.1969 – 5.2.1970
4.2.1981 – 24.1.1982
22.1.1993 – 9.2.1994
9.2.2005 – 28.1.2006

Schon als kleines Kind ist der Hahn-Geborene neugierig auf alles, was neu und unentdeckt ist. Diese Neugierde macht das Hahn-Kind anfällig für Verletzungen, weil es bereits im Krabbelalter alles mit den Händen berühren möchte, was ihm noch unbekannt ist. Und da kann es dann leicht an eine elektrische Leitung geraten oder an eine heiße Herdplatte. Oder es purzelt vom Tisch herunter, auf den es im kindlichen Übermut geklettert ist. So macht es schon früh Erfahrungen, aus denen es für spätere Jahre nur lernen kann.

Hahn-Menschen bewahren immer Haltung. Sie sind nicht unterzukriegen, selbst wenn ein Schicksalsschlag sie niederdrückt. Das macht sie erhaben über ihre Mitmenschen, deren

Hahn-Geborene sind nicht unterzukriegen. Sie bewahren Haltung bis zum Schluß

177

Huldigung ihnen sicher ist, wenn sie endlich ihr Ziel erreicht haben und hoch über allen an der Spitze thronen.

Bis die Hahn-Geborenen da angekommen sind, vergeht schon viel Zeit. Und das liegt an einem Wesenszug der Hähne, der sie charakterlich besonders prägt und für viele um so liebenswerter macht: Sie wollen immer das Beste aus allem herausholen. Mit anderen Worten: Sie machen sich das Leben selbst schwerer, als es eigentlich ist.

Hähne arbeiten hart an sich selbst. Sie meinen, erfolgreich könnten sie nur sein, wenn sie aus allem das Letzte herausholen. Derweil überholen sie möglicherweise die Oberschlauen, die weniger ernsthaft an die Arbeit gehen, sich aber stets ins rechte Licht setzen wollen. Nur darum bleiben Hahn-Menschen auch einmal in niedrigeren Stellungen hängen.

Eigentlich können diese Hähne in jedem Beruf Karriere machen, der auf harter Arbeit gründet. Seltsamerweise drängen sie jedoch auch in jene Berufe, die ihnen Sicherheit bis ins Pensionsalter geben können. Das heißt: sie werden Beamte oder Festangestellte auf Lebenszeit mit gutem Einkommen.

Viele Hahn-Menschen haben eiserne Nerven. Als Chirurgen wären sie ebenso befähigt wie als Krankenpfleger auf Intensivstationen. Sie scheuen keine Gefahren, weshalb sie auch als Rennfahrer oder Artisten Erfolge feiern können. Ihr Mut zum Risiko läßt sie als Börsenmakler und Finanzfachleute die günstigen Momente erkennen, in denen man am besten „cash" machen kann.

Zum Glück gehört auch Geld

Zum Geld haben diese in einem Hahn-Jahr Geborenen die gesunde Einstellung, daß man es zu seinem eigenen Glück braucht. So streben sie stets nach ein bißchen Wohlstand. Sie lieben das gepflegte Heim mit schönen Möbeln und wertvollen Teppichen, wollen allerdings alles nur aus eigenem Antrieb schaffen. Sie sind zu stolz, um eine bessere Stellung zu betteln. Nur weil sie höfliche Leute sind, sagen sie einmal danke, was ansonsten in ihrem Wortschatz nicht allzuoft vorkommt.

Eiserne Sparsamkeit führt direkt zu einem dicken Bankkonto

Viele Hahn-Menschen verfügen mit der Zeit über ein ansehnliches Bankkonto, weil sie eisern sparen. Sie wissen, daß sie nur so das Ziel erreichen können, das sie sich gesetzt haben:

ein wenig Luxus für sich und ihre Lieben. Im allgemeinen sind sie herzensgut und hilfsbereit. An keinem Bettler können sie vorübergehen, ohne ihm etwas zukommen zu lassen.

Sie können ihr letztes Hemd verschenken, wollen aber nach Möglichkeit selbst nichts geschenkt bekommen. Man sollte sie loben, wenn sie es verdient haben. Lob steigert ihren Arbeitseifer. Doch im Grunde wissen sie, was sie wert sind. Und trotzdem fallen diese stolzen Hähne gern auf hinterhältige Schmeichler herein, die ihnen scheinbar huldigen, aber nur das eine wollen, daß sich der Hahn mit vor Stolz geblähtem Kamm blindlings ins Abseits drängen läßt. Und auch darum bringen es manche Hähne nicht allzu weit.

Der Hahn-Mann

Mit Schmeicheleien und Zärtlichkeiten kriegt man jeden Hahn herum. In der Liebe wollen die Frauen und Männer aus diesem Zeichen auch stets Hahn im Korb sein. Man mag sie, und manch einer schmückt sich mit ihnen; denn einen Hahn kann man, ohne sich zu schämen, beruhigt in aller Öffentlichkeit herzeigen.

Der Hahn-Mann will auch Hahn im Korb sein – besonders in Sachen Liebe

Hahn-Männer sind für die Liebe wie geschaffen. Sie bekommen die sprödeste Schöne herum. Ihr Charme reicht für viele. Dieser so männliche Typ fühlt sich in der Gesellschaft hübscher Frauen am wohlsten. Er beargwöhnt jeden anderen Mann als potentiellen Konkurrenten im Liebesgeschäft. Jetzt verstehen Sie, warum Hahn-Geborene nur einige wenige Freunde, dafür jedoch um so mehr Freundinnen haben. Sie lieben den Hahnenkampf und nehmen es mit jedem auf, der ihnen in der Liebe die Suppe versalzen möchte.

Der Hahn-Mann hat Glück in der Liebe. Aber er versteht selbst die lockersten Flirts als ernsthafte Bewerbung um seine Gunst. Frauen, die anders denken, serviert er ab. Hahn-Männer sind auch großzügig gegenüber denen, die sich mit ihnen eingelassen haben. Und so kommen sie zu einschlägigen Lebenserfahrungen. Am Ende werden sie eine Frau heiraten, die sie bis ins hohe Alter hinein liebevoll versorgt und ihnen nachsieht, wenn sie vielleicht einmal auf andere Gedanken kommen und nicht unbedingt treu sind. Mit zunehmendem Alter wird sich dieser mögliche Charakterzug schon geben.

Ihrer Familie wird es trotzdem an nichts fehlen. Ein Hahn-Vater ist meist sehr verständig, wenn seine Kinder mit Anliegen an ihn herantreten. Er wird ihre Wünsche erfüllen, wenn er dazu in der Lage ist. Sie sollten aber bedenken, daß dieser Vater stolz auf sie sein will. Wer da krumme Dinger dreht, hat bei ihm verloren.

Die Hahn-Frau

Sie möchte noch nach Jahren die einzige Geliebte des Mannes sein

Natürlich ist auch die Hahn-Frau für die Liebe. Sie ist nur weniger flatterhaft als ihr Sternenbruder. Stets wird sie einen festen Freund suchen, auf den sie sich verlassen kann. Schließlich können sich Frauen in der Liebe eher etwas vergeben als die Männer.

Diese so kluge Evas-Tochter hat das Herz auf dem rechten Fleck. Sie will noch nach Jahren die einzige Geliebte des Mannes sein, den sie sich aus einer Reihe von Verehrern erwählt hat. Sie ist dafür ihrerseits eine treue Partnerin, wenn auch der Mann an ihrer Seite ihr treu ergeben bleibt. Sie wird alles für ihn tun, ihm sogar, wenn er es möchte, die Füße waschen. Ihre Kinder werden von ihr heißgeliebt. Es ist jedoch möglich, daß sie die Bedürfnisse der Kleinen auch mal zugunsten der Bedürfnisse ihres Partners hintenanstellt, sie dann aber umso zärtlicher umsorgt.

Die Hahn-Geborene ist eine sparsame Hausfrau. Sie hält das Geld zusammen, daß der Ehemann vielleicht sinnlos verpulvern möchte. Solche Sparsamkeit treibt manchmal den Keil in eine sonst gute Beziehung mit einer Hahn-Frau. Es ist der Unverstand der Männer, der eine Ehe mit dieser so stolzen Frau scheitern läßt.

Die Unebenheiten in der Seele

Wer in einem Hahn-Jahr geboren ist, hat viele gute Seiten. Sie überwiegen sicherlich die wenigen Schattenseiten in seiner Seele. Doch wollen wir diese nicht verschweigen, zumal gerade Hahn-Menschen stets an sich arbeiten, um die Unebenheiten in ihrem Charakter zu beseitigen. Man sollte ihnen nur nicht sagen, was einem an ihnen nicht gefällt. Ihr Stolz läßt fremde Einmischung nicht zu.

Natürlich lachen sie gern, zur Not sogar über sich selbst. Wer jedoch über sie lacht, hat bei ihnen verspielt. Bei anderen heißt es für Hähne beiderlei Geschlechts stets: „Krummnehmen gilt nicht" – sie selbst werden aber alles krummnehmen, was ihren Stolz verletzt.

Die scheinbar immer über allen Dingen stehenden Hähne haben ein etwas eingeengtes Gesichtsfeld. Sie können zum Beispiel niemals verstehen, wenn man ihnen böse ist, weil sie wieder einmal angeeckt sind mit allzu forschen Äußerungen, die sie gar nicht so gemeint haben, wie sie von den lieben Mitmenschen empfunden wurden. Hähne wollen nie beleidigen, sondern nur ihre ehrliche Meinung sagen.

Mit der Zeit werden einige von ihnen vielleicht lernen, daß absolute Ehrlichkeit nicht immer gern gesehen ist. Die meisten aber werden bis ins hohe Alter nicht klug. Und so könnte es passieren, daß sie dann, wenn sie am ehesten Ansprache brauchen, allein gelassen sind.

Träume vom großen Glück

Auch Hahn-Menschen haben ihre Träume. Sie möchten für ihr Leben gern faul sein und nur auf das große Glück vertrauen, das sie in die Lage versetzt, in Luxus und Reichtum zu leben. Trotzdem wäre das gegen ihre Natur! Sie wollen sich alles im Leben selbst erarbeiten, nicht auf andere vertrauen, die ihnen goldene Berge versprechen.

Und jetzt wissen Sie, warum mancher Hahn-Mensch nicht allzu weit auf der Karriereleiter kommt. Vom reinen Arbeitsaufwand wäre er einsame Spitze, aber sein Durchsetzungsvermögen scheitert oft an seinem sprichwörtlichen Stolz: Er nimmt nichts von anderen an und wird nie das Gefühl los, daß Hilfsbereitschaft auch als mildtätige Gabe gesehen werden kann.

Sein Durchsetzungsvermögen scheitert oft an seinem Stolz

Man sollte die Hahn-Menschen träumen lassen. Im Grunde genommen sind sie ja überaus liebenswerte Leute, die nur einige kleine Untugenden haben. Dadurch geraten sie bei manchen in ein schiefes Licht, ohne daß sie das selbst eigentlich wollen.

Wer lange Zeit mit ihnen zusammenlebt, wird bestätigen können, daß Hähne gar nicht so sind, wie mancher Zeitge-

nosse sie sehen möchte. Nur gut, daß sich die Leute aus dem zehnten chinesischen Tierzeichen wenig um die Meinung solcher Menschen kümmern, da sie stets den geraden Weg im Leben gehen wollen. Und der wird in den meisten Fällen am Ende gangbar sein wenn sie den richtigen Partner gefunden haben.

Das Horoskop
für die Hähne

*Hahn-Geborene
werden erst
durch Erfah-
rung klug – aber
dann geht's
bergauf*

Leider erst durch Erfahrung werden Hahn-Menschen klug. Aber dann können sie auf der Erfolgsleiter auch stetig nach oben steigen. Wenn sie gelernt haben, ihren Stolz auf Dinge zu beschränken, die ihnen Freude bereiten, werden sie sich nicht selbst kaputtmachen, was sie sich mühsam erarbeitet haben. Im allgemeinen ist das Horoskop, das chinesische Astrologen für sie erstellt haben, gar nicht so schlecht, in manchen Jahren sogar sehr gut. Und die sollten die Hähne für sich nutzen.

Wir haben versucht, dieses Horoskop auf die Jetztzeit zu übertragen. Dabei fiel uns auf, daß gerade die Astrologen schon vor zweitausend Jahren eine hohe Meinung von den Hahn-Menschen hatten, auf die diese noch heute stolz sein können.

Schauen wir nun also einmal, was in den nächsten Jahren die Hahn-Menschen für sich zu erwarten haben.

Im Jahr der Ratte (1996, 2008)

werden die Hahn-Menschen gefordert. Vielleicht wird ihnen die Arbeit regelrecht zuviel werden. Da sie jedoch gewohnt sind, korrekte Leistung zu erbringen, könnten sie ins Trudeln kommen und unzufrieden mit sich selbst und ihrer Umwelt sein. Am besten legen sie ihr Geld gut an und spekulieren nicht mit dem, was sie erreichen könnten. Es ist kein allzu gutes Jahr.

Im Jahr des Büffels (1997, 2009)

sind alle Schwierigkeiten wie weggeblasen, die sich möglicherweise in vergangenen Jahren aufgebaut haben. Hahn-Menschen können aufatmen und von neuem beginnen, ihr Leben
auf eine gesunde Basis zu stellen. Schon zu Anfang beginnt es
mit einem Paukenschlag: Hähne lernen Mitmenschen kennen,
die ihnen helfen, voranzukommen. Da heißt es, eigenen Stolz
zu überwinden.

Im Jahr des Tigers (1998, 2010)

halten noch eine Weile die guten Aspekte aus dem Vorjahr an.
Wer sich rasch ein Schnäppchen sichern will, sollte es eilig tun;
denn allzubald kann sich der Wind drehen. Urplötzlich kommt
es zu Turbulenzen, die bei Hähnen für Schwindelanfälle sorgen. Das Tiger-Jahr ist für sie nicht unbedingt die Zeit, in der sie
ihre Finanzen oder ihr Privatleben ordnen sollten.

Im Jahr des Hasen (1999, 2011)

sind Hahn-Menschen recht mißtrauisch, und glauben kaum an
eine Besserung ihrer Verhältnisse. Sie haben noch genug von
den Turbulenzen, die im Vorjahr für Unruhe sorgten. Allmählich zeichnet sich aber ab, daß das Hase-Jahr gar nicht so
schlecht wird. Wer wagt, kann gewinnen in diesem guten Zeit-
abschnitt.

*Wer im Hasen-
jahr wagt, kann
gewinnen*

Im Jahr des Drachen (2000, 2012)

wird sich die Lage zusehends stabilisieren. Wer jetzt an eine feste Verbindung denkt, sollte sie eingehen. Hähne haben in der
Liebe Glück. Sie können ab und zu sogar einmal ein Spielchen
wagen, weil das Horoskop für einige Hähne gute Gewinnchan-
cen verspricht. Bei allen soll das Konto wachsen, allerdings die
Arbeit auch.

Im Jahr der Schlange (2001, 2013)

können Hahn-Menschen stolz auf das bisher Erreichte zurückblicken und froh nach vorne schauen. Der günstige Trend

aus dem Vorjahr hält noch eine Weile an. Für viele aus dem Hahn-Zeichen heißt es, das Leben zu genießen. Nur Leichtsinn würde schaden. Gut wäre es, nun Rücklagen für die Zukunft zu bilden.

Im Jahr des Pferdes (2002, 2014)

sollten sich Hähne nicht zu sicher fühlen und vor allem den Kopf nicht zu hoch tragen. Sonst setzt es Nackenschläge, die selbst der Notarzt nicht heilen kann. Plötzlich sind schier unüberwindbare Hindernisse in den Weg gestellt. Wer sich duckt, kann untendurch kriechen. Die Frage ist nur: Sind Hähne dafür zu stolz?

Im Jahr der Ziege (2003, 2015)

können sich die Hahn-Menschen kaum vor einem Übermaß an Arbeit retten, aber es ist möglich, daß die Arbeit oft schlechter als sonst entlohnt wird. Unzufriedenheit nützt ihnen nichts, sie müssen da durch. Das Familienleben gerät in Unordnung, das Gleichgewicht ist gestört. Hähne müssen manches zurückstellen.

Im Jahr des Affen (2004, 2016)

kommt das Glücksrad allmählich wieder in Schwung. Hähne können hoffnungsvoller in die Zukunft sehen, als im Jahr zuvor. Es liegt nun an ihnen, ihre Stellung zu festigen. Vieles wird sich von selbst lösen, wenn die Hähne nicht ausgerechnet in diesem nicht schlechten Jahr zum Durchdrehen neigen würden. Da heißt es: Ruhig bleiben!

Im Jahr des Hahns (2005, 2017)

In ihrem eigenen Jahr laufen die Hähne zu Bestleistungen auf

glättet sich alles wieder. In ihrem eigenen Jahr haben Hähne eine gehörige Portion Glück. Sie können ihre Verhältnisse, die bisher zerrüttet schienen, wieder ordnen. Und im Privatleben wird die Liebe lachen. Das wird die doch so arbeitsamen Hähne zu Höchstleistungen veranlassen. Besser kann's nicht werden!

Im Jahr des Hundes (2006, 2018)

beginnt es bei den Hahn-Geborenen schon wieder zu kriseln. Das Horoskop verzeichnet bei ihnen ein ständiges Auf und Ab. Jetzt machen ihnen, wenn sie im Jahr zuvor das Geld verjubelt haben, die Finanzen Sorgen. Aber sie werden sich – wie immer – leidlich durchwursteln. Durch eigene Schuld läuft privat nicht alles rund.

Im Jahr des Schweins (2007, 2019)

wird in allen Lebensbereichen so manches übertrieben, was besser ganz vorsichtig angegangen werden sollte. In der Liebe neigen die Hähne zu Spielereien, die zwar Abwechslung in den Alltag bringen, nicht aber unbedingt dem häuslichen Frieden dienen. Launen wechseln vielfach mit Depressionen ab, da heißt es: Kopf hoch, Hähne! Schließlich kann es für sie ja nur besser werden.

Jetzt heißt es vorsichtig sein und nichts übertreiben

Die Hähne vom Widder bis zu den Fischen

Wie bei den bisher beschriebenen Tierzeichen geschehen, wollen wir jetzt Ähnliches mit den Hähnen tun und schildern, wie sich das Charakterbild der in einem Hahn-Jahr geborenen Menschen verändern kann, wenn man ihre Charakteranlagen mit den zwölf westlichen Tierkreiszeichen zusammenbringt. Das ergibt dann zwölf Mischtypen der nachfolgend beschriebenen Art.

Widder-Hähne (21. März bis 20. April)

Widder-Hähne haben den Hahnenkampf erfunden. Sie streiten für ihr Leben gern. Man sollte ihnen Beruhigungspillen in Form von Liebe und Güte eingeben. Vielleicht wären sie dann

Widder-Hähne sind die geborenen Widerständler. Mit ihnen ist nicht gut Kirschen essen

leichter zu haben, könnten sich besser auf ihre Arbeit konzentrieren und mehr erreichen.

Unterm Hahn bekommt der erdverbundene Widder den letzten Schliff, der ihn eigentlich für gute Stellungen prädestiniert. Da wird hart gearbeitet und mancher Kollege aus dem Wege geschubst. Leider stehen Widder-Hähne stets in Opposition zu jedweder Obrigkeit, was ihnen von deren Seite kaum überragende Förderung eintragen wird. Ihr Stolz ist erhaben über Katzbuckeleien. Schmeicheln können sie nicht.

Selbst im Privatleben tun sich Widder-Hähne manchmal schwer. Sie sind zu impulsiv und reagieren oft unberechenbar. Das erhöht die Gefahr von Zwistigkeiten, die vom handfesten Krach bis zum Streit um des Kaisers Bart reichen können.

Männer aus diesem Mischzeichen machen auf Frauen einen nachhaltigen Eindruck. So manche spröde Schöne ließ sich von ihnen verführen und kam nicht mehr von den Charmebolzen los. Die sonst so harten Widder-Hähne zerfließen wie Butter an der Sonne, wenn sie verliebt sind. In der Ehe dieser so energiegeladenen Männer kracht es naturgemäß häufiger als in anderen festen Verbindungen.

Auch die Frauen dieses Mischtyps sind streitbar. Sie erobern den Mann ihrer Wahl mit viel Gefühl und vielen weiblichen Waffen, denen noch jeder seit Adam verfallen ist. Widder-Hahn-Frauen können sich aufopfern für den, den sie lieben. Nur müde Männer und leichtfertige Playboys haben bei ihnen kaum eine Chance.

Stier-Hähne (21. April bis 20. Mai)

Die unterm Stier geborenen Hähne arbeiten noch mehr als ihre kaum arbeitsscheuen Sternengeschwister. Ihr gleichbleibend freundliches Wesen findet bei Kollegen und Vorgesetzten liebenswerte Beachtung. Man gönnt ihnen den Aufstieg, und nur Miesmacher werfen ihnen Knüppel zwischen die Beine.

Stier-Hähne meistern alles, was zu bewältigen ist, mit ruhiger Gelassenheit. Sie wissen, was sie wert sind, und bestimmen den Preis. Lob allein macht sie nicht glücklich, es muß schon auch in klingender Münze etwas dabei herausspringen. Sie haben eine Ader für finanzielle Geschäfte jeder Art, wobei sie bei anderen gern die Preise drücken.

In der Liebe spielt manchmal ihre Eifersucht mit, weil sie Alleinbesitzrechte am Partner beanspruchen. Man teilt nicht gern, was man für sich allein besitzen möchte. Trotzdem sind die Stier-Hahn-Männer mit am besten von allen Sternenmischlingen für die Ehe geeignet. Sie sind zuverlässige und liebenswerte Partner – Männer, die sich für ihre Familie aufopfern, wenn das von ihnen verlangt wird.

Die Frauen aus diesem Mischzeichen sind nicht so leicht von männlichen Liebesschwüren zu überzeugen. Sie wollen handfeste Beweise in punkto Treue und Referenzen dafür, daß der Bewerber um ihre Gunst auch eine Familie ernähren kann. Wer nur mit den Worten klingelt, hinter denen nichts steht, wird als Flirt abgeschrieben und aussortiert. In diesem Sinne sind Ehen mit Stier-Hahn-Frauen nicht sehr anfällig, zumal die liebevoll-mütterliche Art dieser Sternenmischlinge noch ein übriges dazu beiträgt, daß sich Ehemänner zu Hause pudelwohl fühlen können.

Zwillinge-Hähne (21. Mai bis 21. Juni)

Der Zwillinge-Hähne unruhiger Geist schlägt manchmal seltsame Purzelbäume. Diese Sternenmischlinge brauchen sehr viel Verständnis und noch mehr Bewunderung. Selbst das heißeste Eisen fassen sie an, aber es ist durchaus möglich, daß sie andere sich daran die Finger verbrennen lassen.

Zwillinge-Hähne können mit feurigen Reden überzeugen, selbst wenn sie mal leeres Stroh dabei dreschen. Tausend Pläne jagen ihnen durch den Kopf. Ihr Ideenreichtum bürgt für Qualität. Nur mit der Ausführung hapert es. Zwillinge-Hähne beginnen viel, beenden jedoch wenig. Kaum haben sie bei dem einen angefangen, verlieren sie die Lust daran und nehmen etwas anderes in Angriff. Es ist das Unstete im Wesen der Zwillinge-Hähne, das ihnen manchen Weg verbaut. Trotzdem ist niemand schlecht beraten, wenn er einen dieser Pläneschmiede für sich engagiert. Man kann ja die Durchführung anderen bewährten Fachkräften überlassen.

Zwillinge-Hahn-Männer sind leicht zu begeistern, zumal sie Sinn für das Schöne und die Schönen haben. Am Ende suchen sie sich dann doch die Partnerin aus, die außer sehr viel Weiblichkeit auch eine gute Portion nützlicher Partnerinnen-

Sie sprudeln über vor Ideenreichtum, aber ihr unstetes Wesen verbaut ihnen so manchen Weg

Eigenschaften mitbringt und eine tatkräftige Mithilfe zur Aufbesserung der gemeinsamen Finanzen, von denen der großzügige Zwillinge-Hahn eine Menge für sich braucht.

Stolze Damen wie die Frauen aus dem Mischzeichen beherrschen alle Nuancen des Flirts. Mit Brachialgewalt ist da nichts zu machen, eher mit geschliffenen Wortspielereien. Der Mann ihrer Wahl muß ihnen geistig überlegen sein, darf das aber nie zeigen. Zwillinge-Hahn-Frauen beanspruchen Mitspracherecht in der Ehe, wobei die schwachen Stunden ausgeklammert sind.

Krebs-Hähne (22. Juni bis 22. Juli)

Krebs-Hähne setzen sich im Beruf trotz überragenden Könnens oft nicht durch. Sie sind zu stolz, andere auf ihre Fähigkeiten mit gewandter Wortwahl aufmerksam zu machen. Wer sie nicht haben will, der soll es bleiben lassen. Zurückgestellt zu werden verbiestert sie, und die Kollegen werden es merken. Krebs-Hähne können kühl und verbissen ihre Arbeit erledigen, ohne nur ein einziges privates Wort zu verschwenden. Da sie sich auf das Wesentliche konzentrieren, kommen sie schnell mit der Arbeit voran.

Zwänge sind auch im Privatleben verpönt. Feste Freundschaften, die Ausschließlichkeit beanspruchen, können sie nicht reizen. Krebs-Hähne lassen sich nur an sehr langer Leine führen, wobei sie allerdings stets eine Schere bei sich tragen, um auch diese kappen zu können.

Krebs-Hähne hassen Zwänge jedweder Art. Doch verwöhnen lassen sie sich gern

Krebs-Hahn-Frauen sind rechte Prachtexemplare. Sie ziehen die Männer an wie die Fliegen, aber so mancher zarte Brummer schwirrt vergeblich um sie herum und wird schließlich zerstört am Boden liegen. Es ist der falsche Stolz, der die Damen aus diesem Mischzeichen oft allein bleiben läßt. Dabei wären sie die besten Partnerinnen, weil sie das richtige Gespür für alles haben, was Männer neben Nestwärme und absoluter Treue in einer guten Partnerschaft brauchen.

Bei den Krebs-Hahn-Männern ist das anders. Sie brauchen ganz einfach jemanden, der sie nach einem harten Arbeitstag verwöhnt. Als Kind schon waren sie Mutters Liebling, und in der Ehe suchen sie jene Frau, die es der Mutter gleichtun kann. Zu Hause wollen sie ihre Ruhe haben.

Löwe-Hähne (23. Juli bis 23. August)

Löwe-Hähne tragen den Kopf höher als ihre Mitmenschen. Man muß ihnen Reverenz erweisen, um mit ihnen ins Gespräch zu kommen. Dabei wird man feststellen, daß sie eigentlich gar nicht hochmütig sind, sondern ganz passable Leute, mit denen man die berühmten Pferde stehlen kann. Löwe-Hähne kennen keine Falschheit. Im Beruf beanspruchen sie meist eine führende Position, die ihnen kraft ihrer Energie und ihres Arbeitswillens durchaus zusteht.

Wer es richtig anstellt, kann mit einem Löwe-Hahn Pferde stehlen

Ablenkung verschafft ihnen vor allem die Liebe. Löwe-Hähne können alles um sich herum vergessen, wenn sie den Partner gefunden zu haben glauben, der auf ihre stete Liebesbereitschaft anspricht.

Leider wechselt dieser Partner bei den männlichen Löwe-Hähnen des öfteren; denn sie sind nicht unbedingt treu. Ist das ein Wunder bei soviel Charme? Männer aus diesem Mischzeichen werden in der Liebe oft enttäuscht. Das kommt besonders daher, daß sie zu hohe Ansprüche ans andere Geschlecht stellen. Sie wollen meist mehr, als sie kriegen können. So versuchen sie viel, um möglicherweise bei einer zu landen, die ihnen die schönsten Illusionen raubt. Löwe-Hahn-Männer werden meist von zärtlichen, aber raffinierten Frauen eingefangen, die es faustdick hinter den Ohren haben.

Auch die Frau aus diesem Mischzeichen hat Glück in der Liebe. In der Ehe ist sie stolze Gesellschafterin ihres Mannes, dem sie es an nichts fehlen läßt. Vom leichten Leben in Sachen Liebe ihres Sternenbruders hält sie wenig. Sie würde sich etwas vergeben, wenn sie ihren Gatten betrügen würde. Sollte es trotzdem vorkommen, so ist es nicht ihre Schuld.

Jungfrau-Hähne (24. August bis 23. September)

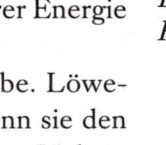

In realen Werten zu denken, liegt den Jungfrau-Hähnen im Blut. Geld ist für sie etwas, das man horten, aber auch zu gegebener Zeit ausgeben kann, um noch mehr Geld daraus zu machen. Mit nüchternem Sachverstand gehen sie an Probleme heran und finden fast immer die einzig praktische Lösung.

Diese gezielte Vernunftbegabtheit ist Erbgut von der Jungfrau, das zusätzlich durch des Hahns Schönheitssinn und

Arbeitskraft aufgemöbelt wird. Man findet daher Jungfrau-Hähne nicht nur als Finanzberater und kühl rechnende Kaufleute, sondern auch überall dort, wo Kunst und Kunstgewerbe zu Liebhaberpreisen verhökert werden. Da sie das Gespür für alles Lohnende haben, sind sie in jedem Beruf begehrt.

Jungfrau-Hähne sind zuverlässige Freunde und in Grenzen, die meist von der angeborenen Sparsamkeit gesetzt sind, hilfsbereit. Nur hier und da werden sie Launen zeigen, wenn ihre Gutmütigkeit zu sehr strapaziert wird. Männer aus diesem Zeichen sind schnell eingeschnappt, beruhigen sich aber ebenso schnell wieder. Sie sind treue Lebenspartner, finden jedoch nicht immer zum weiblichen Geschlecht den Kontakt, der zu einem festen Verhältnis gehört. Ihre Geschäftigkeit kann manche Partnerin abschrecken, die es gut mit ihnen meint. Sie reden zuviel von Liebe, wo ein Streicheln mit den Augen genügen würde. Der Grund, warum einige Jungfrau-Hähne nicht heiraten, liegt auf der Hand: In der Ehe ist ihr Geld nur noch die Hälfte wert.

Die Frau dieses Mischtyps scheint kühler als andere Frauen zu sein. Sie kehrt im ungeeigneten Augenblick die „Kühle" heraus, wo zärtliche Hingabe viel schöner wäre. Nur der Mann, den sie liebt, weiß um die verhaltene Glut ihrer Gefühle.

Waage-Hähne (24. September bis 23. Oktober)

Waage-Hähne leisten am meisten, wenn ihre diplomatischen Fähigkeiten gefragt sind

Waage-Hähne leisten am meisten in einem Beruf, der ihre diplomatischen Fähigkeiten nutzt. Vielleicht sollten sie etwas mehr Rückgrat zeigen, wenn es darum geht, eigene Pläne durchzusetzen. Nur zu oft lassen sie sich zum Spielball fremder Meinungen machen, die sie dann etwas verwaschen zu ihren eigenen umfunktionieren.

Viele Waage-Hähne sind echte Künstlertypen, die Empfindungen in Wort und Bild umsetzen können. Aber was nützt ihr Ideenreichtum, wenn sie ihn nicht auch auf eine gesunde geschäftliche Basis stellen? Denn Waage-Hähne haben zum Geld nicht gerade das beste Verhältnis, weshalb manche Pleite unter diesem Mischzeichen möglich ist.

Waage-Hahn-Männer finden leicht Anschluß. Sie beherrschen die Kunst des Anbandelns perfekt. Ihre stolze Haltung wird durch das weiche Herz gemildert, in dem meist Platz für mehr als eine schöne Freundin ist. Diese Männer fühlen sich am wohlsten in weiblicher Gesellschaft. Sie werden begünstigt von reichen Witwen, die ihnen neben ihrem Herz auch ihr Vermögen anbieten. Nur weil sie wählerisch sind und gern etwas herzig Junges an ihrer Seite hätten, gehen sie an solch günstigen Gelegenheiten vorbei. Unter dem Waage-Hahn sind nicht die treuesten Ehemänner zu finden, aber die liebsten.

Und lieb sind auch die Frauen aus diesem Zeichen. Sie sind so fröhlich-frisch, daß man sie einfach lieben muß. Waage-Hahn-Frauen schmücken sich gern und schätzen den Duft eines guten Parfüms.

Skorpion-Hähne (24. Oktober bis 22. November)

Skorpion-Hähne können viele Erfolge im Beruf für sich verbuchen. Ihre Anpassungsfähigkeit an wechselnde Verhältnisse läßt sie selbst ihnen weniger gut Gesinnten angenehm erscheinen. Als echte Leistungsträger wird man sie halten und fördern. Fühlen sie sich ungerecht behandelt, nehmen sie kein Blatt vor den Mund.

Hierunter finden sich wahre Könner in Sachen Opportunismus

Für die Wahrheit gehen diese Mischtypen auf die Barrikaden. Sie mögen Falschheit nicht. Unbequemes greifen sie auf, und wenn sie sich selbst in den Finger schneiden. Schon mancher unter ihnen ist durch den eigenen Stachel im nachhinein verwundet worden.

Im zwischenmenschlichen Bereich gehen sie ebenso unbeirrt auf das Ziel ihrer Wünsche zu. Männer aus diesem Zeichen lassen, wenn ihnen eine Frau gefällt, nicht locker, bis sie ihnen verfällt. Sie sind leidenschaftliche Liebhaber.

Skorpion-Hahn-Männer können nicht verzeihen. Wer sie enttäuscht hat, wird selbst nach der Trennung den Giftstachel spüren, der bis in entlegene Weltgegenden gelangt. Dabei ist der Skorpion-Hahn-Mann kein Kind von Traurigkeit. Bevor er sich zum Bund fürs Leben entschließt, probiert er durchaus mal hier und mal dort. Nur wenn er ernst gemacht hat, bleibt er bei dem Versprechen zu immerwährender Treue.

Skorpion-Hahn-Frauen haben dieselben Grundsätze wie ihre Sternenbrüder. An ihnen „verkauft" sich kein Mann. Sie

bleiben jugendlich-frisch bis ins hohe Alter. Ihr Sex-Appeal verhext die Männer. Sie haben etwas herzuzeigen – aber das Berühren der Figuren mit den Pfoten ist verboten! Denn sie gehören nur dem Mann, den sie lieben.

Schütze-Hähne (23. November bis 21. Dezember)

Sie sind Entdeckertypen, die fast hinter jedes Geheimnis kommen

Schütze-Hähne wollen die Welt erobern. Sie lieben das Abenteuer und das Reisen. Risiken nehmen sie in Kauf. Ihre Absicherung besteht in einem wachen Geist, der sogar in Sackgassen noch einen Ausweg findet. Schütze-Hähne sind lebhaft und aufgeschlossen für alles Schöne. Sie sind Entdeckertypen, die hinter fast jedes Geheimnis kommen. Obrigkeitsdenken ist ihnen fremd. Sie ducken sich nur, um unter einer verbotenen Tür durchzukriechen.

Die Männer dieses Mischtyps schätzen Liebesromanzen mehr als feste Verhältnisse, in denen sie sich beengt fühlen. Ihr Freiheitsdrang bleibt sogar noch angesichts der großen Liebe lebendig. Trotzdem drängeln sich hübsche Mädchen nach der Schütze-Hähne Liebesgunst. So charmant wie diese sind nicht viele. Haben sie eine Frau mit viel Verständnis für die ganz besonderen Anlagen eines Schütze-Hahns gefunden, werden sie recht passable Ehemänner und Familienväter. So ganz sicher sollte man sich ihrer jedoch nie sein.

Temperamentvoll ist auch die Schütze-Hahn-Frau in Sachen Liebe. Es ist eine Lust, mit ihr zu leben. Sie ist so lieb und sexy, daß man ihr gern zu Willen ist. Schütze-Hahn-Frauen haben einen eigenen Kopf, und setzen ihn durch. Ihre Offenheit ist entwaffnend. Bei soviel Charme werden die Männer schwach.

Steinbock-Hähne (22. Dezember bis 20. Januar)

Aus gutem Grund fühlen sich Steinbock-Hähne ihren Mitmenschen gegenüber überlegen. Sie sind große Finanzgenies und wissen, wie man den Erfolg für sich pachtet. Sie bewahren selbst in Notzeiten Haltung und sorgen dafür, daß sie schnell wieder auf einen grünen Zweig kommen.

Nur ungern lassen sich Steinbock-Hähne in die Karten schauen. Sie sind verschlossener als ihre Hahnengeschwister. Zielsicher visieren sie immer das Richtige an, weil sie auf dem Gebiet, das sie bearbeiten, Fachleute sind. Sie machen immer ihren Weg.

Die Frauen aus diesem Mischzeichen schotten sich von Zeit zu Zeit von ihrer Umwelt ab. Dann wollen sie mit sich selbst ins reine kommen. In der Liebe wagen sie sehr wenig, weil sie stets fürchten, sich etwas zu vergeben. Das läßt sie spröde und kühl erscheinen. Bei dem richtigen Mann jedoch schmelzen sie dahin, was aber auch etwas länger dauern kann.

Steinbock-Hähne haben zwar das Herz am rechten Fleck, aber sie tragen es nie auf der Zunge

Steinbock-Hahn-Frauen sind die verständnisvollsten Partnerinnen und die fürsorglichsten Mütter. Die Familie bedeutet ihnen alles. Nur für sie arbeiten sie in ihrem Beruf weiter und lassen es doch nicht an Fürsorge für ihre Lieben fehlen.

Familienväter seltener Güte sind die Männer aus diesem Mischzeichen. Man sollte ihnen auch dann noch vertrauen, wenn sie tagelang den großen Schweiger spielen. Steinbock-Hahn-Männer tragen ihr Herz nie auf der Zunge. Wer mit ihnen lange Jahre verheiratet ist, weiß das.

Wassermann-Hähne (21. Januar bis 19. Februar)

Wassermann-Hähne legen sich bevorzugt mit Leuten an, die glauben, sie könnten ihnen befehlen. Nur auf freiwilliger Basis tun sie etwas. Da jedoch der Sachverstand der Wassermann-Hähne meist überdurchschnittlich entwickelt ist, braucht man sie und sieht tunlichst darüber hinweg, wenn sie revolutionäre Reden führen.

Die Liebe betrachten die Wassermann-Hähne als freies Feld, auf dem man sich nach Belieben tummeln und austoben kann. Vor allem bei den Männern aus diesem Zeichen kommt es bei der Partnerwahl zu vielen Versuchen. Führt einer zur Heirat, sieht der Wassermann-Hahn seine „Feldarbeit" noch nicht als beendet an. Mit anderen Worten: Er will nicht so recht treu sein. Um der Wahrheit die Ehre zu geben: Solche „Treulosen" sind unter den Wassermann-Hahn-Geborenen in der Minderzahl. Das Gros dieser Mischtypen zählt zu den perfekten Ehemännern, die ihre Frauen auf Händen tragen.

Wassermann-Hahn-Frauen können ihren Stolz vergessen, wenn sie den Richtigen gefunden zu haben glauben. Über Schmeichel- und Streicheleinheiten werden sie zu liebevollen Partnerinnen. Daran ändern selbst jene Gewitter nichts, die in den besten Ehen vorkommen. Wassermann-Hahn-Frauen brauchen sie, weil sie Versöhnungsszenen lieben. Mancher Mann nutzt sich als Blitzableiter weiblicher Launen leider zu leicht ab. Nur so kommt es, daß sich viele Wassermann-Hahn-Frauen unverstanden fühlen.

Fische-Hähne (20. Februar bis 20. März)

Fische-Hähne träumen gern. Sie haben mehr Gefühl als andere Hähne und auch mehr Taktgefühl. Mit Höflichkeit kommen sie weiter als andere mit brutaler Gewalt. Man mag sie in der Firma, man mag sie im Privatleben. In beiden Bereichen bringen sie es mit ihrer charmanten Art und ihrer nie verletzenden Offenheit sehr weit. Obwohl diese Sternenmischlinge aus der Haut fahren, wenn sie eine Ungerechtigkeit wittern, haben sie ganz gute Nerven. Selbst in scheinbar ausweglosen Situationen finden sie sich noch zurecht und kommen heraus.

An ihre Traumfrau legen sie strenge Maßstäbe an

Fische-Hahn-Männer suchen immer die Frau, die hundertprozentig zu ihnen paßt. Sie legen dabei strenge Maßstäbe an und werden darum manchmal bitter enttäuscht. Die Frau ihrer Träume gibt es kaum als Einzelexemplar, man müßte sich schon einen Harem zulegen.

Bis der Fische-Hahn-Mann aus seiner Märchenwelt auf den Teppich zurückgeholt wird, vergeht einige Zeit, die auf dem Konto Erfahrung abgebucht werden kann. Dann wird er meist mit einer Frau glücklich, die in seinem ganz privaten Partnerschaftstest die höchste Punktzahl erhalten hat, wobei Gefühl und Sexappeal höher eingeschätzt wurden als hausfrauliche Eigenschaften.

Auch Fische-Hahn-Frauen träumen gern, am liebsten von dem Märchenprinzen, der sie in sein Schloß entführt. Leider mußten in unserer so nüchternen Zeit Märchenprinzen jenen Eroberertypen Platz machen, die auf zarten Gefühlen wie Elefanten im Porzellanladen herumzutrampeln pflegen. Fische-Hahn-Frauen sind leicht zu verletzen. Sie brauchen einen Mann mit viel Verständnis und Gefühl.

Der trotzige, aber treue Hund

Im chinesischen Mondjahr des Hundes geborene Menschen sind treu und anhänglich, solange man sie gewähren läßt und ihnen in jeder Weise entgegenkommt. Wird ihnen jedoch vermeintlich Unrecht getan, können sie ganz schön zurückschlagen. Trotzig werden sie auf dem eigenen Standpunkt beharren und keinen Deut zurückstecken. Wer sie anschreit, den übertönen sie noch lauter; denn Hund-Menschen wissen sich zu wehren.

Hunde-Menschen wissen sich zu wehren

Diese Leute sind, wie man so sagt, mit allen Hunden gehetzt, das heißt, sie wissen sich in allen kritischen Lagen zu helfen. Streitigkeiten gehen sie aber am liebsten aus dem Weg, obwohl sie selbst, wenn es sein muß, einen Streit vom Zaune brechen können.

Hier sind die chinesischen Mondjahre, in denen Hund-Menschen geboren wurden und werden:

27. 1. 1922 – 14. 2. 1923
14. 2. 1934 – 2. 2. 1935
 2. 2. 1946 – 21. 1. 1947
18. 2. 1958 – 6. 2. 1959
 6. 2. 1970 – 25. 1. 1971
25. 1. 1982 – 12. 2. 1983
10. 2. 1994 – 29. 1. 1995
29. 1. 2006 – 15. 2. 2007

Schon als Kind sind die in einem Hund-Jahr Geborenen rechte Sensibelchen. Manchmal weinen sie in sich hinein, und niemand ahnt, was den Kleinen fehlt. Wer von früher Jugend an behutsam mit den Kindern umgeht, wird belohnt: Sie sind die folgsamsten Kinder überhaupt. Nur manchmal packt sie die Wut, und dann fliegen die Fetzen.

Schon „kleine" Hunde packt zuweilen die Wut, dann fliegen die Fetzen

Hund-Menschen sind mit viel Phantasie begabt. Sie können Geschichten erfinden, die so übertrieben klingen, daß sie kaum einer glauben mag, obwohl immer ein Körnchen Wahrheit in ihnen stecken kann. Hund-Geborene lügen nicht, sie zeigen lediglich schon in jungen Jahren, was in ihnen steckt und auch, welches ihr Lieblingsberuf ist. Gern wären sie Journalisten oder Schriftsteller, Politiker oder Rechtsanwälte, Lehrer oder Philosophen. Gelingt es ihnen, einen ihrer Traumberufe auszuüben, werden sie – ob Hund-Frau oder Hund-Mann – ein ganzes Leben lang glücklich und zufrieden sein.

Wen Hunde mögen, den mögen sie ein Leben lang

Sie würden nie einem anderen Menschen etwas Schlechtes nachsagen. Denn für sie ist jeder so lange unschuldig, bis er selbst zugibt, silberne Löffel gestohlen zu haben. Und auch dann noch werden sie ihn verteidigen, wenn er zu ihren Freunden gehört. Wen Hunde mögen, den mögen sie ein Leben lang.

Sie können aufs Wort gehorchen

Diese Leute sind eigentlich wie ihre vierbeinigen Tierkreis-Vorbilder: Sie können aufs Wort gehorchen und den anerkennen, der das Sagen hat. Aber sie werden sich trotzdem unsinnigen Befehlen strikt widersetzen, denn im Grunde genommen tun sie doch stets nur das, was sie selbst für richtig halten.

Die astrologischen Hunde finden sich überall zurecht. Sie werden nicht unbedingt eine Spitzenposition im Berufsleben erreichen, weil sie auf dem Weg nach oben aufgehalten werden. Man hievt sie statt dessen in Vertrauensstellungen, in denen sie den Vorgesetzten helfen können, etwa in Jahren der Rezession die Firma vor dem Konkurs zu retten.

Die Leute aus dem Hund-Zeichen haben Organisationstalent. Sie sind in der Lage, auch schwierige Verhältnisse und Chaos wieder in den Griff zu bekommen. Sich selbst jedoch können sie oft überhaupt nicht helfen. Das macht sie nicht selten zu Pessimisten, die trüben Gedanken verfallen und Angst vor dem Weiterkommen haben. Wer dann ein offenes Ohr hat und mit ihnen über ihre Sorgen und Nöte spricht, hat für ewig einen Freund gewonnen.

Sie kriegen auch das Chaos gut in den Griff

Von Zeit zu Zeit brauchen Hund-Menschen das Alleinsein, um sich sammeln zu können. Im stillen Kämmerlein finden sie oft Auswege aus brenzligen Situationen, auf die sonst so

schnell niemand kommen würde. Und dann können sie sich vielleicht doch helfen und am eigenen Schopf aus einer Notlage herausziehen, und wenn sie dabei auch Umwege gehen müssen. So ganz unselbständig, wie mancher Zeitgenosse sie sehen mag, sind sie nicht. Was ihre Finanzen freilich angeht, bräuchten sie jemanden, der sie in diesem Bereich vor sich selber schützt: Hund-Menschen sind nicht unbedingt die sparsamen Typen, die das Geld für später auf die hohe Kante legen.

Wie sie zur Familie stehen

In ihrem Elternhaus fühlen sie sich glücklich und zufrieden, aber es ist möglich, daß sie die Familie eines Tages einmal verleugnen. Der Grund ist einleuchtend: Sie möchten vor anderen Leuten nicht als Mensch gelten, der noch als Erwachsener an der Mutter Rockzipfel hängt. Hund-Typen haben Angst davor, als unselbständig angesehen zu werden. Andererseits sind sie so fürsorglich, wenn jemand in der eigenen Familie in Not gerät oder krank wird.

Hund-Geborene haben einen ausgesprochen ausgeprägten Familiensinn

Diese Fürsorge wird später dann oft übertrieben, wenn die Hunde erst ihre eigene Familie gegründet haben. Sie meinen, ihre Kinder seien die untadeligsten auf der Welt. Und sie sind bereit, gegen jeden anzugehen, der dieser Meinung widersprechen möchte.

Doch ehe es zur Familiengründung kommt, müssen die Hund-Menschen erstmal jemanden finden, der es mit ihnen versucht, denn das ist nicht so einfach.

Die Hund-Frau

Die Frauen aus diesem Tierzeichen erscheinen anfangs leicht prüde. Männer, die mit ihnen anbandeln wollen, holen sich möglicherweise einen Korb. In der Liebe gehen Hund-Frauen gern erstmal etwas auf Distanz, obwohl sie durchaus leidenschaftlich lieben können. Hund-Frauen können nicht vor aller Welt zeigen, wen sie lieben. Sie bevorzugen Heimlichkeiten, weil sie nicht wollen, daß jemand etwas von ihren Männerbekanntschaften erfährt. Wenn es zu Intimitäten kommt, werden sie ins Dunkel der Nacht verlegt. Eine Hund-Frau bekennt sich nicht gern zu ihren schwachen Stunden.

Sie kann lange Jahre mit einem Mann zusammenleben, ohne daß es jemand erfährt. Nur wenige Freunde und Freundinnen zieht sie ins Vertrauen. Und sie erwartet auch von dem Mann, den sie liebt, daß er solch heimliches Spielchen mitmacht. Zum Dank verwöhnt sie ihn mit wunderbaren Stunden zu zweit bei Kerzenschein.

Der Hund-Mann

Nicht ganz so scheu im zwischenmenschlichen Bereich sind die Männer aus dem Hund-Zeichen. Sie können sogar ganz schön rangehen, wenn sie einer schönen Frau den Hof machen. Ein falsches Wort jedoch kann sie schon abschrecken, und sie trotten beleidigt davon. Das hat mit Untreue nichts zu tun, eher mit jener Übersensibilität, die manche Hund-Männer an den Tag legen.

Wer sich in solch einen Mann verliebt, sollte ihn an die kurze Leine nehmen und nicht loslassen, bis er sich daran gewöhnt hat, von zarter Hand geführt zu werden. Er wird es danken mit nie endenwollender Zärtlichkeit und Fürsorge. Und in der Liebe wird er beweisen, daß er ein leidenschaftlicher Liebhaber sein kann.

Kalt wie eine Hundeschnauze, aber bei richtiger „Pflege" zärtlich und fürsorglich

Zwar zeigt er sich nach außen hin kalt wie eine Hundeschnauze. Aber das gibt sich, wenn er die richtige Partnerin gefunden hat. Sie darf ihn auch einmal wider den Strich streicheln und ihm die Wahrheit sagen. Vielleicht nimmt er dies zunächst übel, wenn er jedoch darüber nachdenkt und einsieht, daß die Partnerin Recht hat, wird er ihr für ihre Ehrlichkeit danken und versuchen, ihr den Himmel auf Erden zu bereiten.

Man muß Geduld mit ihnen haben

Wer sich zu Hund-Menschen hingezogen fühlt, muß vor allem Geduld mit ihnen haben. Diese so gutmütigen Typen verarbeiten alles langsamer als andere aus dem Tierkreis. Die Frauen und Männer aus diesem Zeichen sind sehr liebebedürftig, aber sie können das nur schwer zeigen. Deshalb fühlen sie sich ohne Liebe oft hundeelend.

Der beste Zug dieser so introvertierten Typen: Sie sind häuslich und fühlen sich an der Seite eines gutherzigen Partners pudelwohl. Mit ihm werden sie eine Familie gründen und diese weit über die elterliche stellen. Was ein rechter Hund ist, der wird sich niemals in fremde Hütten begeben, um dort seine Leidenschaft zu beweisen.

Was sich Hunde wünschen

Im geheimen wünscht sich jeder, der in einem Hund-Jahr geboren ist, daß er sich nach außen hin freier geben könnte. Es ist die Frage, ob er dann noch so liebenswert wäre. Hunde, die Karriere gemacht haben, werden bestätigen, daß sie sich als Chef eines großen Unternehmens einsamer fühlen als je zuvor. Die Verantwortung drückt sie nieder, denn die nehmen sie ernst.

Gerade Vorgesetzte aus dem Hund-Zeichen sind darum beliebter als die anderen, die nur vorgeben, hinter der Belegschaft zu stehen, aber gleichzeitig darüber nachdenken, wie durch Entlassungen die Firma effektiver werden könnte.

Hund-Menschen kennen keine Falschheit. Sie sagen jedem der es wissen will, die ehrliche Meinung, auch wenn sie selbst sie nicht immer vertragen können, und ecken möglicherweise damit an. Das ist aber in den Augen der wenigen echten Freunde, die Hund-Menschen haben mögen, gerade das Liebenswerte an ihnen.

Sie sagen jedem ihre ehrliche Meinung, auch wenn es schwerfällt

Hunde bellen, aber sie beißen nicht

Das Sprichwort von den Hunden, die bellen, aber nicht beißen, kann man auch auf die Menschen des Tierzeichens anwenden. Diese sind im allgemeinen ruhig und in sich gekehrt. Wer sie jedoch herausfordert, lernt sie auch mal anders kennen. Gegner, die ihnen übelwollen, können sie anschreien, daß die Wände wackeln. Hier gilt nicht das Wort, daß der, welcher schreit, Unrecht habe. Wenn der Hund-Mensch brüllt, hat er dennoch meistens Recht. Er versucht dann nur seine guten Argumente dem Gegner mit Überlautstärke nahezubringen. Wer ihm nicht unter normalen Umständen glauben will, dem muß er es eben deutlicher sagen.

Jeder Hund wird eines Tages aus Erfahrung klug. Er wird sich daran gewöhnen, daß mancher ihm nicht grün ist. Und so

kommt es, daß viele erfahrene Leute, die in einem Jahr des Hundes geboren wurden, zu schweigen lernen, wenn man ihnen nicht zuhören will. Mit zunehmendem Alter werden sie weise und rühren nicht mehr an Dinge, die andere nicht verstehen wollen.

Das Glück suchen sie in den eigenen vier Wänden

Sie ziehen sich gern zurück von der großen lauten Welt und suchen in den eigenen vier Wänden das Glück an der Seite eines Partners und einer intakten Familie, in der auch der pessimistischste Hund ein Optimist zu werden verspricht.

Das Horoskop für die Hunde

Wir wissen nicht, ob ein Hund Buddhas besonderer Liebling war. Aber er hat sicherlich die Treue dieses Tieres geschätzt, das sich trotzig allem erwehrte, was ihn in ein schiefes Licht bringen konnte. Er war nicht der schnellste von den Tieren, die Buddha nach der Legende herbeirief, aber als Elfter bekam er doch sein Jahr.

Leute, die in diesem Mondjahr Geburtstag haben, möchten vor aller Welt bestehen, obwohl sie nicht die Forschesten im Tierkreis sind. In ihrem Horoskop vermerken chinesische Astrologen stets, daß sie nicht die durchsetzungsfähigsten Menschen sind und von daher von stärkeren Typen unterdrückt werden können.

Doch schauen wir uns einmal an, was das sogenannte immerwährende chinesische Horoskop den Hund-Menschen in den nächsten Jahren zu bieten hat:

Im Jahr der Ratte (1996, 2008)

lassen sich viele Hunde hängen. Zu nichts haben sie Lust. Sie fragen nach dem Lebenszweck und vertun wertvolle Zeit. Ihr Pessimismus treibt seltene Blüten, obwohl das Jahr gar nicht so schlecht zu werden verspricht, wie sie es sich in möglicherweise schlaflosen Nächten ausgemalt haben. Hund-Menschen sollten jetzt mutig ihren Karren herumreißen.

Im Jahr des Büffels (1997, 2009)

ist mit Mut und Zielsicherheit ebenfalls einiges zu erreichen. Hunde haben vielleicht aus dem vergangenen Jahr gelernt, daß eine pessimistische Weltanschauung keine Probleme bewältigt. Wenn die Hund-Menschen nun ihre ganze Kraft zusammennehmen, kann eigentlich nichts mehr schiefgehen. Vielleicht ist auch schon der Silberstreif am Horizont zu sehen, der viel Freude bringt.

Im Jahr des Tigers (1998, 2010)

zahlt sich ein mutiges Ankämpfen gegen die eigene Unentschlossenheit aus. Hund-Geborene können aufatmen und in vielen Lebensbereichen Erfolge erzielen. Im Beruf stehen neue Möglichkeiten offen, auch ein bißchen Geld klingelt unvorhergesehen in der Kasse. Wer jetzt eine feste Verbindung im Privatleben anstrebt, findet die besten Voraussetzungen dafür, daß diese hält.

Im Jahr des Hasen (1999, 2011)

sollten strebsame Hund-Typen weiter an ihrem Glück zimmern. Auf jeden Fall wird die gute Phase noch anhalten. Wer einiges Geld angespart hat, könnte sich sogar eine Weile auf seinen Lorbeeren ausruhen. In der Liebe sollten die Hund-Menschen die momentane Hochstimmung genießen und mit dem Partner feiern.

Wer an seiner Glückssträhne festhält, kann sich bald auf den Lorbeeren ausruhen

Im Jahr des Drachen (2000, 2012)

wendet sich möglicherweise das Hoch in ein Tief, das erneut die angeborene pessimistische Grundhaltung der Hunde hervorlockt. Vielleicht sind manche Leute aus diesem Tierzeichen zuvor vom Schicksal zu sehr verwöhnt worden. Dabei haben sie ihren Wohlstand selbst geschaffen.

Im Jahr der Schlange (2001, 2013)

merken Hund-Menschen, daß ihre Ahnungen, es würde für sie schlechter kommen, sie betrogen haben. In mancher Beziehung bringt das Jahr der Schlange sogar einigen Auftrieb, den die Hunde wenigstens registrieren sollten, statt die Köpfe hängen zu lassen. Gut beraten sind sie jetzt damit, sich nun für nicht so gute Jahre Rücklagen zu schaffen.

Im Jahr des Pferdes (2002, 2014)

Miese Stimmung im Privatleben

wird einiges durcheinandergewirbelt. Miese Stimmung könnte sich sogar im Privatleben breitmachen, weil im Beruf manches nicht nach den Wünschen der Hund-Geborenen verläuft. Sie sollten den Grund eher in der eigenen, nicht sehr hohen Leistungsbereitschaft sehen. Jetzt ist in allen Dingen Action gefragt!

Im Jahr der Ziege (2003, 2015)

Aber nicht den Kopf in den Sand stecken

setzt sich der nicht sehr anheimelnde Trend des Vorjahres fort. Hunde möchten am liebsten aus der Haut fahren. Sie fühlen sich jedoch angekettet und das mögen sie gar nicht. Wer jedoch den Kopf in den Sand steckt, wird nie und nimmer das Glück bezwingen können. Mit viel Geduld wird diese Zeit am besten überstanden.

Im Jahr des Affen (2004, 2016)

kann sich der Hund-Mensch freier fühlen. Er arbeitet viel, erreicht jedoch nicht immer das Ziel seiner Wünsche. Ganz privat wird er schöne Stunden verleben, wenn er sich nicht allzu kritisch und nörglerisch seinen Mitmenschen gegenüber gibt. Miesmachen gilt nicht! Man sollte lieber fröhlich in die Zukunft schauen.

Im Jahr des Hahns (2005, 2017)

müssen die Menschen aus dem Hund-Zeichen hart arbeiten, um sicher über die Runden zu kommen. Schwierigkeiten, die sich in den vergangenen Jahren aufgebaut haben, können mit einigem Geschick überwunden werden. Nur keine Angst! Hunde werden Höchstleistungen vollbringen, zumal im Privatleben alles zum Besten bestellt ist, und sie glücklich sind.

Im Jahr des Hundes (2006, 2018)

scheint alles wieder in die Reihe zu kommen. In ihrem eigenen Jahr werden die Hunde sogar viel auf die Haben-Seite bringen können. Sie müßten jedoch, gewarnt durch die Jahre zuvor, einiges auf die Seite legen, statt im Überschwang hart verdientes Geld zum Schornstein hinauszufeuern. Wie es ausschaut, werden sie sich aber einiges zulegen können.

In ihrem eigenen Jahr werden die Hunde viel auf die Haben-Seite bringen

Im Jahr des Schweins (2007, 2019)

sind die Hunde Mittelpunkt der Familie. Alle Launen, die sie vorher manchmal gezeigt haben, scheinen verflogen zu sein. Das Glück wäre vollkommen, wenn sie sich in diesem Jahr darauf besinnen könnten, daß auch wieder härtere Zeiten anbrechen werden. Pessimismus ist trotzdem nicht angesagt. Vorsorgen aber vonnöten.

Die Hunde vom Widder
bis zu den Fischen

Wir haben von der oft pessimistischen Grundhaltung der in dem Jahr des Hundes geborenen Menschen gelesen. Jetzt wollen wir das Bild verfeinern, indem wir die chinesischen Tierzeichen mit den abendländischen Tierkreiszeichen vermischen. Zwar bleibt die Grundtendenz in den meisten der zwölf west-

lichen Zeichen bestehen, aber die Mixturen beweisen, daß Hund-Typen trotz einiger Widersprüche auch mal optimistisch ins Leben gehen können.

Wir werden hier mit Hilfe der zwölf abendländischen Zeichen versuchen, die zwölf Mischtypen, die sich daraus ergeben, darzustellen:

Widder-Hunde (20. März bis 20. April)

Widder-Hunde knien sich richtig in die Arbeit hinein. Sie wollen die Stellung, die sie einnehmen, bis ins kleinste Detail ausfüllen. Wenn sie einen kleinen Fehler entdecken, rasten sie nicht eher, bis er aus der Welt geschafft ist. Wenn Widder-Hunde sich in etwas verbissen haben, kommt die ganze übrige Arbeit zu kurz, und sie werden es nicht bemerken.

Sie können ein hartes, aber gerechtes Wort vertragen. Es fällt ihnen nur schwer, eigenes Unrecht einzugestehen. Widder-Hunde kuschen niemals, und sie geben nie und nimmer auf. Kommt es gar zu schlimm, fliehen sie, wenn es sein muß, auch in eine andere Stadt.

Widder-Hunde denken nur in Gut und Böse, das belastet ihr Privatleben

Viele dieser Sternenmischlinge tun sich im Privatleben schwer, weil sie ein Mittelding zwischen Sympathie und Antipathie nicht kennen. Mit anderen Worten: Wen sie nicht leiden können, der mag ihnen die süßesten Bonbons schenken und Beweise freundschaftlicher Zuneigung geben – er wird die vorgefaßte Meinung nicht umstoßen können. Dagegen kann ein treuer Freund beinahe alles anstellen und wird doch immer noch ein gutes Wort des Widder-Hundes hören.

Widder-Hund-Frauen sind anhänglich, jedoch auch besitzergreifend. Ihre mütterliche Art reicht für viele. Wen sie lieben, den betreuen sie mit letzter Hingabe. Schönster Zug: Sie können niemandem wehtun. Treue fordern sie für Treue. Kein Mann ist schlecht beraten, der solch weibliches Musterexemplar als Partnerin hat.

Die Männer aus diesem Mischzeichen haben Familiensinn. Sie benötigen sehr viel Liebe, um den Existenzkampf in der feindlichen Welt da draußen bestehen zu können. Nestwärme ist für sie von klein auf das Wichtigste im Leben. Man sieht es diesen scheinbar so harten Burschen kaum an, wie zartfühlend sie eigentlich sind.

Stier-Hunde (21. April bis 20. Mai)

Fleiß, Ausdauer, Verständigungsbereitschaft und vor allem Treue sind die Tugenden der Stier-Hunde, die es gern allen recht machen wollen. Keine Arbeit ist ihnen zuviel. Sie mögen in manchem langsamer schaffen als die anderen, niemand kommt ihnen jedoch an Ausdauer gleich. Mit Zielstrebigkeit bauen sie an ihrer Karriere und lassen sich kaum davon abbringen. Ist ihnen der Aufstieg verwehrt, suchen sie den Ausgleich in einem vorbildlichen Familienleben.

Von Freunden verlangen Stier-Hunde viel, sie sind aber bereit, noch viel mehr dafür zurückzugeben. Sie sind kameradschaftlich, verachten nur jede Art von Kumpanei. Allen Lebensgenüssen sind sie zugetan, was sich in späteren Jahren in einer stattlichen Leibesfülle zeigen könnte.

Die krankhafte Eifersucht macht einer Stier-Hund-Frau an der Seite eines lebenslustigen, flirtbereiten Mannes viel zu schaffen. Sie wird sich nichts anmerken lassen, ihm jedoch zu Hause eine bühnenreife Szene hinlegen, so daß ihm beim nächsten Male der Appetit vergeht. Stier-Hund-Frauen sind fürsorgliche Hausfrauen und Mütter. In der Intimsphäre wirken sie oft leicht unterkühlt. Sie wollen täglich neu erobert werden.

Allzu leidenschaftlich ist auch der Stier-Hund-Mann nicht. Nach des Tages Arbeit will er abends erst mal seine Ruhe haben; allmählich wird er wieder geselliger. Er liest gern gute Bücher. In Dämmerstunden denkt er auch mal an die Liebe.

Stier-Hunde sind gute Kameraden, und sie verlangen dasselbe von anderen

Zwillinge-Hunde (21. Mai bis 21. Juni)

Die Zwillinge-Hunde stecken voller Widersprüche. Von einer Minute zur anderen können sie sich vom blendenden Gesellschafter in einen grübelnden Nörgler verwandeln. Ihre Meinung ist zwiespältig, Entschlußkraft besitzen sie nur für den nächsten Augenblick. Zu oft bleiben sie dicht vor dem erwünschten Ziel stehen und fixieren ein neues an.

Daß Zwillinge-Hunde trotzdem Erfolg im Beruf und im Leben haben, verdanken sie ihrem Verstand und ihrem Einfühlungsvermögen in schwierigste Materie. Mit Geld gehen sie großzügig um und bringen es unter die Leute. Reichtümer sammeln sie dabei kaum an. Ihre Großzügigkeit triumphiert

über jede Art von übertriebener Sparsamkeit. Trotzdem gibt es unter Zwillinge-Hunden manchen gerissenen Kaufmann, der dank seiner originellen Geschäftsmethoden das Geld nur so scheffelt und dann leicht großzügig sein kann.

Wer ein abwechslungsreiches Leben sucht, sollte einen Zwillinge-Hund heiraten

Man sagt den Zwillinge-Hunden eine gewisse Kaltschnäuzigkeit nach. In Wirklichkeit sind sie recht gutmütig und in Maßen kameradschaftlich. Sie haben nur wenige echte Freunde.

Männer aus diesem Mischzeichen erobern mit ihrer zurückhaltenden Art die Herzen der Mädchen. Sie sind Charmeure, die die Kunst des ausgedehnten Flirtens beherrschen, möglicherweise aber kurz vor Erreichen der Liebesnacht adieu sagen. Gerade diese etwas unterkühlte Art macht manche Frau verrückt nach ihnen. Wer ein abwechslungsreiches Leben liebt, heiratet solchen Herrn.

So wild, wie sich Zwillinge-Hund-Frauen in jungen Jahren gebärden, sind sie in Wirklichkeit nicht. Wenn sie sich erst einmal ausgetobt haben, können sie an der Seite eines verständnisvollen Partners sogar zur Muster-Freundin avancieren.

Krebs-Hunde (22. Juni bis 22. Juli)

Bei Krebs-Hunden wird der Verstand oft vom Gefühl überspielt. Das macht sie im Lebenskampf anfälliger als andere Sternenmischlinge. Bis zu einem gewissen Grade kann man sie ausnutzen; denn sie sind gutherzig und können niemandem ein Leid zufügen. Nur was zuviel ist, ist zuviel: Merken Krebs-Hunde, wie schamlos ihre Umgebung mit ihnen umspringt, ziehen sie sich in ihren ganz privaten Schmollwinkel zurück.

Im Berufsleben geht das nicht. Hier heißt es zur Arbeit erscheinen und gute Miene zum bösen Kollegenspiel machen. Das kostet Nerven, und die sind bei den Krebs-Hunden nicht allzu stark. Und so legt man sich auf die Couch des Psychiaters und läßt sich was verschreiben – bis zum nächstenmal ...

Krebs-Hunde haben, abgesehen von ihren feinfühligen Nerven und ihren sporadisch auftretenden Launen, eigentlich nur gute Eigenschaften. Männer aus diesem Mischzeichen gelten als die besten Ehepartner. Sie turteln noch nach vielen Jahren mit dem Frauchen, dem es gelingt, Gefühl mit gleicher Münze zurückzuzahlen. Krebs-Hund-Männer brauchen eine

Frau, die neben besagtem Gefühl auch eine Menge Aufmunterung für sie bereithält und ihnen Mut macht, wenn's im Beruf mal nicht so läuft, wie es sein sollte.

Frauen aus diesem Mischzeichen sind sehr einfühlsam. Liebe ist für sie gleichbedeutend mit Aufopferung. Männer, die solche Krebs-Hündin geheiratet haben, werden es bestätigen: Mehr Herz hat keine andere Frau.

Löwe-Hunde (23. Juli bis 23. August)

Stets streßgeplagt sind die Löwe-Hunde. Um zu glänzen, laden sie sich einfach zuviel auf und brechen dann gegebenenfalls unter der Last zusammen. Sie wollen mit Macht im Leben vorankommen und denken dabei nicht an ihre zarte Gesundheit, die ihnen so manchen Streich spielen kann.

Trotzdem bleiben Löwe-Hunde immer karrierebewußt. Und sie werden die Erfolgsleiter trotz mancher Rückschläge erklimmen. Gelangen sie auf dem geraden Weg nicht nach oben, wissen sie Schleichwege. Konkurrenten schrecken sie mit gewaltigem Wortschwall ab. Löwe-Hunde bellen mehr als andere Hunde. Doch ihr Gekläffe ist oft nichts anderes als Theaterdonner, der sich aufs hochverehrte, zahlende Publikum entlädt. Nach Aktschluß sollte Beifall von den Rängen prasseln; der Löwe-Hund wird sich huldvoll verbeugen.

Wen diese Sternenmischlinge lieben, den lieben sie mit letzter Konsequenz. Frauen aus diesem Zeichen arbeiten kräftig an ihrer eigenen Karriere und an der ihres Mannes mit. Sie legen ihren Kindern schon im Babyalter ein Sparkonto an. Die lieben Kleinen sind für sie die Besten, auch wenn's in der Schule nicht zu Einsern reicht. Der Gatte ist für die Löwe-Hund-Frau die Respektperson, um die sich alles drehen muß. Er ist der absolute Herr im Haus. Wenn er klug ist, tut er das, was ihm seine Löwe-Hund-Frau rät.

Löwe-Hund-Frauen arbeiten kräftig an der Karriere ihres Mannes mit

Männer aus diesem Mischzeichen spielen oft den wilden Mann, wenn es nicht nach ihrem Willen geht. Sie wollen verwöhnt werden, dann fressen sie einem aus der Hand. Auch sie lieben mit letzter Konsequenz. Man sollte sie nicht enttäuschen. Was sie anzieht, sind die Schmeichelkätzchen, die ihnen sanft um den Bart gehen und mit denen sie sich sehen lassen können. Denn echte Löwe-Hunde geben gern ein wenig an.

Jungfrau-Hunde (24. August bis 23. September)

Pingelig genau sind die Jungfrau-Hunde. Da muß ein Teil exakt neben dem anderen liegen. Wer die von ihnen gewollte Ordnung durchbricht, dem zeigen sie die Zähne. Das erleichtert das Zusammenleben mit ihnen nicht gerade. Jungfrau-Hunde nehmen es mit jedem an Verstand und Arbeitsleistung auf. Wenn sie jemanden zur Seite schubsen wollen, helfen sie hintenherum gern ein wenig nach. Das mag man als Falschheit auslegen oder als Selbstbehauptungswillen.

Jungfrau-Hunde sind lernbegierig und sehr häuslich

Männer aus diesem Mischzeichen spielen bei Frauen immer den Gentleman. Sie wirken distanziert, und gerade das schindet Eindruck. Wer dahinter Schüchternheit vermuten wollte, kennt die Jungfrau-Hunde nicht. Wenn's drauf ankommt, gehen sie ganz schön ran. In der Ehe mit solchem Sternenmischling geht es kaum allzu leidenschaftlich zu. Die Partnerin kann trotzdem auf ihre Kosten kommen, wenn sie mit feurigem Temperament etwas nachhilft.

Die besten Mütter sind die unterm Jungfrau-Hund geborenen. Sie versorgen ihre „Kleinen" selbst dann noch, wenn diese längst eine eigene Familie gegründet haben. Ihre Liebe ist unversiegbar, weshalb sie als Schwiegermütter nicht immer die beste Figur machen. Dem Mann an ihrer Seite fehlt ebenfalls nichts. Er wird wie die Kinder bemuttert. Wer da behauptet, das sei gleichzusetzen mit „unter den Pantoffel gestellt", dem geht die Jungfrau-Hund-Frau an den Kragen.

Waage-Hunde (24. September bis 23. Oktober)

Das friedliche Zuhause ist der Waage-Hunde Welt. Sie kuscheln sich hinter den Ofen und genießen die Geborgenheit, wenn andere auf in den Kampf ziehen. Man muß sie lieben, aber ihren Versprechungen traue man nie. Waage-Hunde können nicht nein sagen.

Berufe, wo sie Leuten etwas beibringen können, sind bevorzugt. Auch ihre Fabulierkunst wäre zu nützen. Als Diplomat und als Hotelportier leisten sie überdurchschnittliches, genauso im Sozialwesen. Waage-Hunde arbeiten hart und ausdauernd. Sie brauchen, um neue Kraft zu tanken, die friedliche

Entspannung daheim. Familienkrach senkt ihre Leistungsfähigkeit. Sie haben keine übermäßig starken Nerven.

Diese Sternenmischlinge bleiben nie lange allein. Für sie steht überall das Körbchen bereit, in dem sie sich wohlfühlen können. Waage-Hund-Männer brauchen die fürsorgliche Frau, die sie mütterlich betreut. Sie sollte auch ein wenig von einer Beichtschwester an sich haben. Denn Waage-Hund-Männer haben zuweilen in einer Ehe etwas zu beichten, das nach großzügiger Verzeihung verlangt.

Anspruchsvoller als ihre Artgenossen sind die Frauen aus diesem Mischzeichen. Sie wollen zum Körbchen gewissermaßen das goldbestickte Kissen, auf dem man zu zweit luxuriös träumen kann. Die Waage-Hund-Frau ist lieb und ständig bereit, dem Mann ihrer Wahl das Leben zu versüßen.

Skorpion-Hunde (24. Oktober bis 22. November)

Der Wille der Skorpion-Hunde kann Berge versetzen. Niemand ist so zäh und ausdauernd, wenn es gilt, etwas mit letzter Konsequenz durchzufechten. Falls man sie oder ihre Lieben angreift, werden sie bissig. Unter ihrem starken Schutz kann sich jeder sicher fühlen.

Sie zählen eher zu den schwierigen Leuten, die um der Wahrheit willen auf die Barrikaden steigen würden. Das kann bedeuten, daß auch Vorgesetzte ihre Wahrheitsliebe zu spüren bekommen. Wenn Skorpion-Hunde selber den Chefstuhl eingenommen haben, dann gewiß nicht durch Katzbuckeln.

Skorpion-Hunde gehören am Arbeitsplatz zu den Schweigsamen. Sie lieben keinen Klatsch

Haben die Männer aus diesem Zeichen erst mal eine potentielle Partnerin gefunden, steuern sie ohne viel Federlesen geradewegs aufs Ziel zu. Liebeserklärungen geraten bei ihnen meist daneben. Interessierte Frauen hören jedoch aus des Skorpion-Hundes Anbandelgestammel oft die ehrliche Meinung heraus. Und die überzeugt mehr als unverbindliches Süßholzraspeln.

Über diesen Weg findet man zu einer Gemeinschaft zusammen, die ein Leben lang halten kann. Mehr wollte dieser Sternenmischling ja auch gar nicht. Er sucht die Partnerin, die mit ihm durch dick und dünn geht. Einen wankelmütigen Charakter mag er nicht.

Viele Skorpion-Hunde-Frauen finden den Mann fürs Leben auf den ersten Blick. Sie sind leidenschaftliche Partnerinnen, die für ihn sogar durchs Feuer gehen würden. Solche Musterfrauen verlangen jedoch zu Recht Gegenwerte, mindestens absolute Treue und ein bißchen Häuslichkeit. Junggesellen-Allüren sollte er am besten gleich an der Pforte zum Standesamt abgeben.

Schütze-Hunde (23. November bis 21. Dezember)

Mit Kraft und Elan schaffen Schütze-Hunde so ziemlich alles. Ihre Spritzigkeit ist bekannt. Wenn es darauf ankommt, rennen sie allen Mitbewerbern davon. Nur manchmal trauen sie sich zuviel zu und machen vor dem Ziel schlapp.

Sie versagen nie. Mit Kraft und Elan schaffen Schütze-Hunde fast alles

Zwang macht sie krank. Ein gutes Wort spornt sie an. Sie sind kameradschaftlich und kollegial bis auf den einen Fall, wenn es um ihre Karriere geht. Schütze-Hunde sagen jedem offen und ehrlich ihre Meinung, selbst wenn diese gar nicht gefragt ist.

Natürlich spielen diese Sternenmischlinge in der Liebe stets die erste Geige. Schütze-Hund-Männer haben Charme für viele. Hier ist jedoch des Schützen Wankelmut durch des Hundes Treue erfreulicherweise gehemmt. Von allen Schützen ist der in einem Hund-Jahr geborene der beste Ehemann. Er wird auch leichter zahm. Nur sollte man ihn nie daheim versauern lassen. Was Schütze-Hund-Männer brauchen, ist eine lebenslustige Gefährtin, die mit ihnen auf jedes Fest geht.

Frauen aus diesem Mischzeichen sind ebenso dem vollen Leben zugewandt und werden an der Seite eines Partners glücklich, der ihre weltoffene Art bejaht. Sie stellen keine allzu hohen Ansprüche an ihn, aber lachen sollte er können.

Steinbock-Hunde (22. Dezember bis 20. Januar)

Zunächst sind Steinbock-Hunde erst einmal Pessimisten. Sie sind verschlossen und in sich gekehrt. Der Ernst des Lebens wird von ihnen zu ernst genommen. Doch man kann sich auf sie verlassen.

Im Beruf übernehmen sich diese Sternenmischlinge nur zu oft. Sie lassen sich jede Menge Arbeit aufpacken und merken zu spät, daß sie es nicht schaffen. Aber da sie anderen nicht über den Weg trauen, hängen sie aus freien Stücken Überstunden an. Aufgaben, mit denen man sie betraut, führen sie mit letzter Konsequenz durch, und wenn für sie dabei ein anschließender Kuraufenthalt wegen körperlicher Überanstrengung herausspringt.

Aus purem Zeitmangel kommen Freizeit und Privatleben zu kurz. Partner finden darum die Steinbock-Hunde oft im engeren Berufsbereich oder über eine Heiratsanzeige. Trotzdem gibt es eine Menge Steinbock-Hunde, die aus Liebe heiraten. Ihre zurückhaltende Art ist beim anderen Geschlecht beliebt. Als Ehemann ist er treu. Er braucht eigentlich eine Frau, die ihn nach des Tages Hast und Mühen aufheitert, die seinem Pessimismus einen um so größeren Optimismus entgegensetzt.

Auch die Frauen aus diesem Mischzeichen wollen aufgeheitert werden. Sie können perfekte Hausfrauen sein, aber jedoch möglicherweise den treuen Gatten mit ihrer übertriebenen Ordnungsliebe aufregen. Man sollte mit der Steinbock-Hund-Frau nie spielen; selbst in der Liebe will die Frau mit dem guten Herzen mit Ernst bei der Sache sein.

Wassermann-Hunde (21. Januar bis 19. Februar)

Wassermann-Hunde sind intelligent. Ihr Rat ist gefragt. Ihre Tatkraft reißt andere mit. Hier paart sich das handwerklich Künstlerische mit dem verstandesmäßig Nützlichen.

Selbstverständlich brauchen sie Pausen, in denen sie sich von der Umwelt zurückziehen, um sich „zu sammeln". Es liegt ihnen nicht, ihr Inneres vor anderen auszubreiten, daher machen sie ihre Probleme mit sich selbst aus.

Wassermann-Hunde haben große Chancen, ganz nach vorn zu kommen

Männer aus diesem Mischzeichen entwickeln im Privatleben Forschernaturen. Sie nehmen die Liebe wissenschaftlich und legen nach Möglichkeit Statistiken über ihre Freundinnen an. Deren gute Eigenschaften werden zusammengetragen und welche die meisten hat, wird in die engere Wahl gezogen. Denn die Idealfrau des Wassermann-Hundes gibt es, wenn überhaupt, nur in einigen wenigen Exemplaren auf dieser Welt.

Vielleicht kann man jetzt verstehen, warum mancher Wassermann-Hund so abfällig über das weibliche Geschlecht spricht und sich selbst für die Krone der Schöpfung hält. Daß es trotzdem viele gute Ehemänner aus diesem Mischzeichen gibt, hat mit der oft späten Einsicht zu tun, daß auch die Wissenschaft Lücken hat und Statistiken auch nicht der Wissenschaft letzter Schluß sind.

Hilfsbereit bis zum äußersten ist die Wassermann-Hund-Frau. Sie opfert sich für ihre Familie auf und will keinen Dank, um danach über die Undankbaren zu lästern. Irgendwie braucht sie von Zeit zu Zeit einen reinigenden Krach, und mit der Versöhnung wird die Liebe aufgefrischt. Sie meint es nie böse, ihr Temperament schießt nur mal übers Ziel hinaus.

Fische-Hunde (20. Februar bis 20. März)

Bevor sich Fische-Hunde streiten, sagen sie lieber zu allem ja und amen. Sie können keiner Fliege etwas zuleide tun. Am liebsten träumen sie in den Tag hinein. Mit ihrer Durchsetzungskraft wäre es nicht weit her, wenn sie nicht soviel Pflichtbewußtsein hätten. Das läßt sie Arbeiten vollenden auch gegen den Widerstand böswilliger Gegner. Da mischen eine ganze Portion Sturheit mit und der Wille nach Sicherheit.

Trotz ihrer Bescheidenheit bringen sie es im Leben oft sehr weit

Männer aus diesem Mischzeichen sind galante Liebhaber, die sich nicht lange bitten lassen, wenn ein roter Mund ihnen lacht. Sie werden treusorgende Ehemänner mit sehr viel Sinn für blaue Stunden. Nur hier und da sind sie mal mürrisch und verschlossen. Dann wälzen sie große Probleme und brauchen Ruhe vom Familienalltag.

Nicht allzu robust sind die Fische-Hund-Frauen. Die kleinste psychische Störung kann sie umwerfen. Sie brauchen den behutsamen Freund, der ihnen die Sorgen tragen hilft. Er sollte auch mit ihnen träumen: Ein bißchen Sentimentalität könnte nicht schaden.

Fische-Hunde reagieren auf Freundlichkeit wachsweich. Kummer macht sie untröstlich und läßt sie im schlimmsten Fall zur Flasche greifen. Sie sind nicht die besten Menschenkenner, weshalb sie immer wieder auf Verführer hereinfallen. Dabei könnten sie die besten unter allen Sternenmischlingen sein, wenn ihre guten Anlagen zum Tragen kommen würden.

Das wahrheitsliebende, abwägende Schwein

Das letzte Zeichen des chinesischen Mondkreises ist das Schwein. Gegenüber den elf anderen werden den Schwein-Geborenen gewisse Vorzüge nachgesagt, zum Beispiel werden sie als besonders liebenswert geschildert, weil sie, bevor sie handeln, erst abwägen, was für sie oder ihre Freunde das Beste sein könnte.

Sie gehen nach dem alten Rechtsgrundsatz vor, daß man im Zweifelsfalle der eigenen Meinung stets auch die vielleicht konträre Ansicht eines anderen gegenüberstellen müsse.

Diese Menschen lieben die Wahrheit über alles, was nicht immer ein Vorzug sein muß, wie wir noch sehen werden. In den folgenden chinesischen Mondjahren wurden und werden Schwein-Typen geboren.

$$15.2.1923 - 4.2.1924$$
$$3.2.1935 - 23.1.1936$$
$$22.1.1947 - 9.2.1948$$
$$7.2.1959 - 27.1.1960$$
$$26.1.1971 - 14.2.1972$$
$$13.2.1983 - 31.1.1984$$
$$30.1.1995 - 17.2.1996$$
$$16.2.2007 - 5.2.2008$$

Bereits im Kindesalter nehmen die Schweine alles für bare Münze, was man ihnen erzählt. Wenn andere Kinder längst zu einer realistischen Betrachtensweise gekommen sind, glauben die Schwein-Typen noch an Fabel- und Märchengestalten und deren Wirkensweise. Sie fürchten sich vor Schreckensbildern, die vor ihnen aufgebaut werden. Das macht sie in der Schule unsicher. Hier sollten geschickte Pädagogen eingreifen und diesen Kindern die Angst nehmen.

Schwein-Kinder können sich nie ganz von den Märchen- und Fabelwesen losreißen

Schwein-Menschen sind von frühester Jugend an gewohnt, den Respektpersonen zu gehorchen. Sie werden stets ihr Pensum herunterarbeiten und sich zu Hause ernsthaft auf Prüfungen vorbereiten. Trotzdem werden sie nicht unbedingt zu den Eifrigsten gezählt werden können.

Warum sich Schweine schämen

Wir sagten es bereits: Schwein-Menschen sind absolute Wahrheitsfanatiker. Sie lügen nicht. Und wenn sie sich einmal gezwungen sehen zu flunkern, werden sie möglicherweise rot bis über die Ohren. Sie schämen sich noch als erfahrener Erwachsener, wenn sie sich längst das Erröten abgewöhnt haben, und fühlen sich unwohl.

Leider ecken die Schwein-Typen immer mal wieder mit der Wahrheit an. Die Menschen wollen belogen werden, besagt ja eine alte Weisheit. Und tatsächlich kann Wahrheit auch verletzen. Darum werden die in einem Schwein-Jahr Geborenen von gewissen Zeitgenossen oft zu den Miesmachern gezählt, die ihre Mitmenschen in einem schlechten Licht erscheinen lassen wollen. Absolute Ehrlichkeit ist, wie man sieht, nicht unbedingt einem friedlichen Zusammenleben förderlich und es gilt abzuwägen, was wichtiger ist: Die Wahrheit zu sagen oder um des lieben Friedens willen zu schweigen.

Schweine wägen stets Vor- und Nachteile gegeneinander ab

Einen anderen guten Charakterzug der Schwein-Menschen haben wir schon angesprochen: Sie wägen Vor- und Nachteile bestimmter Sachlagen stets gegeneinander ab, sofern ihre Wahrheitsliebe das zuläßt. Sie kennen immer wieder ein Für und ein Wider. Auch diese an sich gute Anlage wird von ihren Mitmenschen oft ins Gegenteil verdreht. Aus dem weise abwägenden Typ wird da manchmal der ewig zögernde, der sich vor Unsicherheit nicht zu helfen weiß. Und daraus wird man leicht erkennen, daß es die Schweine meist schwerer haben als die Leute, die in anderen Jahren geboren wurden, weil sie keine Ränke schmieden können.

Die Zuverlässigen in jedem Betrieb

Genug der negativen Ausdeutungen mißgünstiger Zeitgenossen! Folgen wir lieber jenen altchinesischen Weisen, die Men-

schen, die in einem Jahr des Schweins geboren werden, für die besten im ganzen Tierkreis hielten. Tatsache ist, daß diese Typen recht friedliebend sind. Sie können sich stets gegen andere durchsetzen. Aber das schaffen sie nicht mit üblen Tricks, sondern mit den besseren Argumenten und oft auch mit viel Wissen.

Sie können eigentlich in allen Berufen Überragendes leisten, besonders geeignet sind sie als hervorragend diagnostizierender Arzt, als stets genau recherchierender Journalist oder als weise tüftelnder Forscher und Wissenschaftler. Als Handwerker kommt ihnen ihr Pünktlichkeitsstreben zugute und als Sachbearbeiter im Versicherungswesen ihr Gerechtigkeitssinn. In den Beurteilungen ihrer Chefs wird vor allem auf ihre stete Zuverlässigkeit hingewiesen.

Man kennt die Schwein-Menschen auch als sozial denkende Unternehmer und als Gewerkschaftsfunktionäre, die sich mit Energie und besten Argumenten für ihre Kollegen einsetzen.

Die guten Freunde sind rar

Trotz der guten Beurteilungen, die Männer und Frauen aus dem Schwein-Zeichen im Berufsleben erfahren, haben sie privat nur wenige gute Freunde. Nicht umsonst werden sie oft als kontaktarm geschildert. Vielleicht hängt das ein wenig damit zusammen, daß sie und ihr Charakter von frühester Jugend an überkritisch betrachtet werden. Wie wir gesehen haben, werden da selbst beste Anlagen mißverstanden und ins Gegenteil verfälscht.

So kommt es, daß viele der in einem Jahr des Schweins Geborenen vorsichtig taktieren und sich vor der lauten Welt lieber ins stille Kämmerlein zurückziehen und dort ihren Hobbys frönen.

Im Laufe ihres Lebens haben übrigens Schweine viele Glücksmomente. Sie haben, wie der Volksmund sagt, „Schwein" in allen Lebenslagen. Obwohl sie nicht gern das Geld zum Fenster hinauswerfen, haben einige von ihnen mit kleinen Einsätzen in Lotto oder Lotterie schon manchen Glückstreffer erzielt. Sie müssen möglicherweise in späteren Jahren auch zur Erbschaftssteuer veranlagt werden, weil zufäl-

Im Laufe ihres Lebens haben Schweine viel Glück, das sprichwörtliche „Schwein"

lig irgendein Erblasser, dem sie in seinen letzten Lebensjahren fürsorglich zur Seite standen, sie als Alleinerben eingesetzt hat.

Berechnend sind diese Schweine nie, eher zu gutmütig. Sie helfen jedem selbstlos, der ihrer Hilfe bedarf. Nur zu oft haben sie für solch Verhalten keinen Dank erhalten.

Liebe im Wartestand

Leider zögern Schwein-Menschen vieles hinaus, was eigentlich längst erledigt werden müßte. Auch in der Liebe ist das so: Sie können sich nur schwer entscheiden. Frauen und Männer aus diesem Zeichen sind zärtlich und rücksichtsvoll. Die Partner könnten sich glücklich schätzen, ihre Liebe erobert zu haben. Oft wurde schon vom Standesamt gesprochen, doch dann hat es sich das Schwein noch anders überlegt und einen Beinahe-Partner doch sitzengelassen. Die Liebe dümpelt bei den Schwein-Geborenen gewissermaßen im Wartestand dahin.

Haben sie einmal einen Entschluß gefaßt, ist dieser unumstößlich

Schwein-Menschen fehlt es nicht an Entschlußkraft, aber sie wägen meist zuviel ab, bevor sie sich endgültig entscheiden. Haben sie jedoch einen Entschluß gefaßt, so ist dieser nahezu unumstößlich. Sie werden ihn gegen alle Widerstände durchsetzen wollen. Leider macht dann aber vielleicht – des langen Zögerns überdrüssig – plötzlich der Partner nicht mehr mit. Und so kommen die Schweine auch zu trüben Erfahrungen.

Der Schwein-Mann

Die Männer aus dem Schwein-Zeichen können sich in der Ehe zu rechten Mustergatten entwickeln. Sie sind treu und geben zuweilen dann doch des lieben Friedens willen nach. Ihre Frau wollen sie auf Händen tragen. Die Familie ist für diese Typen das Höchste, was es auf Erden gibt. Streit und Zank macht sie krank. Und daher gehen sie, um die Rechnung des Psychiaters zu sparen, lieber mal den Weg des geringsten Widerstandes.

Auch diese Haltung wird von manchen Partnerinnen nicht immer gelobt. Da könnte im Eheleben ja Langeweile aufkommen. Viele Frauen solch reizender Männer lassen es in der Ehe lieber mal krachen: Gewitter reinigt bekanntlich die Luft! Die Schwein-Männer leiden darunter, und manch einer hat sich dabei vor Zeiten Magengeschwüre geholt.

Viele dieser geplagten Ehemänner suchen bei solcher Sachlage das Weite. Man traf sich hinterher vor dem Scheidungsgericht wieder.

Die Schwein-Frau

Die im Jahr des Schweins Geborenen sind keine Kostverächter. Die Liebe ist für sie ein fröhliches Spiel mit ernstem Hintergrund. Die Frauen aus dem zwölften chinesischen Tierzeichen sind charmant und liebevoll. Sie können gut zuhören, aber ebenso gern von sich selbst erzählen. Der einzige Nachteil: aus der Diskussion wird dann schnell ein Monolog. Manch liebes Plappermäulchen wurde im Schwein-Zeichen geboren.

Schwein-Frauen schmusen gern

Große Leidenschaften entfachen sie nicht, sie schmusen jedoch ganz gern. Nicht immer lieben sie Hausarbeit. Sie schätzen eine gepflegte Unordnung mehr als pingelige Genauigkeit. Unter Freunden geben sie sich leger und aufgeschlossen, in großen Gesellschaften eher zurückhaltend.

Im allgemeinen sind diese Frauen sehr modebewußt, kleiden sich aber eher salopp, weil sie meinen, daß diese Art besser zu ihnen paßt. Schick sehen sie ja auch in ausgefransten Jeans aus.

Schwein-Frauen sind die besten Mütter. Ihre Kinder werden ohne Strenge erzogen, dürfen aber noch längst nicht alles tun, was ihnen beliebt. Auch bei den Schwein-Müttern gilt der Grundsatz: Was zu weit geht, das geht zu weit!

Sie mögen Kompromisse

Schweine lieben das Leben. Dennoch sind große Gesellschaften kaum ihr Fall, eher Plauschstündchen mit den wenigen guten Freunden am heimischen Kamin. Dabei kann es geschehen, daß sie stumm den Gesprächen der anderen lauschen. Wenn sie jedoch Probleme haben, werden sie wach. Dann sprudelt es aus ihnen heraus wie aus einem Wasserfall.

Sie lachen auch schon mal über sich selbst

Schweine lachen gern, zur Not sogar über sich selbst. Das macht sie sympathisch. Im Alter müßten einige von ihnen etwas mehr auf ihr Gewicht achten, denn sie neigen zu Übergewicht. Und sie schauen zeitweise gern tief ins Glas, obwohl sie wissen sollten, daß ein Zuviel für sie schädlich sein kann.

Bei mancherlei Enttäuschungen werden Schweine oft zu rechten Menschenverächtern. Das ist wohl der Grund, warum solche Menschen dann in den zwischenmenschlichen Beziehungen kein Glück haben und im Berufsleben vielleicht sogar ihrer Karriere schaden.

Das Horoskop für die Schweine

Mit Gleichmut ertragen Menschen, die im Jahr des Schweins geboren sind, Glück und Unglück in ihrem Leben. Sie nehmen es stets, wie es kommt. Allzu spannungsreich wird es bei ihnen nie. Sie wollen ihre Ruhe haben und werden doch manches erleben, was sie zutiefst erschüttert. Vor allem zwischen dem dritten und fünften Lebensjahrzehnt haben sie mit Problemen zu kämpfen. Wie gut, daß sie nicht unterzukriegen sind.

Im Alter ziehen viele „Schweine" aufs Land, denn das Leben dort liegt ihnen

Am Ende werden die Leute aus dem zwölften chinesischen Tierzeichen alles meistern, was sich ihnen entgegenstellt. Denn wenn es schwierig wird, sind sie hellwach. Im Alter wird mancher von ihnen sich einen Traum erfüllen können und ins eigene kleine Häuschen aufs Land ziehen, denn das Landleben ist dem Schwein gemäß.

Schwein-Typen, die fest an ihr Glück glauben, sollten jetzt einmal lesen, was das chinesische Horoskop ihnen in den nächsten Jahren zugedacht hat.

Im Jahr der Ratte (1996, 2008)

fühlen sich Schweine rundherum glücklich. Einige von ihnen finden ihre große Liebe, andere stehen beim Partner hoch im Kurs. Alle können sich in diesem Jahr einiges erlauben, weil auch Geldzuwachs angesagt ist. Wer in einem Jahr des Schweins geboren wurde und arm ist, wird sich oft reicher dünken als die, die alles haben.

Im Jahr des Büffels (1997, 2009)

geht das Glück seltsame Wege. Bei den Schweinen bleibt es jedoch meistens nicht hängen. Wie gut, wenn sich diese in den satten Jahren zuvor etwas zurücklegen konnten. Das Büffel-Jahr ist für Schweine ein schwieriges Jahr, weil einfach der Antrieb fehlt, das Schicksal auch mal herauszufordern. Da gilt der Grundsatz: Nicht den Kopf hängen lassen und stets heiter bleiben!

Jetzt nicht den Kopf hängen lassen

Im Jahr des Tigers (1998, 2010)

geht es mit der Leistungskurve auf und ab. Viele Schweine haben nicht die rechte Lust, mehr aus sich zu machen, wenn ein Tief dem anderen folgt. Andere stellen sich entgegen und finden Auswege aus dem Dilemma. Es ist ein wahres Glück, daß Schweine auch mal mit weniger zufrieden sind als sonst üblich.

Im Jahr des Hasen (1999, 2011)

ergreift die ehrlichen Schweine schier die Verzweiflung. Ihre Umwelt will sie einfach nicht verstehen und verdreht ihnen die Wörter im Mund. Obwohl sie Streit nicht mögen, machen sie plötzlich mit, bis die Fetzen fliegen. Nur ganz privat finden sie Ruhe: In der Partnerschaft geht es fröhlich zu. Man liebt sich und lebt gut.

Im Jahr des Drachen (2000, 2012)

kochen die Schweine auch nur mit Wasser. Mancher Ärger steht bevor, und der macht dick! Im Beruf gibt es dagegen einige Lichtblicke. In der Liebe ist man auf Warteposition und schwankt von einem zum anderen. Leute aus dem Jahr des Schweins sollten sich auf sich selbst besinnen. Dann wird's schon werden.

Achtung: Ärger macht dick

Im Jahr der Schlange (2001, 2013)

geht es für die Schwein-Menschen wieder aufwärts. Sie können wieder manchen Gewinn für sich herausschlagen und sind auch im Beruf erfolgreich. Nur in der Liebe läßt sich einiges

noch recht zähflüssig an. Wer in einem festen Verhältnis mit einem netten Partner zusammenlebt, den wird's weiter nicht erschüttern.

Im Jahr des Pferdes (2002, 2014)

Wer jetzt kann, sollte sich ein Haus bauen

gibt's eine Menge zu tun, um den Lebensstandard zu sichern. Wer jetzt günstige Konditionen bei der Bank findet, sollte zugreifen und sich ein Haus bauen. Da gehen Schweine ran wie wild und arbeiten wie die Berserker. Leider kommt bei solchem Tun, aber auch bei denen, die nicht zu den Häuslebauern zählen, die Liebe zu kurz. In der Familie ist die Stimmung deshalb eher bedrückend.

Im Jahr der Ziege (2003, 2015)

dauert die triste Stimmung in der Familie nicht mehr länger an. Aus manchen Schweinen werden glückliche Verliebte. Auch finanziell geht es aufwärts. Im Beruf machen die Leute aus dem Jahr des Schweins keine Überstunden mehr, sondern lassen es ruhiger angehen. Trotzdem haben sie mehr Erfolg als je zuvor.

Im Jahr des Affen (2004, 2016)

sind selbst die Schweine ausgelassen wie nie. Im kleinen Kreis finden sie ihr großes Glück. Das Jahr des Affen ist für sie gemacht. Trotzdem sollten sie bedenken, daß man manche Farben einfach wegwischen kann. Vorsicht mit der Figur: Schweine könnten vor lauter Freude Speck ansetzen!

Im Jahr des Hahns (2005, 2017)

haben einige Schweine Glück im Spiel. Wer sich von ihnen nicht darauf verläßt, kann trotzdem hoffen, daß sich seine Finanzen stabilisieren werden. Aber ohne viel Arbeit werden sie kaum etwas erreichen. In den zwischenmenschlichen Beziehungen können neue Bande geknüpft werden. Das sieht sehr hoffnungsvoll aus.

Im Jahr des Hundes (2006, 2018)

wächst das Bankkonto weiter an, ohne daß die Leute aus dem Jahr des Schweins viel dazutun müssen. Am liebsten würden sie sich auf die faule Haut legen und das Leben genießen. Leider gibt es aber noch viel zu tun. Und mancher aus diesem Tierzeichen ist gut damit beraten, sich noch einmal kräftig anzustrengen.

Im Jahr des Schweins (2007, 2019)

ist es endlich soweit: Feste am laufenden Band können gefeiert werden. Das Schicksal meint es gut mit den Schweinen in ihrem eigenen Jahr. Das Glück gießt sein Füllhorn über sie aus. Nur sollten die Leute aus dem Tierzeichen des Schweins bedenken, daß man in guten Jahren mehr für die eigene Sicherheit tun und Rücklagen bilden sollte, um auch in schlechten Jahren gut leben zu können.

Das Glück gießt sein Füllhorn aus über die Schweine

Die Schweine vom Widder bis zu den Fischen

Wir haben nun wieder die abendländische Astrologie zu Rate gezogen und deren zwölf Tierkreiszeichen mit dem jeweils anstehenden chinesischen Tierzeichen vermischt. Das ergibt zwölf Mischzeichen des Schweins vom Widder bis zu den Fischen. Wer also zum Beispiel in der Zeit vom 21. März bis 20. April Geburtstag hat, der kann die auf ihn zutreffende Charakteristik im Mischzeichen Widder-Schweine finden.

Widder-Schweine (21. März bis 20. April)

So leicht lassen sich die Leute, die in diesem Mischzeichen geboren wurden, nicht von einmal als richtig Erkanntem abbringen. Man könnte sie stur nennen, wenn nicht stets die freund-

Widder-Schweine sind Lebenskünstler mit dem sechsten Sinn für gute Geschäfte

liche Verpackung hinzukäme. Ein Widder-Schwein verkauft sich mit soviel fröhlicher Herzlichkeit, daß man ihm gern einige Schwachstellen in seinem Charakter nachsieht.

Widder-Schweine arbeiten ruhig, aber zielstrebig. Sie können, wenn es ums Ganze geht, auch kämpfen. Man mag sie wegen ihrer Gutmütigkeit. Schicksalsschläge nehmen sie gelassen hin. Sie finden immer einen Ausweg aus einer prekären Lage. Und sie haben den sechsten Sinn für gute Geschäfte.

Diese Sternenmischlinge sind auf jeden Fall Lebenskünstler, die auch privat viele Freunde finden. Männer aus dem Widder-Schwein-Zeichen sind in der Liebe Draufgänger, die schon wenige Stunden nach dem Kennenlernen die erste Liebeserklärung machen können. Der Heiratsantrag läßt kaum länger auf sich warten. Weist man sie ab, bleiben sie gut Freund und tun so, als sei nichts gewesen. Widder-Schweine vergessen schnell Unliebsames. In der Ehe sind sie übrigens Mustergatten mit allen Vor- und Nachteilen.

Die Frauen aus diesem Mischzeichen verlieben sich ebenso schnell wie ihre Sternenbrüder. Ihre unbekümmerte Art findet viele Liebhaber, ist jedoch auch für manche Enttäuschung gut. Widder-Schwein-Frauen macht die Liebe manchmal blind. Am Ende stehen sie oft fassungslos vor der Erkenntnis, daß außer Spesen nichts gewesen ist. Aber sie geben nicht auf, bis sie endlich den Mann fürs Leben gefunden haben, dem sie eine nicht eben sparsame, doch treue Ehefrau sein werden.

Stier-Schweine (21. April bis 20. Mai)

Stier-Schweine können handeln, während andere noch beim Planen sind. Sie sprechen nie viel, sie sind Menschen der Tat. Umwege machen sie nicht, sie kennen nur den geraden Weg nach vorn. Leider verfangen sie sich deshalb manchmal in Hindernissen, die neidische Mitmenschen heimtückisch vor ihnen aufgebaut haben. Das läßt sie im Stillen verzweifeln. Aber sie rappeln sich immer wieder auf, um es gerade denen zu zeigen, die ihnen übel mitspielen wollen.

Im Grundzug ihres Charakters sind Stier-Schweine verträglich. Sie sind gute Kollegen und zuverlässige Mitarbeiter. Als Vorgesetzte setzen sie sich durch, hören zuvor jedoch immer auch die Meinung anderer zum Thema.

Männer aus diesem Mischzeichen wollen in einer festen Verbindung stets das Sagen haben. Ein Blick aus ihren treuen Augen genügt, um die Partnerin zu erweichen. Viele Gespräche gibt es in der Ehe mit einem solchen Mann nicht, dafür um so mehr stille Übereinkünfte. Da Stier-Schwein-Männer vorher jedes Wenn und Aber abwägen, geraten sie nur selten an Frauen, die solch patriarchalischem Kurs Paroli bieten. Dabei sind sie herzensgut zu ihren Lieben und lassen es ihnen an nichts fehlen.

Stier-Schwein-Frauen machen sich, wenn sie lieben, das Leben ein wenig schwer. Es nagt so mancher Zweifel an ihnen, ob sie denn klug gewählt haben. So kommt es häufig mal zum Schlußstrich, ehe ein Verhältnis noch richtig begonnen hat. Sie finden jedoch immer wieder einen, mit dem sie es versuchen wollen. Sie bleiben nie ganz allein. Und wenn sie heiraten, wissen sie meistens, daß sie es gut getroffen haben – auch in der Liebe.

Zwillinge-Schweine (21. Mai bis 21. Juni)

Zwillinge-Schweine geben sich ungenierter als andere Schweine. Sie bewegen sich mit diplomatischem Geschick durchs Leben und kommen auch dann wieder auf die Füße, wenn sie unter sich den Boden fast verloren haben. Ein Zwillinge-Schwein ist kaum umzubringen. Es kennt die Tricks, mit denen man Konkurrenten mattsetzen kann, um daraus für sich selbst Nutzen zu ziehen.

Eine reiche Heirat beziehen sie in ihre Pläne mit ein

Irgendwann kommt zum Können dieser Sternenmischlinge die gesunde Portion Glück dazu. Man gewinnt im Spiel oder erbt, und falls das nicht klappt, bleibt immer noch die reiche Heirat, die Zwillinge-Schweine durchaus in ihre Pläne mit einbeziehen.

Männer aus diesem Doppelzeichen können sich nur schwer für eine Frau entscheiden, besonders wenn die Auswahl groß ist. Enttäuschungen halten sich in Grenzen. Selbst eine Scheidung läßt sie nicht verzagen. Im Zwillinge-Schwein-Zeichen bleibt man nie lange allein. Paradox: Unter allen Zwillingen sind die unter dem Schwein geborenen die treuesten Ehemänner, vielleicht weil sie so friedfertig und freundlich sind und niemandem weh tun können.

Zwillinge-Schwein-Frauen nehmen das Leben leicht. Sie beschäftigen sich nicht gern mit weltbewegenden Problemen. Flirt ist für sie ein Unterhaltungsspiel, das sie leidenschaftlich betreiben. Liebe ist für sie das Buch mit sieben Siegeln, das man nur öffnet, wenn's unbedingt sein muß. Diese reizenden Wesen, die so gern lachen, können bloß an der Seite eines fröhlichen Partners glücklich werden. Sie bleiben Kinder mit ihren Kindern, die sie zu toleranten Mitmenschen erziehen.

Krebs-Schweine (22. Juni bis 22. Juli)

Man kann Krebs-Schweine sehr leicht verletzen, weshalb sie sich mehr zurückhalten als ihre vielleicht etwas dickfälligeren Sternengeschwister. Aber sie sind nett und zutraulich und hängen am Leben. Krebs-Schweine arbeiten viel und ausdauernd. Sie streben nach der Position, die ihnen ein Höchstmaß an Sicherheit gewährt. Mehr wollen sie eigentlich nicht. Man kann sich in jeder Weise auf sie verlassen.

Krebs-Schweine lieben den Müßiggang und gute Bücher, die sie in Traumwelten entführen

Neben der Arbeit lieben sie den Müßiggang. Ihre Freizeit kosten sie aus. Sie lesen gern gute Bücher und lassen sich von ihnen in Traumwelten entführen. Jedes Krebs-Schwein braucht am Tag ein paar Minuten der Besinnung auf sich selbst.

Die Männer aus diesem Mischzeichen lassen sich so leicht nichts vormachen. Sie durchschauen jeden auf den ersten Blick. Ihre Menschenkenntnis ist über alle Zweifel erhaben. Doch sind sie auch leicht nachtragend: Wer sie irgendwann einmal, ohne es vielleicht selbst zu wollen, tödlich beleidigt hat, dem verzeihen sie nie.

Es ist schwer, mit diesen Männern klarzukommen. Das wissen die Frauen, die mit ihnen angebandelt haben, ebenso wie die Ehefrauen, die mit ihnen den Schritt ins gemeinsame Leben gewagt haben. Krebs-Schwein-Männer werden oft von Launen gepackt, die sie von einem zum anderen Augenblick ihre Meinung ändern lassen. Schönster Zug an ihnen: Wenn sie ein Unrecht einsehen, gestehen sie es ein und machen alles wieder gut.

Dasselbe ist von der Krebs-Schwein-Frau zu sagen. Ihr Charakter ist jedoch noch weicher und anpassungsfähiger. Sie schenkt ihr Vertrauen jedem, der sie lieb und nett behandelt. Nur zu spät erkennt sie manchmal die wahren Absichten einiger Männer. Gefühl ist bei ihr alles. Man sollte, vor allem als ihr Partner, sorgsam damit umgehen.

Löwe-Schweine (23. Juli bis 23. August)

In allen Lebenslagen finden sich Löwe-Schweine zurecht. Sie scheinen das Glück für sich gepachtet zu haben. Ihrer Karriere steht eigentlich nichts im Wege. Man mag sie. Mit Schwung gehen sie an die Arbeit heran und reißen jeden mit. Sie geben nie auf. Jeder setzt auf sie und ihren Optimismus. Von Vorgesetzten werden ihnen Vertrauensstellungen angeboten. Kollegen schätzen ihren ehemaligen Kollegen auch als Vorgesetzten noch. Es gibt nichts, was Löwe-Schweine nicht werden könnten. Sie leisten überall Überdurchschnittliches.

Der ausgeprägte Egoismus ist gepaart mit Großzügigkeit und Hilfsbereitschaft

Diese Sternenmischlinge sind großzügig und opferbereit. Sie übersehen nicht den Bettler am Wege und schon gar nicht den Freund, der sie braucht. Trotz aller Hilfsbereitschaft sind Löwe-Schweine durchaus auch ausgeprägte Egoisten. Sie sind ebenso genußsüchtig und schießen in dieser Hinsicht gern übers Ziel hinaus.

Beim Flirten sind sie vorsichtig. Nicht, daß sie prüde wären, sie wollen nur keinen Partner an ihrer Seite haben, den man nicht herzeigen kann. Männer aus diesem Zeichen lieben nur elegante Frauen mit Sinn für Ästhetik. Für Löwe-Schweine ist Liebe mit Schönheit verbunden; fehlt es an der äußeren, sollte wenigstens die innere intakt sein. Ohne Gefühl geht aber auch hier nichts. Und darum heiraten Löwe-Schweine dann doch jemanden, der nicht ihrem Traumpartner entspricht.

Die Frau aus diesem Mischzeichen schätzt den ritterlichen Mann, der ihr jeden Wunsch von den Augen abliest und ihn auch erfüllt, wenn das Kleingeld ausreicht. Sie dankt es ihm durch nimmermüde Liebe und durch einen Hausstand, in dem alles blitzt und blinkt, und zu dem sie oft mehr beisteuert als der Herr Gemahl.

Jungfrau-Schweine (24. August bis 23. September)

Vom Pfad der Tugend abzuweichen, käme für Jungfrau-Schweine einer Katastrophe gleich. Sie sehen stets auf ein

tadelloses Äußeres und auf innere Haltung. Menschen, die sich dem Leichtsinn verschrieben haben, strafen sie mit Verachtung. Manch einer mag sie für rechte Pedanten halten und für Pessimisten obendrein.

Obwohl Jungfrau-Schweine im Beruf gute Positionen erreichen können, bleiben sie bescheiden. Sie drängen sich nicht nach Ruhm und Ehre, dafür um so mehr nach Gut und Geld. Hier lassen sie Zielstrebigkeit, verbissenes Beharren und hartnäckiges Durchsetzungsvermögen erkennen.

Im Streben nach Gut und Geld entwickeln Jungfrau-Schweine Zielstrebigkeit und Beharrlichkeit

Als Liebhaber sind Jungfrau-Schwein-Männer nicht unbedingt die stürmischsten. Sie mögen keine extravaganten Frauen, aber auch nicht die Heimchen am Herde. Sie lieben die kluge, charakterfeste, tugendsame Partnerin, mit der man über alles sprechen kann. Finden sie sie nicht, bleiben sie lieber Junggesellen.

Natürlich stellt auch die Jungfrau-Schwein-Dame gewisse Ansprüche. Sie hat ein ausgeprägtes moralisches Bewußtsein und hält sich mehr zurück als ihre leichtsinnigeren Schwestern. Doch gerade die stolze Haltung dieses Sternenmischlings zieht so manchen Mann an. So kommt es, daß diese kühlen Frauen meist an ausgesprochen feurige Männer geraten, die diese aus purer Neugier kennenlernen wollen und dann ein Leben lang nicht mehr loskommen. Wer von ihnen ehrlich ist, wird zugeben, daß er nicht das schlechteste Los gezogen hat.

Waage-Schweine (24. September bis 23. Oktober)

Waage-Schweine können nicht nein sagen. Das bringt Schwierigkeiten. Man nutzt sie aus. Da sie von allen Sternenmischlingen die gutmütigsten sind, lassen sie sich im Grunde genommen auch gern ausnutzen. Und wenn's einmal zuviel wird, setzen sie ihr diplomatisches Geschick ein oder stellen sich schwerhörig. Im rechten Augenblick zu schweigen, ist ihre Stärke. Wenn sie reden, geben sie nur das zum besten, was sie gut ausschauen läßt. Kritik können sie von anderen nicht vertragen, üben aber insgeheim viel Selbstkritik.

Das macht sie für den Lehrberuf ebenso geeignet wie für den eines Richters. Unter den Anwälten, die einer gerechten Sache zum Sieg verhelfen, finden sich viele Waage-Schweine.

226

Auch feinnervige Künstler und humorvolle Poeten werden unter diesem Mischzeichen geboren.

Die Männer, die unter dem Waage-Schwein geboren werden, können nicht allein bleiben. Sie lieben die Zweisamkeit mehr als Gruppenfreundschaften. Zum anderen Geschlecht finden sie schnell Kontakt, ziehen sich aber ebenso schnell zurück, wenn sie glauben, daß das Verhältnis nichts taugt. Obwohl man sonst über die Entschlußfreudigkeit der Waage-Schweine eher klagen kann, sind sie in Sachen Liebe und Ehe oft schnell bei der Hand. Ihre Partnerinnen können sich freuen: Sie haben einen Mustergatten mit nur kleinen Fehlern erobert.

Harmonisch liebt sich's mit der Frau aus diesem Mischzeichen. Diese schicke Person verdreht Männern leicht den Kopf. Sie ist ständig auf der Suche nach dem Richtigen und scheut sich nicht, einige Partner auf Probe zu erwählen, bis sie den Mann gefunden hat, mit dem sie zum Standesamt gehen will. Die Waage-Schwein-Frau weiß immer, was sie will und was speziell für sie nützlich ist.

Skorpion-Schweine (24. Oktober bis 22. November)

Durch ihre unnachgiebige Geradlinigkeit verletzen Skorpion-Schweine nur zu oft ihre Mitmenschen. Sie beharren auf einmal gefaßten Entschlüssen mit einer Sturheit, die selbst ihre Freunde verzweifeln läßt. Im Beruf sind sie nicht unbedingt die besten Kollegen, weil sie boshaft genug sind, Fehler anderer im rechten Moment regelrecht anzuprangern.

Man sollte Skorpion-Schweine nie zu arg tadeln; denn sie sinnen stets auf Rache. Sie vergessen nichts. Das Positive daran: Sie vergessen auch niemals Gutes, das man ihnen tat. Sie bleiben ebenso der Firma treu, in der das Betriebsklima stimmt. Wie alle Schweine hassen sie Zank und Streit.

Sex-Abenteuern sind Skorpion-Schweine nicht abgeneigt. In jungen Jahren ist Sturm und Drang ihr Programm. Frauen aus diesem Mischzeichen machen Männern gerne Hoffnungen. Diese warten nur darauf, eine dieser lebhaften Frauen mit dem anziehenden Sexappeal zu gewinnen. Leider macht hier Hoffen und Harren manchen zum Narren. Skorpion-Schwein-Frauen testen jeden Mann auf Herz und Nieren, ehe sie ihn

Jeder potentielle Partner wird erst einmal auf Herz und Nieren geprüft

endgültig für sich erwählen. Finden sie nicht den Richtigen, bleiben sie lieber allein.

Skorpion-Schwein-Männer haben stets ein Späßchen parat, selbst wenn es andere gar nicht hören wollen. Es gibt Frauen, die solche lustigen Menschen mögen. Wenn sie nichts krumm nehmen, haben sie beim Skorpion-Schwein-Mann gewonnen. Als Ehefrau möchte er sie als seinen unveräußerlichen Besitz, der mit allem Komfort ausgestattet, jedoch eifersüchtig behütet wird.

Schütze-Schweine (23. November bis 21. Dezember)

Wenn Schütze-Schweine ihr sanguinisches Temperament nicht zu Fehlschüssen verleitet, werden sie vorwärtskommen. Sie haben gute Pläne, die sie am liebsten gleich alle auf einmal ausführen möchten. Aber obwohl sie wie die Berserker arbeiten können, gelingt es auch ihnen nicht, die Zeit stillstehen zu lassen. Schütze-Schweine übernehmen sich oft, und nur darum bleiben manche von ihnen irgendwo auf den unteren Berufsebenen hängen. Können sie sich auf ein Ziel konzentrieren, haben sie gewonnen.

Der Familiensinn des Schweins bändigt die Oberflächlichkeit des Schützen. Herauskommt eine gute Mischung in puncto Partnerschaft

Des Schweins Familiensinn und des Schützen etwas oberflächliche Art führen zu einer guten Mischung im zwischenmenschlichen Bereich. Hier ist der Schütze an die Kette gelegt und muß beizeiten Farbe bekennen, für welchen Partner er sich entscheidet.

Schütze-Schwein-Männer sind häuslicher als ihre Schütze-Brüder. Sie begehen die gleichen Jugendtorheiten. Wenn sie sich aber binden, meinen sie es ernst und halten an dem Versprechen fest, das sie vor dem Standesamt gegeben haben. Treue ist für sie ein ethischer Begriff, der auf Gegenseitigkeit beruht.

Klug und häuslich sind die Frauen aus dem Schütze-Schwein-Zeichen. Sie sind lieb und sexy und nützen ihre Überlegenheit gegenüber denen, die sie lieben, nie aus. Sie schließen schnell Freundschaften, an denen sie oft ein Leben lang festhalten.

Schütze-Schweine sind heiter und abgeklärt. Sie können niemandem etwas zuleide tun. Nur ihr Selbsterhaltungstrieb läßt sie manchmal zu Mitteln greifen, die sie eigentlich im Grunde ihres Herzens verabscheuen.

Steinbock-Schweine (22. Dezember bis 20. Januar)

Bevor Steinbock-Schweine jemand anderen an eine Sache heranlassen, machen sie sich lieber selbst ans Werk. Sie trauen niemandem, was ihnen oft Feinde schafft. Ihre Ordnungsliebe ist größer als die anderer Schweine-Geborenen. Es ist jedoch möglich, daß sie sich in der von ihnen geschaffenen Ordnung manchmal selbst nicht mehr zurechtfinden.

Im Beruf sind Steinbock-Schweine Einzelgänger mit ungeheurem Fleiß. Am liebsten würden sie alles an sich reißen. Hilfsbereit nehmen sie den Kollegen die Arbeit ab, um dann hinterher im geheimen über die Däumchendreher zu schimpfen. Wegen ihrer Gründlichkeit sind Steinbock-Schweine nicht die Schnellsten, aber sie fallen höheren Orts immer im guten Sinne auf.

Steinbock-Schweine sind ordnungsliebend und gründlich. Im familiären Bereich entwickeln sie Verantwortungsgefühl

Leichtsinnige Partner haben an der Seite dieser so sittenstrengen Mischlinge nichts zu suchen. Im zwölften chinesichen Tierzeichen bandelt man in jungen Jahren zwar gern an, doch geht es vielfach nicht über eine kurze Liaison hinaus. Man will mit dem Partner an einem Strang ziehen und prüft darum, ob außer Liebe noch weitere Gemeinsamkeiten vorhanden sind.

Steinbock-Schwein-Männer haben viel Sinn für Häuslichkeit. Aber immer wieder muß vor lauter Arbeit die Familiengründung verschoben werden. Solch ein Mustermann heiratet erst, wenn er Frau und Kinder ganz gewiß ernähren kann. Die Verantwortung drückt ihn schwer.

Auch die Steinbock-Schwein-Frau hat nur wenig Zeit für die Liebe. Zu sehr ist sie um das Wohl ihrer Familie besorgt. Nach Feierabend führt sie ein Haushaltsbuch, in das selbst Pfennigbeträge fein säuberlich vermerkt werden. Der Mann mag warten. Zu den ehelichen Pflichten gehört halt auch ein wenig Bürokram.

Wassermann-Schweine (21. Januar bis 19. Februar)

Wassermann-Schweine haben immer Erfolg, weil sie zielstrebiger sind als andere Schweine. Ihr wacher Verstand bewirkt stets das Richtige. Sie entscheiden sich nur dann für eine Sache, wenn sie daraus Nutzen ziehen können. Damit wären die Weichen für den Beruf gestellt: Man macht den Wassermann-Schweinen nichts vor! Es sind Alleskönner, die sich in der schwierigsten Materie zurechtfinden. Und wenn sie in einer ganz bestimmten Angelegenheit nicht firm genug sind, mogeln sie sich eben so durch. Auch das will gelernt sein.

Die Männer aus diesem Zeichen mögen die Frauen ohne Schminke und kosmetische Tricks. Natürlichkeit zieht sie an. Sie lieben das einfache, ursprüngliche Leben. Trotzdem wird es den Frauen an ihrer Seite nie langweilig. Dafür sorgen die Launen, die wechselnden Stimmungen, die ein Wassermann-Schwein zuweilen befallen. Man sollte ihnen deshalb nicht böse sein. Sie machen es schon wieder gut.

Wassermann-Schwein-Frauen sind temperamentvoller als ihre Sternenbrüder. Ihre Launen haben Esprit. Sie verlieben sich oft, vergeben sich aber nie etwas dabei. Sie sind fröhliche Menschenkinder, an deren Seite jeder Mann glücklich werden kann, Spießer ausgenommen.

Diese Sternenmischlinge, Frau oder Mann, kennen nur die eine Moral, vor sich selbst bestehen zu können. Sie wollen in der Ehe unabhängig sein, gestehen aber auch dem Partner gewisse Freiheiten zu. Außer einigen Stimmungstiefs haben sie kaum Schwächen. Nur vor übermäßigem Essensgenuß sollten sie sich hüten. Als echte Schweine könnten sie mit den Jahren Speck ansetzen und träge werden.

Fische-Schweine (20. Februar bis 20. März)

Fische-Schweine sind gar nicht so ohne. Sie treten ihrer Umwelt freundlich entgegen, setzen sich jedoch gerade damit durch. Ihr bescheidenes Wesen schafft ihnen viele Freunde und Gönner. Sie träumen gern vom großen Glück, nehmen aber auch mit dem kleinen vorlieb. Sie beobachten, wie die anderen hasten und rennen und handeln selbst nach dem Wahlspruch: Immer mit der Ruhe!

Weil Fische-Schweine stets einen kühlen Kopf bewahren, haben sie ihren Mitmenschen einiges voraus. Sie erwecken Vertrauen im Beruf und in den zwischenmenschlichen Beziehungen. Man schätzt sie als Kollegen ebenso wie als Vorgesetzte. Sie packen nur da an, wo sie erfolgreich sein können, und reden nur dann mit, wenn sie die Materie beherrschen.

In der Liebe möchten Fische-Schweine spielen. Fröhliche Partner sind bevorzugt. Solche, die wie Kletten an ihnen hängen, werden sie schnell wegschicken. Gefühl ist bei diesen Sternenmischlingen alles. Enttäuschungen überwinden sie nur schwer.

Fische-Schwein-Männer können sich kaum schnell entscheiden. Die Liebe auf den ersten Blick kommt bei ihnen selten vor. Da sie stets die Idealfrau suchen, werden sie oft enttäuscht. Sie möchten am liebsten im siebenten Himmel schweben. Besser wäre freilich, sie bekämen eine Partnerin, die sie sanft von da oben herunterholt. Liebe allein macht noch nicht glücklich. Fische-Schwein-Männer brauchen die Frau, die ihnen ab und zu einmal gehörig die Leviten liest.

Vorsicht bei den Frauen dieses Zeichens: nicht immer sind ihre Tränen ehrlich

Zu hart sollte man aber Fische-Schweine nicht anpacken, vor allem nicht die Frauen aus diesem Mischzeichen. Wenn sie sich schlecht behandelt fühlen, können sie auch schon mal ein paar Tränen vergießen. Damit kriegen sie jeden Mann 'rum, der vielleicht gar nicht weiß, daß ihre Tränen nur Mittel zum Zweck sind, um ihn, den Heißgeliebten, zu einer tröstenden, liebevollen Geste zu bewegen. Der Rest kommt dann schon von allein.

Partnerschaftstest: Wer paßt zu wem?

Zum Schluß laden wir Sie zu einem kleinen Gesellschaftsspiel ein, das alle 144 Sternenmischlinge aus der chinesisch-abendländischen Astrologie unter einen Hut bringt.

Mit Hilfe der Tabellen können Sie eine gute oder schlechte Partnerkonstellation erkennen

Für diesen Partnerschaftstest „Wer paßt zu wem?" haben wir drei Tabellen zusammengestellt, aus denen Sie die Zahl errechnen können, die für ein ganz bestimmtes Verhältnis steht.

Angenommen, Sie wollen wissen, wie gut ein Widder-Drache zu einer Löwe-Schlange paßt. Dazu brauchen Sie vier Daten:

1. die Zahl für das Verhältnis Widder zu Löwe (wie aus Tabelle I zu ersehen ist: eine 6);
2. die Zahl für das Verhältnis Drache zu Schlange (in Tabelle II erhalten wir ebenfalls eine 6);
3. die Zahl für das Verhältnis Widder zu Schlange (aus Tabelle 3 ergibt sich eine 1);
4. die Zahl für das Verhältnis Drache zu Löwe (hier müssen Sie ebenfalls Tabelle 3 benutzen und erhalten dort eine 3).

Sie müssen also aus den drei Tabellen die Verhältnisse der einzelnen Tier- und Tierkreiszeichen untereinander ablesen, wobei die jeweilige Zahl immer im Schnittpunkt der bestimmten Zeichen zu finden ist.

Die vier Zahlen, die man dabei erhält, werden nun zusammengezählt (in unserem Beispiel also 6 + 6 + 1 + 3). Die Endsumme (in unserem Beispiel 16) ist dann die Zahl, die aussagt, wie günstig oder manchmal auch weniger gut es um ein bestimmtes Partnerschaftsverhältnis bestellt ist.

Um beim Beispiel zu bleiben: bei Widder-Drache und Löwe-Schlange sieht es sehr gut aus.

Die Noten
für Ihr ganz spezielles Partnerschaftsverhältnis

Aus den nachstehenden Punktezahlen können Sie ablesen, wie günstig oder weniger gut eine Partnerschaft bestimmter Tierkreis-Geborener ist. Die Endsumme, die Sie anhand der drei Tabellen auf den Seiten 234 bis 239 nach dem Beispiel am Anfang dieses Kapitels errechnet haben, ergibt die jeweilige Punktezahl.

In dieser Partnerschaft fühlt man sich im siebten Himmel, der voller Geigen hängt. Man achte nur darauf, daß diese stets gut gestimmt sind, sonst könnten Dissonanzen entstehen und sogar am siebten Himmel mal Wolken aufziehen. Sie wissen ja: Das Beste kann leider nur schlechter werden. *22–24 Punkte*

Hervorragendes Verhältnis, in dem kaum etwas schief gehen kann, weil sich beide Partner vorzüglich zu ergänzen scheinen. Es herrscht Gemeinsamkeit in fast allen Fragen. Schwierigkeiten können nur auf wenigen Interessengebieten entstehen, die leicht zu meistern sind. *19–21 Punkte*

Verständnisvolle Partner, die auch bei unterschiedlichen Meinungen stets den goldenen Mittelweg beschreiten werden. In dieser Verbindung hat man sich gesucht und gefunden. Ernste Streitigkeiten sind kaum zu erwarten. Hängt trotzdem mal der Haussegen schief, bemühen sich beide Partner sofort, ihn schleunigst wieder gerade zu hängen. *16–18 Punkte*

In diesem Fall haben wir es mit dem sogenannten Normalfall zu tun, mit einem kameradschaftlichen Verhältnis, das auch durch größere Gegensätze nicht so leicht zu erschüttern ist. Man liebt sich und man neckt sich, und wenn's mal kracht, ist die Versöhnung um so schöner. *13–15 Punkte*

Fortsetzung auf Seite 240

Tabelle I	Widder	Stier	Zwillinge	Krebs	Löwe	Jungfrau
Widder	4	2	5	1	6	3
Stier	2	5	1	4	3	6
Zwillinge	5	1	5	3	4	2
Krebs	1	4	3	5	2	4
Löwe	6	3	4	2	5	1
Jungfrau	3	6	2	4	1	5
Waage	4	3	6	3	5	1
Skorpion	3	2	4	6	4	5
Schütze	6	5	3	1	6	2
Steinbock	2	6	1	5	3	6
Wassermann	5	1	6	2	2	4
Fische	1	4	2	6	1	3

Waage	Skorpion	Schütze	Steinbock	Wassermann	Fische	Tabelle I
4	3	6	2	5	1	Widder
3	2	5	6	1	4	Stier
6	4	3	1	6	2	Zwillinge
3	6	1	5	2	6	Krebs
5	4	6	3	2	1	Löwe
1	5	2	6	4	3	Jungfrau
4	2	5	1	6	2	Waage
2	1	3	4	1	6	Skorpion
5	3	1	2	4	4	Schütze
1	4	2	4	3	5	Steinbock
6	1	4	3	5	3	Wassermann
2	6	4	5	3	5	Fische

Tabelle II	Ratte	Büffel	Tiger	Hase	Drache	Schlange
Ratte	4	3	3	2	5	2
Büffel	3	4	1	5	2	6
Tiger	3	1	6	3	6	4
Hase	2	5	3	5	3	4
Drache	5	2	6	3	1	6
Schlange	2	6	4	4	6	1
Pferd	1	3	4	1	3	5
Ziege	1	1	2	6	5	3
Affe	6	2	1	4	4	5
Hahn	4	6	5	1	2	3
Hund	6	4	5	2	1	2
Schwein	5	5	2	6	4	1

Pferd	Ziege	Affe	Hahn	Hund	Schwein	Tabelle II
1	1	6	4	6	5	Ratte
3	1	2	6	4	5	Büffel
4	2	1	5	5	2	Tiger
1	6	4	1	2	6	Hase
3	5	4	2	1	4	Drache
5	3	5	3	2	1	Schlange
5	4	2	6	6	2	Pferd
4	4	3	2	5	6	Ziege
2	3	6	5	1	3	Affe
6	2	5	1	3	4	Hahn
6	5	1	3	4	3	Hund
2	6	3	4	3	1	Schwein

Tabelle III	Widder	Stier	Zwillinge	Krebs	Löwe	Jungfrau
Ratte	4	5	6	1	3	3
Büffel	3	4	5	6	2	1
Tiger	2	3	3	5	2	6
Hase	3	5	1	5	4	2
Drache	6	4	4	2	3	5
Schlange	1	3	2	3	4	2
Pferd	5	2	1	6	1	4
Ziege	1	1	5	3	6	4
Affe	4	1	4	2	5	6
Hahn	2	6	3	1	5	3
Hund	6	6	2	4	1	5
Schwein	5	2	6	4	6	1

Waage	Skorpion	Schütze	Steinbock	Wassermann	Fische	Tabelle III
6	5	2	2	4	1	Ratte
3	1	5	2	6	4	Büffel
1	4	1	4	5	6	Tiger
4	6	6	1	2	3	Hase
1	2	6	1	3	5	Drache
5	6	4	6	1	5	Schlange
3	3	5	4	6	2	Pferd
2	3	2	6	5	4	Ziege
5	2	3	3	1	6	Affe
6	4	1	5	4	2	Hahn
2	5	4	3	3	1	Hund
4	1	3	5	2	3	Schwein

Fortsetzung von Seite 233

10–12 Punkte   Gar nicht so schlechte Partnerschaft, in der man sich immer wieder zusammenrauft. In diesem Verhältnis sollte man sich gegenseitig ermuntern und versuchen, den anderen auch dann zu verstehen, wenn es schwerfällt. So schlecht stehen die Beziehungen zueinander nicht, daß nicht eine Verständigung zu erzielen wäre.

7–9 Punkte   Na, ja – zu klagen braucht man nicht bei solch niedriger Punktzahl. In diesem Verhältnis gibt es einige erbitterte Streitgespräche, über denen man aber immer wieder zueinander finden kann, wenn man gegenseitig den guten Willen dazu hat. Hauptsache, man tritt sich ehrlich gegenüber und versucht, das Beste aus der Partnerschaft zu machen, die in vielen Fällen ja mit der großen Liebe begonnen hat.

4–6 Punkte   Schauen Sie erst einmal ganz genau nach, ob Sie sich nicht verrechnet haben. Wenn nicht, sollten Sie sich ständig am Riemen reißen und versuchen, dem unterbenoteten Partner stets freundschaftlich gegenüberzutreten. Unter dem Sternenzelt gibt es kein Verhältnis, das nicht durch Eigeninitiative und guten Willen so zu verbessern wäre, daß man sich am Ende doch prächtig versteht.